건축 강의

❷

Lectures on Architecture
by Eugène-Emmanuel Viollet-le-Duc

Published by Acanet, Korea, 2015

한국연구재단총서 Academic Library of NRF 학술명저번역 580

건축 강의

Lectures on Architecture

외젠 비올레르뒤크 지음 | 정유경 옮김

아카넷

일러두기

원주는 ——————— 밑에 *, **, ***, ……으로 표기하였고, 역주는 ——————— 없이
1), 2), 3), ……으로 표기하였으며, 영역자 주는 따로 명기하였다.

차례

2권

3권

4권

도판 목록

7강

중세 서방 건축의 원리들

고대 건축은 오랜 시간 동안 형태의 채색에서 산출된 효과들을 고려하지 않은 채 연구되었습니다. 이 채색이 대리석 화장 마감을 한 것이든 스투코 위에 그림을 그린 것이든 말이죠. 동방과 그리스에서, 심지어 로마에서도 건물을 구축한 재료를 아무런 채색 없는 상태로 눈에 띄게 방치하는 원리는 거부되었습니다. 그리스 인들은 흰 대리석을 사용할 때조차도 그 아름다운 재료에 채색을 했습니다. 채색이 아무리 엷게 되었다고 하더라도 (물론 모든 것으로 미루어 우리는 그 채색이 강렬한 것이었으리라고 추정할 수밖에 없습니다만) 그 결과는 실제 재료를 그와 무관한 일종의 태피스트리로 덮어씌운 것이나 다름없습니다. 저는 그리스 인들이 예술 작품의 실행에서 잘못된 원리를 도입했을 수 있다고 생각하는 사람 중 하나는 아닙니다. 우리가 그들이 낯설게 보이는 작업 방식을 도입한 것을 발견했다고 하더라도, 또 그것이 눈에 익숙해지기 어려운 것이라 하더라도 저는 그것을 이 예술의 거장들의 실수라고 생각하느니 우리의 감각이 불완전한 것이라고 믿을 것입니다.

고고학자들과 예술가들은 이미 꽤 오래전에 그리스의 모든 기념비적 건축의 내부와 외부에 모두 채색이 되어 있었다는 놀라운 사실을 밝혀냈습니다. 건물이 지어진 재료에 따라 석재의 결이 거칠 경우 얇은 스투코를 덧입힌 후에, 아니면 대리석 자체의 부드러운 표면 위에 직접 채색을 했습니다. 논란의 여지가 있는 이러한 사실은 우리로 하여금 그리스 인들이 건축적 효과에 형태만으로는 충분하지 않다고 여겼으며 이 형태가 다양한 색채들의 조합의 도움을 받아 수정됨으로써 완성될 것이라 생각했을 것으로 추정하게 합니다. 색채가 형태에 또 심지어 비례에 어떤 영향을 미치는지를 보이기 위해서 미술의 문제에 대한 오랜 경험은 필요하지 않습니다. 예컨대 그리스 신전의 메토프와 감실의 벽들을 검정색으로 칠했다면 그 부분들을 흰색으로 남겨 두고 코니스, 트리글리프, 평방, 원주를 검정색으로 칠했을 (그림 1) 때와는 완전히 다른 효과를 얻었을 것입니다. 물론 모든 부분의 크기와 비례는 사실상 동일하겠지만 말이죠. 첫 번째 채색 방법의 결과는 주범을 넓어 보이게 하고 아키트레이브와 트리글리프, 코니스에 중요성을 더할 것입니다. B에서 보이는 두 번째 방법에서는 원주들이 보다 가늘고 높아 보이고 엔타블라처는 중요성을 잃을 것입니다. 그렇듯 채색은 건축이 산출하는 효과에 커다란 영향을 미쳤습니다. 오늘날 우리는 색채를 고려하지 않고서 고대 그리스의 건물들에 대해 올바른 판단을 내릴 수 없습니다. 우리에게는 무거워 보이는 주범이 가늘어 보였을 수도 있고, 섬세한 비례를 가진 것으로 보이는 주범이 견고하고 단단해 보였을 수도 있습니다.

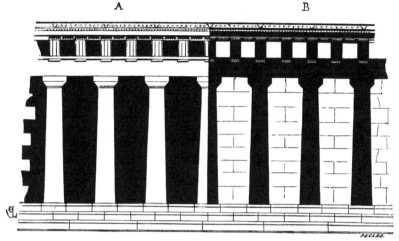

그림 1 채색이 비례에 미치는 영향

　그리스 인들의 감각은 너무도 섬세해서 건축에서 이런 원리를 인식함으로써 얻을 수 있는 이점을 알아채지 못했을 리가 없습니다. 또 말하자면 채색의 다양성의 힘으로 형태에 상이한 의미 작용을 부여하는 시각적 효과의 그토록 강력한 수단을 무시했을 리도 없죠. 우리는 뿌리 깊은 편견의 영향에 사로잡혀 있습니다. 그래서 우리의 감각은 자연의 법칙에서 엄격한 일관성을 갖는 사실들조차 인정하지 않으려고 합니다. 조각과 건축에서 우리는 오랫동안 형태만을 인정하는 데 익숙해져 있습니다. 마치 입체로 된 오브제는 그런 관점에서 채색을 하지 말아야 한다는 듯이 말이죠. 이런 감정의 근거는 무엇입니까? 저는 그 이유를 제시하고자 노력할 것입니다. 또한 이러한 감정이, 그 중요성이 적절히 평가되지 않은 새로운 원리들의 결과라는 점에서 위의 물음은 흥미롭습니다. 여기서 우리 시대에 예술을 몰락의 길로 몰고 간 수많은 모순 중 또 한 가지를 보게 됩니다. 일부 고전 건축에 대한 단호한 숭배자들은 색채에 대한 거부가 형태에 도움이 된다고 주장합니다만 고대인들은 항상 이 수단[색채]을 인정했습니다. 또한 건축에서 색채를 인정하기를 거리끼는 그들은 구조에 전대미문의 중요성을 부여한 중세 건축가들의 성향을 과장합니다. 제 말뜻을 좀 더 명료하게 보여드리자면 그것은 마치 이렇게 말하는 것이나 같습니다. "나는 오로지 고전기에 받아들여졌던 건축 방식만을 승인하겠어. 하지만 대상에 어울리는 특정한 효과들을 산출하는 가장 강력한 장치를 이해하면서 고대인들이 실제 사용한 그 장치는 도입하지 않을 거야. 나는 중세에 도입된 건축적 방법을 배제하는 것이 옳다고 생각하지만 그러한 방법이 발생시킨 결과들은 우리의 건축에 지배적인 영향을 영구적으로 행사해야 함을 주장해."

아시아 인들은 그들의 건축에 채색을 했습니다.

이집트 인들은 그들의 건축에 채색을 했습니다.

그리스 인들은 그들의 건축에 채색을 했습니다.

로마 인들은 그림을 그리거나 다양한 색채의 재료들을 사용해서 그들의 건축에 채색을 했습니다.

아랍 인들은 그들의 건축에 채색을 했습니다.

비잔틴과 서방의 로마네스크 시기에 건축의 채색은 지속되었습니다.

이른바 고딕 시기에 건축은 전통의 영향 아래 채색되었습니다. 그러나 이 시기의 주도적인 건축가들이 구조에 도입한 개선의 결과로 건물들의 채색은 점차 사라져 갔습니다. 구축물에 드러나는 복잡하고 솜씨 좋은 조합들을 눈에 띄게 두드러지게 만들기 위해서 말이죠. 회화는 더 이상 건축에 적용되지 않았고, 그때 이후로 예외적인 경우에만 적용되었습니다.

모든 고대 국가에서, 중세 초기까지 건물은 색채가 형태의 효과를 강화하기 전까지는 완성된 것으로 여겨지지 않았습니다. 그러나 13세기 이후로 프랑스에서 건축적 형태는 이러한 완성을 생략했습니다. 형태는 단순히 구조적 조합들의 결과로서 효과적이 되었습니다. 기하학은 회화를 이겼습니다. 회화는 사치로, 호화스러운 부가물로, 장식으로 여겨지게 되었습니다. 그러나 건축은 그것 없이도 가능했고 또 그렇게 했습니다. 이 두 분과 예술, 건축과 회화는 본질적으로 접속되어 있음에도 불구하고 지속적으로 분리되어 갔습니다. 급기야 우리는 화가와 건축가가 각기, 전자는 자신의 회화가 이런저런 건물에 걸리리라는 것을, 후자는 자신의 건물에 이러저러한 그림이 들어가게 되리라는 것을 예상하지 못한 채로 [작업한 후] 흰 벽에 걸린 회화를 보기에 이르렀습니다.

예술의 존재에 없어서는 안 되는 조화에 관해서라면 우리는 오래전에 그것을 잃어버렸습니다. 건축가는 동시에 화가이자 조각가이기도 해서 자신의 작업에 결합되는 두 예술들로부터 어떤 이점들이 도출될지 알 수 있을 정도가 되어야만 합니다. 조각가와 화가는 건축에 의해 산출되는 효과에 충분히 민감해야만 그러한 효과들을 강화하는 데 기여하는 일을 소홀히 하지 않을 수 있습니다. 그러나 오늘날의 현실은 그렇지 않습니다. 건축가는 건물을 세우고, 거기에 적당한 특정 형태를 부여합니다. 그러고 나서 건물이 완성되면 화가에게로 일이 넘어갑니다. 화가의 주된 목적은 자신의 회화가 주목을 끌도록 하는 것입니다. 그는 일반적 효과에는 별로 신경 쓰지 않는데 사실 건축가 자신도 그 부분에 대해서는 고려하지 않았습니다. 조각가는 자신의 작업실에서 작업을 하고, 그의 부조나 조상들은 언젠가 건물 안에 자리를 잡게 될 것입니다. 건축가, 화가, 조각가는 각자 자신의 분야에서 비범한 재능을 선보일 수 있습니다만 전체로서 작업이 산출해 내는 효과는 평범할 뿐입니다. 조각은 건물과 비례가 맞지 않거나, 눈을 쉬고자 하는 순간에 불안한 형태를 선보이게 됩니다. 회화는 건물을 압도하거나 건물과 아무런 관계가 없어 보입니다. 가벼운 효과를 원할 수 있는 곳에 음울한 그림이 걸리고 절제가 필요한 곳에 야한 그림이 보입니다. 이 세 예술은 서로 돕는 대신 갈등합니다. 당연히 건축가, 조각가, 화가는 전체적인 결과가 성공적이지 못한 데 대해 서로를 비난합니다. 우리는 고전기와 중세에 건축가, 조각가, 화가 사이에 존재했던 관계들에 대해 잘 알지 못합니다. 그러나 현존하는 기념비들로 미루어 볼 때 그러한 관계가 존재했었으며, 그것은 직접적이고 지속적이며 긴밀한 것이었음을 확신할 수 있습니다. 저는 그로 인해 예술가들이 손해를 보았다고 믿지 않습니다. 반대로 이득을 보았음이 분명합니다. 여러 예술 간의 이러한 연합의 흔적은 17세기까지도, 적어도 궁의 내부에서 계속 나타납니다. 루브르 궁의 아폴론 갤러리, 랑베르 저택의 갤러리, 심지어 베르사유의 대리석 갤러리조차도 우리에게 이 분과 예술들 사이의 조화의 마지막 표본을 제공합니다. 그것이 커다란 효과들을 산출하기 위해서는 함께 진행해야만 합니다. 이 귀중한 연합은 건축이 유파들의 편견 속에 스스로를 고립시켰을 때, 화가들이 회화가 아닌 그림들을 만들어 냈을 때, 조각가들이 조각이 아닌 조상을 만들었을 때 깨어졌습니다.[1] 박물관과 아마추어 갤러리들은 가득 찼고 공공건물들은 참된 장식을 빼앗겼습니다. 차가운 백색의 돌 자체만이 기념비적이라는 말이 세간에 나돌게 됩니다. 그러면서 얼룩덜룩한 벽지를 바른 방이 아니면 살려고 하지 않던 이들이 신에게 바쳐진 성전이나 궁전의 홀에는 어떤 색도 칠하는 것을 반대하기에 이릅니다. 나아가 예술을 장려

---

1) 문맥상 분명하게 드러나는 것처럼 여기서 회화와 조각이 아닌 그림과 조상이라는 표현은 작품이 놓일 전체적인 장소, 공간, 건축적 맥락에 대한 고려 없이 단편적으로 제작된 것들을 의미한다.

해야 한다는 여론이 일면서 화가들에게 그림 주문이 들어가고, 이 그림들은 화가들이 본 적조차 없는 건물들에 걸리게 됩니다. 건물의 형태, 내부의 규모, 채광의 방향 등을 전적으로 무시하고 그저 그려져서 걸리는 것이죠. 조각가들은 조상들을 깎아 달라는 의뢰를 받습니다. 그들이 잘할 수 있는 일입니다만 그들 역시 그것들이 어디에 놓일지 알지 못합니다. 그러므로 우리는 예술에 관한 문제에서 우리가 감수성을 가진 민족이라고 자부할 수 없습니다. 우리는 본성상 함께 나아갈 것을 요하는 각종 예술 사이의 조화의 필요를 더 이상 확신하지 않게 되었으니까요. 예술의 모든 전성기에 조각과 회화는 건축을 장식하는 의복으로 존재했습니다. 그것이 입혀지게 될 몸에 맞게 만들어진 의복, 우연에 맡겨질 수 없는 의복이었죠. 그러나 다른 예술들을 제치고 획득한 권위를 보존하기 위해서 건축은 무엇보다 스스로를 존중해야 했고, 이전에는 필연적인 것으로 여겨졌던 이런 장식을 자신이 받아 마땅한 것으로 만들어야 했습니다.

오늘날 우리는 고전 고대의 유물들을 폐허가 된 상태로 봅니다. 모든 것이 야만주의와 폭력, 유린의 흔적을 지니고 있죠. 이 폐허들은 종종 먼지와 진흙으로 뒤덮여 보잘것없는 쓰레기들에 둘러싸여 있습니다. 그러나 고대인들은 그러한 아름다운 구조물들이 처음 세워졌을 때 그 주변에 무관심하지 않았고 그 위치를 조심스럽게 선별했습니다. 그들은 도로에서 성소로의 이동이 점진적으로 무리 없이 이루어지도록 신경을 썼습니다. 아테네와 로마에서 신전과 궁들은 절대로 우리의 공공건물들 대부분의 경우와 같이 거리의 진흙 속에 불쑥 나타나는 법이 없습니다. 건물의 외관을 채색하는 것은 우리 나라에서라면 (거리에서 번쩍이는 옷을 입고 다니는 사람이 우스꽝스러워 보이듯이) 우스워 보이겠지만 고대에는 매우 중요한 건축적 요소였습니다. 그런 건물들을 어떤 종류의 손상으로부터도 지키고자 주의를 기울였고, 그 장소와 주변의 부속 건물들을 적절히 마련했다는 점에서 그렇지요. 우리는 예술 작품에 대한 이런 존중의 감정들이 동방에서 매우 강력하게 발전한 것을 봅니다. 탑은 시종 화려한 색채와 상감으로 기단부에서 정상부까지 채색되어야 했던 것으로 보입니다. 법랑으로 세공한 탑에 접근하려면 규모를 줄이고 화려함을 더해 대리석으로 섬세하게 포장되고 관목과 분수로 장식된, 점점 좁아지지만 점점 더 화려해지는 일련의 정원들을 통과해야만 했죠. 이집트 성소의 호화로운 장식을 이해하기 위해서는 접근해 감에 따라 점점 더 화려한 모습으로 나타나는 필론들과 포르티코들, 홀들을 통과해서 신전에 도달하는 과정을 고려해야 합니다. 또한 우리는 그리스 신전을 둘러싸고 있는 예술품들이 얼마나 많은지를 알아야만 그 건물에 적용된 튀는 채색을 평가할 수 있습니다. 즉 건축 예술의 최종적인 표현으로 이어지는 성스러운 숲과 울타리, 수많은 부속 건물들을 상상해 보아야만 한다는 것입니다.

우리는 예술 작품이 **미장센**[2]을 필요로 한다는 점을 너무 자주 잊었습니다. 고대인들은 결코 이 원리를 저버리지 않았습니다. 중세는 종종 그것을 도입하고자 했습니다. 물론 특히 프랑스에서 그러한 시도는 하찮은 성과만을 얻은 것이 분명하지만 말이죠. 이탈리아에서는 여전히 이교 전통의 영향을 인식하게 됩니다. 이 점은 이 나라의 건축 작품이 산출한 효과에서 널리 해명해야 하는 부분입니다. 이 작품들이 그 자체만으로는 종종 프랑

---

2) 같은 단락에서 설명하고 있는 것처럼 여기서 '미장센'이란 건축물만을 단독으로 고려하는 대신 그것이 놓이는 장소와 지형 등 구체적 맥락 안에서 어떻게 보일 것인가를 계산하는 작업을 뜻한다. 주지하듯 이 말은 오늘날 주로 연극과 영화와 관련하여 사용되는 용어로, 무대나 영상의 프레임 안에 시각적 요소들을 배치하는 전체적 연출을 뜻한다. 그런 점에서 미장센 개념은 바로 다음 단락에서 거론되는 '픽처레스크' 개념과 밀접하다.

스에 있는 것들보다 못하다고 할지라도 그렇습니다. 예술 작품을 보다 돋보이게 설치하는 기예가 있습니다. 다만 우리는 그런 것에 대해 믿지 않은 지 오래되었을 뿐입니다. 우리는 우리 민족 특유의 체질에 속하는 이런 종류의 태만이 민족성의 고귀하고 존경할 만한 요소에서 야기되는 것을 솔직히 받아들일 것입니다. 그러나 이러한 결과는 그것이 근거한 원리의 이점을 희생하지 않고서도 피할 수 있을 것입니다. 이러한 효과를 낳기 위해서 우리는 우리의 특수한 적성을 정확히 알아야 하고, 특정한 편견들, 거칠거나 쓸모없는 교의들, 우리 예술가들이 나약함이나 무지로 인해 그것에 반대할 용기나 대담하게 그것과 싸울 수단을 갖지 못했던 천박한 선입관들을 밀어내야 합니다.

  민족성의 다른 요소들과 뒤섞인 채로 우리는 예술의 발전, 특히 건축의 발전에 가장 적합한 성질들을 가지고 있는지도 모릅니다. 그러나 우리는 그것들을 이용할 수 없을 뿐 아니라 우리가 예속되어 있는 천박한 편견의 폭정 아래 그것들이 파괴되어도 방관하고 있습니다. 우리가 우리 자신의 참된 현존재가 아닌 다른 것으로 보이고 싶어 하고 우리 몫으로 주어진 소중한 자질을 무시하니까요. 우리는 공공 기념비를 세우지만, 그것에 적절하지 않은 위치와 바람직하지 못한 환경을 제공하기 때문입니다. 우리는 그것을 어떻게 대중에게 보여야 할지 알지 못합니다. 그것은 걸작일 수 있겠지만 우리가 그것을 다루는 방식은 그것을 온 세상의 비난에 노출시킵니다. 우리는 우리의 작품을 존중하는 감각을 갖지 못했고, 따라서 다른 이들도 누구 하나 그것을 존중하지 않았습니다. 달리 무엇을 기대할 수 있겠습니까? 중세와 현대에 이탈리아에 세워진 건물들은 가장 시답지 않은 것이라 할지라도 언제나 효과적인 경관과 더불어 자리 잡아 왔습니다. 픽처레스크가 중요한 역할을 하지요. 우리는 이것을 우리의 재능에 위배되고, 우리를 성가시게 하며, 우리를 피로하게 하는 대칭으로 대체했습니다. 그것이 무능력의 최종적 근거입니다. 아테네의 아크로폴리스도 로마나 폼페이의 포룸도 파우사니아스의 여행기도 우리에게 건물들의 대칭적 집합을 보여 주지 않습니다. 그리스 인들에게 대칭이란, 예외는 많겠지만 어쨌든 단일한 건물에 관한 것이지 건물들을 묶어 내는 방식이 결코 아닙니다. 건축적 매스들의 배치에서 이런 조건을 받아들였던 로마 인들 자신도 절대 유용성, 양식, 구조의 필연성을 대칭 때문에 희생하지 않았습니다. 그러나 그리스 인들은 공공건물들을 얼마나 솜씨 좋게 배치했습니까! 효과를, 오늘날 우리가 말하는 픽처레스크를 얼마나 정확하게 평가했습니까! 반면 우리의 건축가들에게 그것은 멸시의 대상입니다. 하지만 어째서입니까? 종이에 그려진 건물은 일반적으로 장소라든가 조망, 빛과 어둠의 효과들, 주변 환경, 고도의 변화 등을―그것들이 건축적 형태를 선보이는 데 매우 도움이 되는 요소들임에도 고려하지 않기 때문입니다. 또 건축가가 프로그램의 요구들을 어떻게 충실히 이행할 것인지를 고려하기도 전에 우선 대칭의 파사드들을 세울 것을 생각하기 때문입니다. 그것은 거대한 상자일 뿐이고, 사후에야 그 안에 다양한 편의들이 가능한 한 최선의 자리를 찾아가게 됩니다. 저는 이것이 과장이 아니라는 것을 예시할 필요조차 느끼지 않습니다. 우리 주변을 한번 힐끗 둘러보는 것만으로 충분합니다. 하지만 우리가 로마 인들이 유사한 경우에 늘 그랬던 것처럼, 또 우리 나라에서 17세기에 베르사유와 생제르맹이 그랬던 것처럼 이 커다랗고 규칙적인 상자들을 플랫폼이나 테라스나 거대한 베이스먼트 위에 세웠다고 해 봅시다. 우리가 그것들에 적절한 환경을 마련해 주고 그것들을 우리 도시의 다른 건물들과 분리시킴으로써 대칭적 선들의 집합으로서 그것들을 위엄 있어 보이게 만드는 효과를 내고자 노력했다면 이런 대칭에 대한 기호에도 이유가, 적어도 구실은 있었을 것입니다. 하지만 그렇지 않았죠. 이 거대한 더미들은 도시의 환경 속에서 길을 잃었습니다. 토대는 배수로 안에 놓이고, 파사드는 전체를 한 번에 조망할 수 없으며, 건물의 오른쪽 익부와 왼쪽 익부의 폭과 길이가 정확하게 일치한다는 사실에 만족하는 것은 그저 종이 위에 그려진 평면도를 볼 때만 가능할 뿐입니다. 로마 인들 또 무엇보다 그리스 인들은 눈으로 보아서 알 수 있는 경우가 아니면 절대로 대칭을 도입하지 않았습니다. 즉 이성적 사유의 도움 없이도 구조의 균형 잡힌 평면 배치에 의해 시각을 만족시킬 수 있는 충분히 제한된 공간에서만 대칭을 적용했던 것이죠. 그러나 우리가 북쪽 파사드가 남쪽 파사드에 상응한다는 것을 확인하기 위해 1km 정도 이동해야 한다고(그럴 만한 시각적 기억력을 우리가 가진 셈 치고 말이죠), 하나의 정원을 떠나 또 다른 정원으로 들어가야만(역시 우리가 그것을 기억할 수 있을 경우에 말입니다만) 그 둘이 정확히 유사하다는 것을 알 수 있다고 해봅시다. 그런 경우라면 저는 상식을 버리고 불편을 끼치면서 프로그램의 요구들을 왜곡함으로써 단지 몇몇 구경꾼들이나 즐겁게 해 주는 그런 유치한 결과물을 만들어 내는 목적이 무엇인지 묻겠습니다.

너무도 빈번한 부조리의 이런 사례들을 뒷받침하려면 어떤 권위에 호소할 수 있습니까? 중세의 전통? 분명 아닙니다. 고전 고대? 하지만 고전 고대는 그와 상반된 것이었습니다. 그렇다면 어떤 권위에 기대어 있는 것일까요? 매우 현대적이지만 조잡한 특정 아카데미의 공식들입니다. 본질적으로 독립적이며 이성적으로 사유하는 우리의 민족적 재능과 조화를 이루지 않는 것들이죠. 그것은 우리가 불편하고 보기에 지루한 건물들을 짓게 하는 공식들로서, 누구든지 건축의 문제에 대해 판관을 자처하도록 하고 바로 그런 점 때문에 오류가 없는 것으로 찬양받게 됩니다.

그리스 도시들의 폐허를 방문할 때 우리는 예술의 가장 찬란한 시기에 건축가들이 그들의 건물들을 세운 장소의 이점을 얼마나 꼼꼼하게 챙겼는지 봅니다. 그들은 건축을 예술로서 사랑했지만 또한 그들은 자연을, 빛을 사랑했던 이들이기도 합니다. 그들은, 이런 표현을 해도 좋다면 건물의 평면 배치에 애교를 담아 단조로움을 거부했습니다. 권태를 두려워했으니까요! 그들은 학자이자 예술가로서 엄격하게 비판적이었습니다. 원리들과 형식들을 완전히 존중했습니다. 그러나 그들은 또한 솜씨 좋은 장식가이기도 했습니다. 그들은 미장센에 관한 정교한 취미를 가지고 있었습니다. 그리스의 건축가는 건물을 올리려는 바위를 평평하게 만들지 않습니다. 그는 그것을 꾸미고 그 거칢에서 장점을 취합니다. 그는 훌륭한 취미와 궁극적인 효과에 대한 심오한 평가를 통해 그 형태를 변화시킵니다. 아테네와 코린토스를 보십시오. 무엇보다 시칠리아의 고대 도시들인 아그리겐툼, 셀리누스, 세제스타, 시라쿠사를 보십시오. 이 도시들의 유적을 보고서 다음과 같이 말하지 않을 사람은 없을 것입니다. "예술과 자연의 아름다움을 이렇게 결합시킬 수 있었던 사람들, 그리고 그러한 결합을 온전히 향유할 수 있었던 사람들은 얼마나 행운아들인가?"

로마 인은 이런 감정에 휩쓸리지 않습니다. 그는 다른 종류의 아름다움에 민감합니다. 처음부터 그는 자연을 정복하는 것에 자부심을 가집니다. 그래서 그는 자연을 질서와 장엄함에 대한 그의 애호에 종속시킵니다. 그림 2와 3에서 우리는 이 상이한 두 원리들을 잘 느낄 수 있습니다. 하나는 아그리겐툼의 유노 루키나 신전의 복원도이고, 다른 하나는 제정기 로마 신전의 조감도로서 포르티코와 외부 성벽, 입구, 풍성하고 호화로운 배열들을 엿볼 수 있습니다.* 오늘날 우리는 공공건물이 지어질 장소들의 가치를 떨어뜨립니다. 혹은 우리가 그 건물을 고립시킬 경우 그것을 황량한 공간

그림 2 아그리겐툼, 유노 루키나 신전의 복원 투시도

그림 3 제정기 로마 신전

으로 둘러쌀 뿐으로, 그 조망의 공허함은 건물과 결부시킬 수 있는 아무 것도 없이 다만 그것을 작아 보이게 만듭니다. 우리가 취미를 가지고 있다 해도 우리는 그것을 어떻게 활용해야 하는지 알지 못하며, 그저 받침돌 위에 부착된 난간으로 둘러싸면 위대한 공공 기념물에 대해 할 만큼 했다고 생각해 버립니다.

저는 앞에서 예술 작품을 꾸미고 완성하는 방식에서의 이런 특유의 부주의함이 우리 민족성의 고귀한 성질에서 기인한다고 지적했습니다. 사실 우리는 언제나 좋은 것을 어렴풋이 보고 그것을 쫓으며 추구하지만 그것을 재빨리 포착하지 못합니다. 왜냐하면 우리는 좋은 것을 넘어 더 나은 것으로 가려고 하기 때문이지요. 그리하여 언제나 서두르고 숨이 턱에 차 있는 우리의 기쁨은 계속해서 내일로 미루어집니다. 우리는 그것이 오리라고 생각하지만 그것은 현재의 순간에는 결코 실존하지 않습니다. 우리 예술의 또한 우리 문명 일반의 진정한 역사는 이 몇 마디 말로 요약할 수 있습니다. 또한 이런 점에서 우리는 역사상 가장 실용적인 민족인 로마 인들과 닮아 있지 않습니다. 이러한 경향이 예술에 대한 우리의 연구에서 가장 기이한 실수들을 야기합니다. 우리는 어떤 원리를 표명하지만 그로부

---

* 아그리겐툼의 유노 루키나 신전에는 바위 동쪽에 거대한 플랫폼이 아직 남아 있으며, 건물 전체가 폐허 속에 존재합니다. 도판은 도시 쪽에서 바라본 광경으로, 신전은 성곽의 역할을 하는 긴 석회암 등성이 위에 지어져 있습니다. 이 바위들의 안쪽은 돌을 깎아 만든 기념비들로 뒤덮여 있습니다. 오늘날 시골의 호젓함 속에 묻혀 있는 이 폐허를 방문할 때 우리는 그리스의 건축가들이 솜씨 좋은 풍경 정원사의 재능을 가지고 있었으며, 이 재능이 그들의 예술을 훼손하지 않았음을 지각합니다. 로마 신전은 제정기의 많은 종교 건축들과 닮아 있으며, 알렉산더 세베루스 황제가 복수의 신 유피테르에게 바친 메달에 새겨져 있습니다. 메달 뒤편에는 IOVI. VTRORI. P. M. TR. P. III. COS. P. P.라고 새겨져 있습니다. (Bibl. imp., cabinet des médailles) *Architectura numismatica*, 또는 *Arch. medals of Clas. Antiquity* by T. L. Donaldson, London, 1859. 참조.

터 또 다른 원리가 발생하고, 그런 현상이 계속 이어집니다. 우리는 최초의 적용과 전개를 따라 작업에 착수하지 않습니다. 우리는 우리가 시작한 작품을 미완성인 채로 남겨 두려고 애를 씁니다. 한편 보다 정적인 기질을 가진 민족 혹은 그 순간의 이해에 보다 집착하는 민족은 우리가 버렸던 최초의 원리를 고수하고, 그것을 발전시키고 그것을 연구하여 그 결과를 완성합니다. 최고를 향한 부단한 추구에 곧 지치고 시달려서 또 그 수단이 고갈되어서 그러한 발전들은 우리의 길 위에 나타난 다른 이들에 의해 수행됩니다. 우리는 존경심에 넋이 나가서는 질투심에 불타 우리가 처음에 버렸던 그 원리들의, 종종 잘못 연역된 결과들을 모방하는 일에 착수합니다. 처음 일을 시작했을 때와 같은 열의를 가지고서 말이지요. 이러한 특이한 재도입이 우리의 관념들에 얼마나 많은 혼란을 가져오는지, 이 다양한 요소 가운데 거짓된 것에서 참된 것을, 모방에서 영감을 구분해 내기가 얼마나 어려운지는 쉽게 인지할 수 있습니다. 오늘날 우리가 스스로 원하는 것이 무엇이고 예술의 관점에서 우리에게 적절한 것이 무엇인지를 알려고 애쓰는 이유가 여기에 있습니다. 그리스 세계는 거의 동일한 볼거리를 제시했지만 형태에 대한 그들의 불굴의 애정이 그들을 구제했습니다. 그들은 앞으로 나아갔습니다. 그들은 다양한 영향에 종속되었지만 그들이 만지는 모든 것을 아름다운 것에 대한 그들의 본능의 결과로 변형시켰습니다. 또 언제나 그들이 정치적으로 복속된 민족들의 스승으로 남았죠.

그러면 이 서유럽에서 우리 예술의 진보를, 카롤링거 시대부터 현대에 이르기까지 한 걸음씩 따라가 봅시다. 이탈리아에도 프랑스에도 8, 9세기 건물들의 유적은 얼마 남아 있지 않습니다. 그리고 이 유적들은 다만 비정형의 예술, 로마 전통과 동방의 영향의 혼성적 산물만을 보여 줄 뿐입니다. 10세기가 되면 노르만 인들의 침략이 막 부활하기 시작하고 있던 문명의 진보를 가로막습니다. 11세기나 되어서야 수도원 시설들, 특히 클뤼니 파 수도원 시설들의 영향 아래 새롭고 독립적인 길로 사실상의 진보를 시 작하는 예술을 보게 됩니다.* 이 수도사들은 우선 이전에 로마 인들이 점령 하고 있던 장소들에서 가능한 모든 곳에 정착했습니다. 로마식 빌라의 평면 도는 그들의 수도원의 평면 배치에 계속해서 영향을 주었습니다. 그들의 건 물의 계획에서는 조망, 장소, 실용적 요구들이 대칭보다 우선시되었으며, 클뤼니파의 수도원들은 로마식 빌라들처럼 다양한 목적으로 지어진 건물들 의 적절하고 잘 연구된 집합체에 다름 아니었습니다. 서방의 수도사들이 도 입한 스타일은 다른 무엇보다 라틴의 것에 가깝습니다. 물론 11세기 이후 로 새로운 요소들의 예술이 도입되기는 했지만 말이죠. 건축사는 바로 이 시기에 특별히 조심스럽게 분석되어야 합니다. 건축에서 우리에게 고유한 모든 것은 이 첫 번째 시도들에서 도출되니까요. 10, 11세기에 오동, 아이 마르, 메유,[3] 오딜롱, 위그 등의 수도원장들의 치세 아래 클뤼니 수도원 교 회가 미친 지대한 영향은 독자들에게 새삼 환기시킬 필요도 없을 것입니 다. 세속의 권력으로부터도, 주교의 권력으로부터도 자유롭고 오로지 교 황에게만 종속되어 있었던 이 수도원 교회가 누린 특권들, 유럽 각국에서 수도사들이 한 숱한 여행들, 그들이 기독교 왕국의 전역에서 헌신적인 사 도로서 임했던 개혁 혹은 그들이 떠맡았던 엄청난 노동에 대해서 우리는 이미 잘 알고 있습니다. 그것은 진정한 정부였습니다. 다른 모든 권력이 쇠퇴하고 대중이 비참했던 시기에 일정하고 논리적인 행보를 따랐던 유일

---

* *Dictionnaire* ARCHITECTURE, ARCHITECTURE RELIGIEUSE, MONASTIQUE; CONSTRUCTION 항목 참조.

3) 영문본의 St Marieul은 St Maieul의 오기이다.

한 정부였지요. 지성과 배움을 주도하면서 유일하게 이탈리아, 스페인, 독일과 지속적으로 교류했고, 그들의 '규칙'을 모든 부문에 도입하고 있던 클뤼니 교단은 그 사명의 위엄에 상응하는 예술을 필요로 했습니다. 나아가 당시에 탁월한 모든 정신, 인류가 야만주의를 넘어 비상해야 한다고 여긴 모든 이들이 클뤼니 수도원에 들어가기를 원했고, 그리하여 그들 몫의 지성으로 그 거대한 종교적인 문명화의 연합에 기여하기를 원했다는 점을 생각해야 합니다. 그러므로 클뤼니에서 이 중심[프랑스 지역]과 이탈리아, 독일, 심지어 동방에까지 퍼진 시설들 사이의 지속적인 교섭의 결과로 일종의 저수조가 마련되었습니다. 각지에서 수집된 예술의 다양한 원천이 그리로 흘러들어 하나의 새로운 흐름을 이루었지요. 결국 건축의 영향력 있는 유파에 토대를 제공한 것은 로마 예술의 전통이었습니다. 클뤼니, 투르뉘, 베즐레, 파리의 생마르탱데샹, 라 샤리테쉬르루아르는 이 클뤼니 예술의 주목할 만한 표본들을 보존하고 있으며, 그것이야말로 11세기에 건축이라는 이름에 걸맞은 유일한 것들이었습니다. 클뤼니의 조적공들, 석공들, 조각가들은 무시할 수 없는 노력과 위대함을 가진 한 유파를 특징짓는 방법들을 가지고 있습니다. 그것은 라틴 미술에 기반을 가진 유파였지만 독창적인 재능이 각인된 것이기도 했습니다.

클뤼니에서 발행된 문학적 창작물들, 지침들, 제도들은 논리적 일관성을, 주의 깊은 독자에게 충격을 주는 명료하고 실용적인 지성을 가지고 있습니다. 이 기록들을 살펴보다 보면 우리는 그것들이 권위의 합리적 행사, 행정, 사람들을 다스리는 데서 나타나는 어려움들에 익숙한 교양 있는 사람들의 노작임을 알아보게 됩니다. 그들은 자신들의 지적 우월성을 확신하고, 실재적 힘에 속하는 절제를 지닙니다. 11세기에 클뤼니파들은 세계의 통치가 필연적으로 자신들의 손에 떨어지리라는 것을 솔직하게 믿을 수 있었고, 또 그런 믿음에 이유가 없지도 않았습니다. 이것이 그레고리우스 7세가 황권에 반하여 투쟁한 이유를 부분적으로 설명해 줍니다. 수도사 힐데브란트는 교황이 되었을 때 수도원장 위그의 친구였습니다. 그러나 그는 앙리와도 가까운 사이였기 때문에 종종 이 유명한 경쟁자들 사이를 중재하곤 했습니다. 이런 사실은 11세기와 12세기에 클뤼니의 위대한 수도원장들의 정치적 정신을 충분히 보여 줍니다. 그러한 실로 논란의 여지가 없는 권력, 지적 노동에 대한 그 취미, 그 중용, 권력의 위엄은 이 시기 클뤼니의 모든 기념비에 각인되어 있습니다. 우리는 '규칙'의 영향을 추적하지만 그것은 수도원의 편협한 규칙이 아닙니다. 그것은 우리로 하여금 다시 한 번 로마를 떠올리게 하는 어떤 것입니다. 클뤼니파들은 명예롭게도 시공자들과 조각가들의 유파들을 형성할 수 있었습니다. 로마 인들이 그들의 건물에서 구조만을 고안했을 뿐 장식 미술에 속하는 모든 것을 그리스 인들로부터 가져온 것과는 대조적이지요. 저는 클뤼니파들이 그들의 건물을 장식할 조각가와 화가들을 비잔틴으로부터 소환했거나 이탈리아에 망명 중이던 그리스 예술가 중에서 선별했으리라고 자신 있게 주장합니다. 그러나 11세기 말에 이탈리아 어디에 베즐레 교회와 같은 건물이 세워졌습니까? 그렇다면 스타일에서 그처럼 대담하고 순수한 몰딩을 도입한 것은 누구였습니까? 유럽 어느 나라에서 11세기 말에 예를 들면 도판 11에서 미미한 관념만 얻을 수 있는 베즐레의 신랑과 유사한 구성을 발견할 수 있습니까? 이 건축이 기하학적 설계에 의한 눈의 만족이 아니라 단순히 실용적 결과를 관조하고 있다는 점을 관찰해야 합니다. 여기서 독창적 스타일의 인상을 발견하게 되지 않습니까? 이러한 구성이 고전 고대가 우리에게 남긴 사례들과 어떤 공통점을 갖습니까? 이 클뤼니식 건물들(특히 로마네스크로 불린 시기에 만들어진 것들)에서 우리는 이미 닳고닳은 전통을 버리고 새로운 형태를 발명하는 건축가의 재능을 봅니다. 그는 이 형식들을 이성적 사유에 종속시키고, 장식을 구축에 종속시킵니다. 구축에 관하여 그는 그것이 절로 드러나게 되기를 바랍니다. 또한 그는 그것을 눈에 띄면서도 우아하고 심지어 세련된 것으로 만듭니다. 클뤼니파 건축이 기독교 정신의 분명한 귀결이었다면 중세에 클뤼니의 시설은 그 시대에 기독교의 가장 실천적이고 가장 진실한 표현이었습니다. 모든 분야에서 거짓을 물리치는 것은 기독교 정신에 일치하는 것이며, 형태를 다만 실천적 요구의 논리적 현현으로 여기는 것입니다. 기독교도는 모든 것을 그것이 체현하고 있는 관념의 가치에 따라 다룹니다. 그의 관점에서 모든 것은 필연적 기능을 가지고 있으며, 이렇게 말해도 좋다면 어떤 의무를 달성하고, 이 법칙들로부터 벗어나지 않은 채 완벽에 도달합니다. 또한 클뤼니파의 예술가들이 이 원리들을 처음으로 적용한 것은, 비록 아직까지 그 야만적 시초에 비해 크게 더 가진 것은 없지만 어쨌든 취미를 가진 인간으로서였습니다. 클뤼니파는 중세에 르네상스를 실현하는 지점에 있었습니다. 그들은 문학에 대한 취미를 되살렸습니다. 그들은 그들이 살았던 시대로서는 매우 포괄적인 성격의 행정과 정부에 대한 관념을 가지고 있었습니다. 그들은 입법자였고, 외교관이었으며, 정치가이자 학자, 예술가였습니다. 그들이 시도했던 것을 성취하는 데 실패했다면 그것은 그들이 유럽의 민족들 사이에서 오직 성직자 귀족들로만 구성되었기 때문입니다. 그러나 당시의 사회적 조건을 고려할 때 그들이 다른 어떤 것을 염원할 수 있었을까요? 12세기 말에 그들이 무대에서 사라지게 된 원인이었던 거대한 민족적 운동은 어쩌면 그들에게서 기인한 것이었을지 모릅니다. 그리고 이러한 사실은 고전기가 종료된 이래로 지적 노력의 산물들을 다루는 역사에서 가장 흥미로운 탐구 주제 중 하나를 제안합니다. 클뤼니파는 그들이 세속의 정사에서 행사한 영향력, 예술과 문학에 대한 그들의 애호, 유럽 군주들과의 관계의 결과로 자연스럽게 그들의 수도원들에서 전대미문의 사치를 과시하게 되었습니다. 성 베르나르는 12세기에 바로 이러한 사치에 저항했습니다. 그는 수도원의 기관들이 왜곡되는 것을 보았고, 악을 저지하고자 애썼습니다. 클뤼니의 수도원장이었던 피에르 르 베네라블이 베르나르에게 보낸 편지는 얼마나 흥미로운지 모릅니다. 그 편지는 베르나르에게 공격을 좀 누그러뜨릴 것과 그의 수도원들에서 카르멜 수도회와 도미니크 수도회를 편향되지 않은 시각으로 보아줄 것을 촉구하고 있습니다. 피에르는 베르나르와 주고받은 서신에서 계몽되고 관용적인 처세가의 역할을 합니다. 그는 베르나르의 도발로 일어난 반응에서 그것이 교단 일반에 추가적으로 위험만 끼치게 될 것을 예상합니다. 그는 베르나르에게 자비를 촉구합니다. 그가 쓴 편지 중 한 편에는 이런 구절이 있습니다. "상이한 색채들, 상이한 주거들, 서로 다른 관습들이 사랑에 반대하고 통합을 거스릅니다. 카르멜 교단의 수도사는 도미니크 교단의 수도사를 괴물쯤으로 봅니다. 도미니크 수도사는 카르멜 수도사를 변칙적인 수수께끼로 여기죠. 새로운 것들은 다른 습관들이 깊이 뿌리내린 정신을 거스르는 결과를 낳습니다. 정신은 보기에 익숙하지 않은 것을 승인하지 않으려는 경향이 있습니다. 외부의 사물들을 고려하고 영혼의 깊은 곳에서 발생하는 것에 주의를 기울이지 않은 사람들이 체험하는 인상이란 그와 같습니다. 그러나 이성의 눈, 정신의 눈은 동일한 방식으로 보지 않지요. 그것은 신의 종들 사이에서 색채, 용법, 주거의 다양성은 중요하지 않다는 것을 지각하고, 인정하고, 이해합니다. 사도[바울]께서 말하기를 '할례를 받고 안 받는 것이 문제가 아니라 새로운 사람이 되는 것이 중요합니다'[갈라디아 6:15] '유다 인이나 그리스 인이나 종이나 자유인이나 남자나 여자나 아무런 차별이 없습니다. 그리스도 안에서 여러분은 모두 한 몸을 이루었기 때문입니다'[갈라디아 3:28]라고 하지 않았습니까.

"이것은 식별력을 가진 사람이 보고, 인정하고, 명료하게 이해하는 것입니다. 그러나 모두가 그렇지는 않습니다. 이러한 지적 식별력을 가진 사람은 적습니다. 제가 판단하기로 우리는 보다 열등한 수준에 자신을 대입해 보아야 합니다. 그러고서 '내가 어떤 사람을 대하든지 그들처럼 되었습니다'[I 고린토 9:22]라고 말한 그[바울]의 정신에서 일종의 선별적 신중함을 가지고 그들에게 다가가야 합니다."

하지만 이쯤에서 멈추도록 하죠. 안 그러면 저는 진정한 기독교 정신을 보여 주는 걸작인 이 서신을 통째로 인용하게 될지도 모르니까요. 피에르 르 베네라블과 쉬제는 12세기 지성의 화신들이었습니다. 열정적인 성 베르나르는 유럽의 민족들의 정신에 예술과 문학이 미치게 될 영향을 예견했습니다. 그는 이교도 예술의 귀환을 두려워했고, 형태가 교의와 철학에, 신앙에 승리를 거둘 것을 스스로 예견했다 여겼습니다. 그는 심연을 측정하고자 애쓰는 천재였지만 자신의 동시대인들의 정신을 오해하고 있었습니다. 그는 생전에 급류를 거의 지체시킬 수 없었죠. 피에르 르 베네라블은 거의 고대 철학자와 같은 면모를 드러냅니다. 다시 말해 그의 기질은 키케로와 같은 부분이 있습니다만 진정한 기독교인의 장엄함, 인종(忍從), 평온함을 갖추고 있었습니다. 쉬제는 교단들 사이의 경쟁에서 어느 편도 들지 않은 정치가였습니다. 그는 위험을 감지했지만 보다 신중하게 생각해서 성 베르나르처럼 드잡이를 하고 싸우기보다는 그것을 피했죠. 주제를 벗어난 것 같지만 뒤에 이어질 이야기를 이해하려면 이런 배경을 알아야 합니다.

클뤼니파는 그들의 수도원에 학교를 가지고 있었습니다. 이 학교들은 수도승들의 교육을 위해서 필요했을 뿐 아니라 평신도들에게도 열려 있었죠. 클뤼니파 안에 건축가, 조각가, 화가가 있었다면 그들은 이 예술을 바깥세상에도 가르쳤습니다. 12세기의 클뤼니 사제들은 몸소 노동을 하기에는 너무 귀하신 나리들이 되어서 교회와 호화로운 수도원을 짓고 장식하기 위해서는 평신도 노동자들에 의지하지 않을 수 없었으니까요. 시토회가 조형 미술을 혐오할수록 클뤼니파의 건물들과 가구, 의복은 더 정교해졌습니다. 투쟁이 시작되었습니다. 클뤼니파는 아직 조야함을 특징으로 하는 공동체 안에서 문명의 높은 수준을 획득했던 모든 이들이 그랬던 것처럼 자신들의 경쟁자들을 야만족으로 여겼고, 시대 상황이 허용하는 한 많은 사람들 사이에 예술에 대한 연구와 사랑을 소개함으로써 상대편의 과도한 청교도주의와 싸웠습니다. 그들의 건축은 12세기 중반 무렵에 주목할 만한 세련된 인상을 가지게 됩니다. 그러나 그와 같이 평신도를 솜씨 좋은 예술가와 장인의 반열에 올리고 그들에게 예술과 그 안에 깃든 솜씨에 대한 취미를 부여하는 가운데 그때까지 잠재되어 있던 민족적 영감들을 발전시키게 되었습니다. 실제로 1120년에서 1140년 사이의 클뤼니파의 건물들에서 우리는 새로운 원리가 발생하는 것을 봅니다. 로마네스크 시기의 전통에 의문이 제기되었죠. 고전 고대의 방법들을 버리고 독립적인 이성적 사유의 관점을 도입함으로써 특정한 문제들을 해결하려는 시도가 이루어졌습니다. 프랑스에서는 새로운 관념을 위해 전통적인 길이 버려질 때마다 변화의 과정이 빠르게 일어나는 듯합니다. 우리는 한 세기 전에 그런 일을 겪었고, 12세기에도 우리는 16세기나 18세기와 같은 민족이었습니다. 1135년경에 베즐레의 수도원장들은 그들의 교회에 배랑(narthex)을 지었습니다. 평면도, 세부, 몰딩들, 조각들은 로마네스크식이지만 여기서 우리는 미술의 독립적인 스타일의 전조가 되는 구축물의 새로운 원리들을 관찰할 수 있습니다.* 랑그르 대성당이 지어진 것은 바로 이때이거나 거의 같은 시기였습니다. 세부에서는 아니라고 해도 구축 체계에서 거의 로마식인 이 건물은 로마네스크 방식을 버렸습니다. 1144년에는 수도원장 쉬제가 생드니 수도원 교회를 완공하고 있었습니다. 이 교회에서 당시에 지어진 부분들을 보면 우리는 건축적 혁명이 성취된 것을 알 수 있습니다. 원형 아치를 버렸을 뿐 아니라 이른바 고딕의 구축 체계가 창안되었습니다. 쉬제는 어디서 이 건축 사업을 이끈 장인을 구했을까요? 수도사들 중에서였을까요? 그 장인은 평신도였을까요? 기욤 수도사가** 전하는 사실은 이 저명한 수도원장이 "왕국의 전역으로부터 조적공이며 목공, 화가, 대장장이, 주조공, 금 세공사, 보석 세공사 등 하나같이 각자의 예술에서 솜씨 좋기로 이름난 온갖 직인들을 소환했다"는 것뿐입니다. 그러나 당시에 프랑스에서, 그리고 물론 다른 어느 곳에서도 생드니와 같은 구조가 세워진 적은 없었습니다. 또한 쉬제가 그 건물을 신속하게 짓고자 했다는 것도 염두에 두어야 합니다. 그는 자신의 후임자가 그 과업을 계속해 나가지 않을 것을 두려워해 일을 시급히 마무리하려고 했습니다. 1140년 6월 5일에 루이 6세 [뚱보왕]가 기초의***4) 초석을 놓았고, 1144년 6월 11일에 헌당을 했

---

* *Dictionnaire*에서 ARCHITECTURE RELIGIEUSE, 그림 22, CONSTRUCTION, 그림 19 참조.
** *Vie de Suger*, liv. II.
*** "Ipse enim serenissimus Rex intus descendens propriis manibus suum imposuit, hosque et multi alii tam abbates quam religiosi viri lapides suos imposuerunt, quidam etiam gemmas, ob amorem et reverentiam Jhesu Christi decantantes: *Lapides pretiosi omnes muri tui*" (쉬제의 편지)

4) 위 원주의 내용은 다음과 같다. "가장 자애로운 왕 자신이 내려와 손수 자기 것을 얹었다. 우리와 다른 많은 자들, 수도원장들과 수사들도 각자의 돌들을 올려놓았다. 어떤 이들은 예수 그리스도에 대한 사랑과 존경에서 '모든 보석으로 당신의 벽을'이라 찬미하며 보석을 올리기도 했다."

습니다. 즉 교회가 완성되었던 것입니다. 이 새로운 교회는 폭은 좀 더 좁지만 오늘날 우리가 보는 것과 같은 모습이었습니다. 이렇게 서둘렀다는 데서 건물을 올린 과정에서 드러나는 무지함이 설명됩니다. 몇몇 부분에서 기초가 부적합했고, 그 결과로 한 세기 후에는 신랑과 교차부를 다시 지어야 했습니다. 그러나 그것은 또한 비범한 결과를 신속하게 성취해 낸다고 하는 것, 즉 엄청난 타격으로 대중에게 충격을 준다고 하는 것이 어떤 것인지 그 관념을 보여 줍니다. 목적은 달성되었습니다. 클뤼니의 수도원장이었던 피에르 르 베네라블 자신을 포함해 동시대인들 모두가 쉬제가 착수하여 성취한 이 일을 서방의 경이 중 하나로 보았으니까요. 하지만 어째서 이렇게 서둘렀을까요?

쉬제는 실천적인 정신을 가진 사람이었습니다. 그가 수도원 체계가 쇠퇴해 가고 있다는 것을 감지하지 못했을 리는 없습니다. 그는 1127년에 이미 그의 수도원에 엄격한 개혁을 도입했고, 시토회 수도원장 성 베르나르가 생드니 수도사들 사이에 만연한 방탕함을 통렬히 비난하는 서신을 보낸 후에* 쉬제 자신도 검소한 수도실을 하나 쓰는 데 만족했지만, 그는 어떤 위대한 과업에 의해 왕립 수도원의 영광이 쇄신되어야 한다고 느꼈습니다. 시토파들이 예술에 대해 표현하던 혐오에 영향을 주지 않으면서 클뤼니파들이 해 온 것 이상의 다른 어떤 것을 할 필요를 느꼈던 것이죠. 사실은 그[예술에 대한 혐오]와 반대로 교단들은 진보와 새로운 관념들의 선두에 서야만 한다고, 전대미문의 예술을 선보임으로써 대중을 매료시켜야만 한다고 그는 생각했습니다.

---

* 이 서신(Mabillon판의 78번째)에서 성 베르나르는 이렇게 말합니다. "수도원 내부는 병사들과 여자들로 가득하며, 온갖 종류의 거래가 그곳에서 이루어지고, 종종 싸움판이 벌어집니다."

실제로 이런 가운데 12세기에 프랑스 예술은 고전 고대의 예술과는 모든 점에서 다르게 발전했습니다. 우리는 당시의 서방 사회가 일종의 열병에 사로잡혀 있는 것을, 예술은 그 영향을 간직하고 있는 것을 발견합니다. 고대 로마에서 정치적 혁명과 지적 운동은 예술에 눈에 띄는 영향을 주지 않았습니다. 예술은 그 나름의 길을 갔고, 공적 사건과 뒤섞이지 않았습니다. 12세기에 프랑스에서는 자유 도시들이 반란을 일으켰고, 봉건제는 바로 이 수도원장 쉬제의 손으로 최초의 타격을 입어야 했습니다. 쇠약해졌던 왕권이 회복되기 시작했습니다. 클뤼니의 대개혁이 그 마지막 불꽃을 내보내고 있었습니다. 교단의 사제 권력은 쇠했고, 난처한 상황에 빠졌으며, 권력의 통합에 걸림돌이 되었습니다. 쉬제의 걸출함은 이 세기의 한가운데서 정치적 신중함을 선보이는 행동(이것은 혼란한 시기에 예지력을 갖춘 정신의 두드러진 표식입니다), 인간과 사건에 대한 정확한 평가와 동시에 위대한 중용을 보인 데 있었습니다. 또한 프랑스 왕국의 중심에서 예술이 그 지향을 완전히 바꾼 것, 그리하여 마침내 로마네스크 전통의 마지막 자취를 버리고 전혀 새로운 길로 진입한 것은 바로 이 성직자의 재임 기간에 일어난 일입니다. 쉬제의 친구였던 주교 보두앵 2세는 이 생드니 수도원장의 관리하에 1150년경에 노용 대성당을 지었고, 그 대성당은 수도원 교회에 오늘날까지 남아 있는 부분들과 놀랍도록 유사한 성격을 보여 줍니다. 또한 주교 모리스 드 쉴리가 새로운 평면도와 계획으로 파리 대성당을 짓기 시작한 것도 1160년 무렵이었습니다.

로마 시대에 중앙과 북부 지역의 갈리아 도시들은 그들의 지방 자치 기관들과 더불어 그것들을 가시적으로 구체화하고 있던 건물들도 잃었습니다. 12세기에 그들 중 일부가 고대의 특권들을 되찾고자 애쓰며 자유 도시를 서약했을 때, 그들은 공공장소에서 회합을 가져야 했습니다. 그 불행한 시절에는 교회와 성을 제외하면 시민들이 모일 수 있을 만큼 넓은 장소가 없었으니까요. 자유 도시들이 일으킨 반란의 대상이었던 권력 가운데 수도원들은 그 운동에 가장 고집스럽게 적대적일 수밖에 없었습니다. 평신도 영주, 주교, 봉건 군주는 새롭게 주장된 자유를 두고 자신들의 이해에 따라 그것을 보호할 것인지 억압할 것인지 결정하여 때로는 수호자를, 때로는 적대자를 자처했습니다.

12세기에 주교들은 성좌(聖座)에만 좌우되는 종교 시설들로 인해 그들의 권위가 심각하게 약화되는 것을 보았습니다. 그 시설들은 모든 감독 관구의 권위로부터 해방되어 신도들의 기부를 끌어모으고, 수녀원과 지역의 교회들로 땅을 뒤덮으며 봉건 영주의 궁전, 귀족의 성, 농부들의 주거지들에서 점점 더 영향력을 확고하게 다지고 있었습니다. 주교들에게는 자유 도시 운동—전개되기 시작한 세속의 정신—을 이용하여 적어도 도시에서만이라도 그들의 손에서 빠져나가고 있던 관구의 권력을 회복할 수 있는 원천이 하나 남아 있었습니다. 따라서 1160년부터 그들은 자유 도시의 정신이 나타난 이 도시들에 시민들이 주교좌를 중심으로 모일 수 있는 거대한 건물들을 제공하는 데 전력을 다했습니다. 그때 이 새로운 정신에 대해 그들은 통 크게 양보했던 것이죠. 수도원장들이 도입했던 것들에 모순되는 성격의 건축 계획들을 도입함으로써 그들은 대성당들이 접근하기 쉽고 칸막이가 없는 거대한 내부 공간을 제공하는 것을 목적으로 했습니다. 그곳에는 제단 하나, 주교좌 하나가 있을 뿐이고 예배실들은 거의 없거나 전혀 없었죠. 즉 건물들이 로마의 바실리카와 거의 흡사한 기능들을 수행했다는 뜻입니다.* 사람들은 실제로 주교들의 이런 호소에 반응해서 기부금

---

* *Dictionnaire* CATHEDRALE 항목 참조.

들이 쏟아져 들어왔고, 몇 년 사이에 파리, 상, 샤르트르, 루앙, 부르주, 랭스, 상리스, 모, 아미앵, 캉브레, 아라스, 보베, 트루아 등의 도시들에 거대한 대성당들이 세워졌습니다. 이 건축물들은 최초의 배치로부터 심각하게 변형되었지만 오늘날까지도 남아 있습니다. 이미 직인 조합들을 조직하고 있었던 평신도들만이 설계를 맡아 평면도를 작성했습니다. 그리고 완전히 주교의 의도 안으로 포섭된 그들은 그들에게 제시된 새로운 계획들을 따랐을 뿐 아니라 구축의 새로운 체계, 건축과 조각의 새로운 형태들을 도입했습니다. 그들은 기하학과 소묘 연구에서 급속도로 진보했고 조각과 장식에 속하는 모든 것의 원천을 으레 자연에서 찾았습니다.

이 예술에는 프랑스 민족의 특수한 재능이 구현되어 있습니다. 그것은 고대 문명에는 없던 재능이고, 현대의 이탈리아와 독일 민족도 갖고 있지 않은 재능이지요. 프랑스에서 세속 유파가 생겨나기 전까지 건축에서는 로마와 비잔틴 미술의 흔적들이 나타납니다. 고유의 구축물과 장식은 여전히 고전 고대로부터 도출되었죠. 서방 취미의 영향을 식별할 수 있다고 해도 아직 여전히 생생하게 살아 있던 전통들을 밀어내기에는 역부족이었습니다. 종교 시설들은 변형되었지만 그러한 전통을 보존하지 않을 수 없었습니다. 12세기 후반기의 세속 유파는 그것들을 전적으로 버리고 대신 이성적 사유에 근거한 원리들을 도입했습니다. 이 원리들은 다음과 같이 요약할 수 있을 것입니다. 주동 압(active pressure)에 주동 저항(active resistance)을 맞세움으로써 구축 체계에 얻어진 평형, 오로지 구조와 필요로부터 도출된 외관, 지역의 식물들만을 참고하여 만들어진 장식, 자연주의적인 것을 지향하고 극적 표현을 추구하는 조각상 등입니다. 프랑스의 세속 유파를 조금이라도 이해하려면 이 원리들을 처음부터 꼼꼼하게 평가해야만 합니다. 독자분들의 주목을 요청하면서 로마식 홀의 일례로 콘스탄티누스 바실리카의 입면도와 평면도 일부를 보여드리겠습니다(그림 4). 이 홀은 전체가 잡석 쌓기로 지어지고 스투코를 덧입힌 벽돌로 외장을 했습니다. 예외적으로 원주들과 엔타블라처들은 대리석이지만 이것들은 사

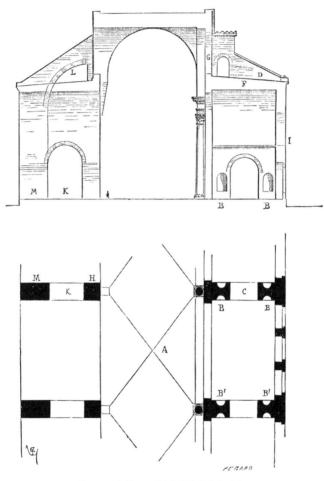

그림 4 콘스탄티누스 바실리카 횡단면과 평면

실상 장식일 뿐으로, 건물은 거대한 내부의 주범이 없어도 서 있을 수 있습니다. 중앙의 신랑 A는 로마식 방법, 즉 반원통형을 교차하여 지어진 일련의 교차 궁륭들로 이루어져 있습니다. 이 궁륭들은 자갈들로 이루어져 있어서 탄성이 없는 콘크리트 매스를 형성하며 마치 단일한 덩어리에서 잘라 낸 거대한 거북 등 껍데기처럼 불활성입니다. 이 궁륭들은 그러나 지탱되어야만 했습니다. 움직일 수 없는 매스들 사이에 그것들이 압착되어 있지 않으면 엄청난 무게로 금이 가고 탈구된 궁륭이 조각조각으로 무너져 내릴 테니까요. 그러므로 버팀벽들인 B는 교차하는 궁륭들[이 시작되는 지점]에서 [궁륭의 추력에] 맞세워져야 했습니다. 아랫부분으로 아치 C가 관통하고 D 높이까지 올라가는 이 버팀벽들 사이는 역시 자갈로 이루어진 원통형 궁륭으로, BB, B′B′의 공간을 덮으면서 평평한 지붕인 F를 떠받치고 중앙 궁륭 아래로 채광을 위한 개구부인 G를 만들기 쉽게 해 줍니다. 역시 개구부가 나 있는 벽 I는 아무것도 지지하지 않는 칸막이일 뿐입니다. 이 건물에서 그 완벽한 안정성에 불필요한 것들을 모두 제거한다면 우리는 도판에서처럼 내부의 피어들을 수직의 지지대들인 H로 환원시키고, 나아가 개구부인 K를 확장하며 원주들은 생략하고 위쪽 궁륭들의 압력에 맞서는 부벽 L을 세우고 그 압력을 버팀벽 M으로 보낼 수 있을 것입니다. 이것들은 구조에서 실제로 효과적인 요소들입니다.

로마 방식을 도입하면서 그것을 보다 단순하고, 강하고, 경제적인 혹은 외관의 관점에서 위엄 있는 방식으로 적용하기란 불가능했다는 점을 인정해야 합니다. 그러나 우리는 로마 인들의 정치와 행정 조직에 너무도 잘 들어맞았던 이 건설 방법이 어떻게, 그리고 왜 봉건 체제하의 서구에서 실현 가능성이 없었는지 다른 곳에서 살펴보았습니다. 12세기 말의 세속 건축가들은 그런 수단을 자유자재로 사용할 것을 강요받았습니다. 그런데 로마식의 건설 방법을 유일하게 바람직한 것으로 여겼다고 해도 그 당시의 정치 조직 전체가 그것에 맞추기 위해 변화했을 리는 없습니다. 사실 위에서 살펴본 것과 같은 홀을 세우기 위해서는, 그런 건물을 부분부분 세울 수는 없으므로 우선 준비를 위한 상당한 공간이 마련될 필요가 있었습니다. 건물의 전체 면적을 일정하게 **올려 나갈** 필요가 있었던 것이죠. 콘크리트 궁륭이 만들어지는 바탕흙을 지지하기 위한 목재 홍예 틀들은 동시에 만들고 고정시켜야만 했습니다. 이 홍예 틀들은 충분히 강력하고 서로 가까워서 바닥 부분이 콘크리트의 무게를 지탱할 수 있어야 했습니다. 홍예 틀들은(여기에 엄청난 양의 목재가 필요했으리라는 것은 상상할 수 있습니다) 만드는 즉시 고정되고 궁륭들이 신속하게 만들어져야 했는데, 왜냐하면 콘크리트 작업이 등질적이고 강력하게 이루어지기 위해서는 중단 없이 시행되어야 했기 때문입니다. 그러므로 처음부터 상당량의 자갈, 벽돌, 모래, 특히 석회가 마련되어 있어야 했습니다. 벽돌과 석회는 원재료가 아니고 가공 작업이 필요하다는 점에 주목해야 합니다. 로마 인들만이 그런 건물을 짓는 데 필요한 조직을 가지고 있었습니다. 12세기에 프랑스에서 우리 민족이 어땠을지 상상해 봅시다. 우리는 절대적인 거장들도 아니고, 건물을 세우는 데 필요한 공간도 충분하지 않습니다. 그것에 대해 논쟁이 벌어지고, 상당한 저항을 거친 후에야 그 사실을 인정하게 됩니다. 우리는 엄청난 목재를 오로지 그것만을 운송하기 위해 띄운 선박으로 공급받지 않습니다. 그렇기는커녕 스무 명의 소유자들에게로 가서 필요한 골조용 목재를 하나하나 찾아보아야 하고, 그들 각자에게서 몇 개씩밖에는 구할 수 없습니다. 혹은 다른 한편으로는 우리가 사야 하는 목재의 시장가가 형성되어 있지 않기 때문에 우리가 그것을 사고자 한다는 사실이 알려진다면 상당히 비싼 돈을 치르게 됩니다. 또한 우리가 석재들을 훈련된 병사들이나 노예들을 통해, 징발로 얻을 수 없고, 각지의 채석장들로부터 비용을 치르거나 자발적인 도움을 받아 옮겨 와야 한다고 생각해 봅시다. 석회가 간격을 두고 조금씩 도착한다고, 우리의 일꾼들이 가능한 한 일을 하지 않으려고 하는 혹은 임금을 치러야 하는 노동자들이라고, 시시때때로 봉건 군주가 이들을 동원해 이웃들과 싸우러 간다고 생각해 봅시다. 이런 환경 속에서 우리가 콘스탄티누스 바실리카와 같은 건물을 지을 수 있겠습니까? 설령 그 일에 착수한다고 해도 마무리 지을 수 있겠습니까? 절반도 진척되기 전에 석회나 목재가 떨어지지 않을까요? 말씀 드린 상황에서 우리가 신중하고 현명하다면 우리는 작업을 세분해서 건축 장소에서 거치적거리지 않게 하고, 노동을 나누어 일부가 중단되고 재개되더라도 전체에 지장을 주지 않도록 하지 않겠습니까? 재료들을 구하기 힘든 만큼 경제적으로 사용하도록 노력하고 한정된 재원을 가지고 큰 효과를 내려고 애쓰겠죠. 그러면 콘스탄티누스 바실리카와 유사한 홀을 지으려면 어떻게 일을 진행해야 할지 봅시다. 우리의 채석장들은 풍부한 석재들을 제공해 주기 때문에 우리는 벽돌을 만들고 굽고 하는 데 시간을 보낼 필요가 없습니다. 그러나 석재는 비싼 재료이므로 경제적으로 써야 하고, 필요한 만큼만 사용해야 합니다. 벽돌과 자갈로 버팀벽을 올리는 대신에 그 기반 부분에 아케이드를 내면서(그림 5) 우리는 두 개의 석재 원주 AA′와 외부의 버팀벽 B를 놓을 것입니다. 신랑에 직각으로 자갈로 된 교차 궁륭을 올리는 대신 우리는 매개 원주 C를 놓고 두 개의 교차 궁륭 AD와 EC를 측랑의 각 베이 위로 지을 것입니다. 짝지어진 원주 양쪽에 걸쳐 벽 GG를 세우면서 이중 원주 A의 바깥쪽 부분은 횡단 아치 AD의 시작점을 받치게 하고 주두 A의 시작점은 벽을 따라 올라가 중앙의 궁륭을 지지하게 되는 작은 원주들의 묶음 I를 받치도록 할 것입니다. 이 중앙의 궁륭은 교차 궁륭이지만 횡단 아치 CF로 분할되어 있습니다. 중앙의 교차 궁륭의 압력을 맞받는 견고한 버팀벽들을 세우는 대신 우리는 다만 버팀벽 B 각각에 피어 K를 세우고 1/2 아치인 KL을 올려 견고한 벽이 주동 저항(중앙의 궁륭의 압력에 의해 수직으로부터 벗어나려는 경향이 있는 벽 M을 반대편으로 밀어내면서 작용하는 만큼 주동적인)에 의해 받았어야 할 것을 수동 저항으로 대체할 것입니다. 그러나 우리는 측벽 K가 부벽으로 가는 궁륭 압력의 결합된 작용에 저항하는 데 충분하지 않다고 느끼기 때문에 피어 K를 세우고 그 위에 무거운 N을 놓아 그 안정성을 확보합니다. 우리의 기후에서는 로마 인들이 이탈리아에 만들었던 것 같은, 콘크리트 테라스가 달리고 시멘트를 바르거나 포장한 지붕을 수용하기가 어렵습니다. 그래서 우리는 중앙의 궁륭을 충분히 높이 올려 상층의 창들 R 아래 지붕 P를 놓을 수 있도록 합니다. 또한 목재 지붕에 채광과 통풍을 가능하게 해 주는 것은 물론이고 아키볼트 S의 무게를 덜어 주기 위해서 아치들 위쪽 T에 개구부를 낼 것입니다. 우리는 곧 원주 AA'가 쓸모가 없다는 것을 지각하게 될 것입니다. 또 구조가 제대로 되어 있다면 압력은 이 두 개의 원주들 사이로 떨어질 것이기 때문에 그것들을 단일의 원통형 지주로 대체할 수 있다는 것을 깨닫게 되겠죠. 그러나 우리는 지면으로부터 올라온 지주들과 추력에 맞서는 주동 역추력으로 이루어진 이 구축물이 안정성, 즉 로마식 구조의 안정감을 갖지 못한다는 것을 잘 알고 있습니다. 또 움직임이 있을 수 있다는 것, 결과적으로 궁륭이 콘크리트의 등질적 매스로 이루어져서는 안 되고 얼마간 탄성이 있어서 붕괴되지 않고 압박에 따라 휘어질 수 있어야 한다는 것을 압니다. 나아가 우리는 로마식 궁륭의 홍예 틀을 만드는 데 들어가는 목재들도 그 구축에 적합한 재료들도 양껏 쓸 수 없습니다. 우리는 홍예 틀에 횡단 골조와 대각선 골조를 만드는 것으로 만족합니다. 이 아치들은 그 자체로 영구적인

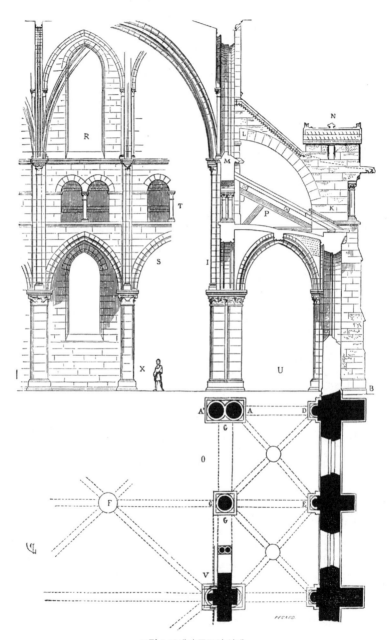

그림 5 12세기 구조의 사례

홍예 틀이 되며, 그로써 우리는 오목한 궁륭의 무게를 모든 요청되는 곡선에 따라 이쪽에서 저쪽으로 옮길 수 있고, 그럴 때 이와 같은 목적으로 중간 홍예 틀을 사용하지 않을 수 있습니다.* 상황에 따라서 우리는 작업을 중단할 수도, 재개할 수도 있으며 공사를 전체적으로 할 수도 있고, 건물의 견고함을 훼손하지 않으면서 부분부분 할 수도 있습니다.

　전통이나 유서 깊은 형태에 신경 쓰지 말고 오로지 우리의 이성만을 사용해 우리가 하고 있는 일에 대해 깊이 성찰해 봅시다. (직경이 가장 큰) 대각선 늑재는 당연히 가장 길이가 길기 때문에, 우리는 이것을 위해 반원형 아치를 유지합니다. 다른 늑재들의 추력을 줄이고 그 상단의 높이를 대각선 늑재의 종석 근처로 끌어올리기 위해서 우리는 횡단 늑재들, 아키볼트들 (arches, archivoltes), 뼈대들이 우리가 원하는 높이에서 교차하는 첨두형 아치를 만듭니다. 따라서 우리는 더 이상 교차 궁륭을 사각형 평면 위에, 즉 두 개의 똑같거나 거의 똑같은 원통들을 교차시켜 만들어야 한다는 제약을 받지 않게 됩니다. 평행 사변형 위에 그려졌든, 사변형이나 삼각형, 일정하거나 불규칙한 팔각형 위에 그려졌든 어떤 평면 위에라도 우리의 방법으로 궁륭을 얹을 수 있습니다. 우리는 로마 인들이 도입했고, 로마네스크 건축가들이 거의 고수했던 규칙으로부터 해방되었습니다. 저는 콘스탄티누스 바실리카의 입면을 12세기 말에 비슷하게 지어진 홀의 입면보다 선호하는 사람들이 있으리라는 것을 쉽게 상상할 수 있습니다. 후대의 개념은 보다 복잡하고, 보다 기술적인 조합을 요구하며, 훨씬 더 많은 성찰

---

* *Dictionnaire* CONSTRUCTION (voutes) 항목 참조. 그림 5의 A에서는 원주들의 최하단 평면을, V에서는 원주들 위쪽의 피어들을 볼 수 있으며, U에는 건물의 횡단면, X에는 베이의 종단면이 나타납니다. 아라스 대성당은 이러한 평면도에 입각해 지어졌습니다. 상스 대성당의 신랑과 내진에서는 여기 주어진 것과 유사한 평면 배치들을 아직까지 볼 수 있습니다.

을 필요로 합니다. 그러나 그런 의미에서 그것이 보다 야만적이라고 할 수 있습니까? 콘스탄티누스 바실리카의 입면도를 가지고는 콘스탄티누스 바실리카의 입면밖에는 절대로 만들어 낼 수 없습니다. 이것은 성숙한 혹은 표현하기에 따라 완벽하지만 변경 불가능한 기예입니다. 이것이 그 최종적 표현입니다. 반면 그림 5에서 보이는 입면도에 나타나는 조합은 무한히 전개될 수 있습니다. 이런 이유로 균형 잡힌 힘들의 평형은 우리에게 온갖 종류의 조합을 제공할 수 있고, 늘 새로운 길을 열어 줍니다. 다른 곳에서 이미 한 이야기를 지금 반복하거나 이미 상당히 길게 다루어진 원리들에 새삼 주목할 필요는 없겠습니다.* 12세기 말에 서방의 세속 유파에 속하는 새로운 건축의 특징들을 검토해 봅시다. 전통적 방법을 합리적 방법으로 대체하려는 경향은 이 시기 건물의 구조에서 나타납니다. 그것은 또한 형태와 장식에서도 드러납니다. 우리는 그리스 인들이 일체식으로 만들어진 인방에 의해 수직으로 내려오는 수직적 지주들만을 인정했으며, 로마 인들은 오랫동안 아치와 인방을 함께 도입하면서 이 상반되는 원리들 사이에 조화를 이루도록 하는 데는 신경 쓰지 않았다는 것을 관찰했습니다. 즉 제국의 종말과 더불어 그리스 인들의 도움으로 그들[로마 인들]이 원주 위에 곧장 아치를 올리는 방식을 도입했지만 이 두 원리들을 통합하지는 않았다는 것을 말이죠. 로마네스크 유파는 조합을 추구하면서 이미 중요한 한 걸음을 내딛었습니다. 다시 말해 원주가 아치에 종속되고 부차적인 중요성을 가진 부속물이 됩니다(도판 11). 우리는 초기 고딕 건축가들에게서 아치가 지지부를 절대적으로 결정한다는 것을 알 수 있습니다. 아치는 구조만이 아니라 형태를 결정합니다. 그 건축은 오로지 아치에 의해서

---

* *Dictionnaire* 참조.

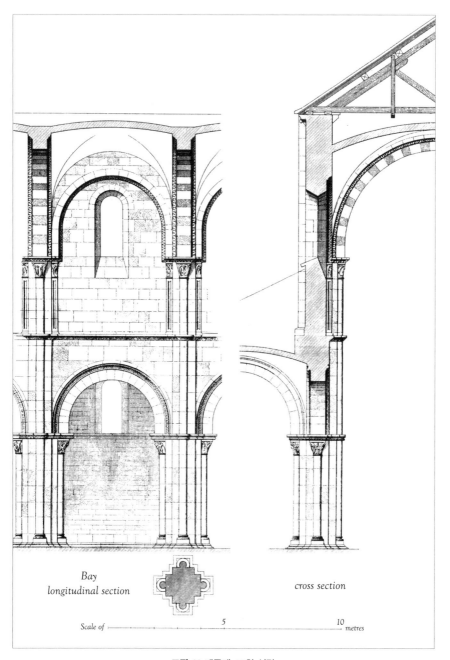

Bay
longitudinal section

cross section

Scale of   5   10
metres

도판 11 베즐레, 교회 신랑

좌우됩니다. 로마 인들은 수많은 사례를 통해서 그들의 구조를 아치에, 궁륭에 종속시켰습니다. 하지만 저는 그들의 건축에서는 모든 지지부가 매스이며, 궁륭을 올린 건물들은 그 자체가 단일한 덩어리를 파낸 것임을 관찰합니다. 그것들은 거대한 주물입니다. 반면 12세기의 건축가들은 하나의 기능을 각 부분에 부과합니다. 원주는 진정한 지지부입니다. 원주가 확장되었다면 그것은 일정한 무게를 지탱하기 위해서입니다. 이 주두의 몰딩들과 장식이 발전되었다면 그 또한 그러한 발전이 필요했기 때문입니다. 궁륭이 골조에 의해 분할되었다면 그것은 이 골조들이 하나의 기능을 수행하는 매우 많은 힘줄들이기 때문입니다. 각각의 수직적 지지부는 그것이 떠받쳐지고 위로부터의 하중을 받고 있기 때문에 그 견고성을 유지합니다. 모든 아치-추력은 그것에 반대되는 방향으로 작용하는 또 다른 아치-추력과 만납니다. 지지부로서의 벽들은 더 이상 나타나지 않습니다. 그것들은 단순한 울타리가 되었습니다. 전체 체계가 그 자체를 유지하는 틀로 구성되어 있으며, 이는 그 매스가 아니라 서로를 상쇄하는 사선 방향의 힘들에 의해서 이루어집니다. 궁륭은 바깥쪽 껍질, 단일한 껍데기이기를 그칩니다. 그것은 실제로 작용하는 압력들의 독창적 조합이며, 그 압력들은 그것을 받아 지면으로 보내도록 배치된 특정한 지주들로 유도됩니다. 몰딩들과 장식들은 이러한 역학을 드러내 보일 수 있는 형태로 만들어집니다. 이 몰딩들은 정확하게 유용한 기능을 충족시킵니다. 외부적으로 그것들은 빗물을 바깥쪽으로 떨어뜨림으로써 건물의 부재들을 보호합니다. 절단면의 가장 단순한 형태가 그런 목적으로 도입되죠. 내적으로는 몰딩들이 거의 없고, 다만 상이한 층들을 표시하거나 돌출부나 보강석의 목적에 맞게 정직하게 튀어나오고 있습니다. 장식들은 오로지 지역의 식물들을 주제로 디자인되었습니다. 건축가가 모든 것을 고국의 것으로 만들고자 했고, 이

방의 예술이나 과거의 예술로부터는 아무것도 빌려 오고 싶어 하지 않았기 때문이지요. 그것들은 나아가 그 장소에 맞추어져서 언제나 분명하고 쉽게 이해됩니다. 그것들은 건축적 형태와 구축물에 종속됩니다. 그것들은 제 위치에 놓이기 전에 작업되며, 전체에 본질적인 부분으로서 자리 잡습니다.

제국의 쇠퇴기에 예컨대 갈리아-로마 건물들에서 조각은 벽과 벽기둥, 심지어 원주의 주신 위에까지 되는 대로 흩어져 있습니다. 당시에 건물이 지어지면 조각가들은 거의 다듬어지지 않은 거친 돌에 바닥인지 접합부인지는 상관없이 가능한 한 빽빽하게 장식들과 형상들을 새겨 넣었던 것으로 보입니다.

로마네스크 말기, 특히 프랑스 서부의 건축* 역시 마찬가지로 장식을 남용하는 데 이르러 있었습니다. 프랑스 유파의 세속 건축가들은, 늘 예술이 쇠퇴하는 단계임을 나타내는 이러한 관습을 완전히 깨 버렸습니다. 장식은 간결하고 합리적이 되었으며 건축의 특수한 부분에만 나타나고 결코 불필요하게 쓰이는 법이 없었습니다. 또한 전체의 조화를 파괴하지 않고서는 그 장식을 더 줄일 수도 늘릴 수도 없었죠.

우리는 종종 이 건물들을 현재의 외관으로 판단합니다. 7세기 동안 그 건물들이 거쳐 온 변화나 손상은 고려하지 않고 말이죠. 또한 우리는 그것을 설계한 건축가들도 후대에 증축되거나 허물어진 데서 초래된 단점이나 실수들을 가지고 비난합니다. 반면 우리는 고대의 건물들에 대해서는 아직까지 남아 있는 유적들을 보고 판단합니다. 그럴 때 상상력은 부족한 부분을 채우고 실제로는 존재한 적 없는 아름다움을 스스로 만들어 냅니다.

---

* 푸아투에 있는 12세기의 특정한 건물들의 경우와 같이.

많은 로마 건물들은 복원되어서 득 될 것이 없습니다. 그리고 오늘날 우리에게 남아 있는 것이 바로 그 건물들의 장엄함과 아름다움을 구성한 요인입니다. 바로 구조이죠. 저는 그리스 건축에 대해서는 이렇게 말하지 않겠습니다. 반대로 그리스 건축의 가치를 제대로 알려면 그 모든 부속물로 완전히 치장된 상태를 상정해야만 합니다. 르네상스 이래로 우리가 그리스 건축보다는 로마 건축에서 훨씬 더 자주 영감을 얻어 왔기 때문에 우리는 우리가 중세에 그리스 미술과 공유했던 탁월함의 가장 값진 점들을 간과해 왔습니다. 로마 인은 윤곽선, 즉 예술품의 눈에 보이는 외관을 거의 의식하고 있지 않았고, 그의 건물들은 종종 매력 없는 외곽선을 드러냅니다. 로마 인의 재능에서 나온 거대한 건물들의 매스가 복원되었다고 상상해 본다면 우리는 규모와는 별개로 이 매스가 그리스의 우아함과는 거리가 멀게도 선이라든가 윤곽선을 제대로 갖추지 못했음을 알게 될 것입니다. 다시 한 번 말씀 드리지만 그리스 인들은 그들의 건축에서 빛, 대기의 투명함, 주변 환경의 특징들을 고려했습니다. 그들은 특히 건물의 각도를 배치하는 데 신경을 써서 그것이 하늘이나 산의 푸른 배경 앞에서 실루엣으로 나타나게 될 모습을 생각했습니다. 그들이 건축의 이러한 중요한 부분들을 단순한 기하학적 관계들의 관점에서 연구한 것이 아니라 원근법적 효과에 대한 가장 사려 깊고 예술적인 판단과 더불어 고려한 것임은 분명합니다. 그들은 진정한 예술가들로서 그 건물들이 실제로 건설되었을 때 기하학적 관계들로서 보이는 것이 아님을 잘 알고서 이러한 효과들을 결합했던 것입니다. 그들이 스스로를 정확하고 섬세한 형태에 대한 감각을 부여받은 사람으로 여겼음을 보여 주는 이런 계산들은 로마 인의 정신에는 떠오르지 않는 종류의 것입니다. 반대로 로마 인에게는 자신의 건물에 대한 기하학적 연구가 유일한 관심사였으며, 실증적이고 실천적인 관점만

이 그를 지배했습니다. 로마 건축의 모방은 불가피하게 우리를 로마 건축가들이 사용한 방법으로 다시 이끌었습니다. 그래서 우리는 관계들의 원근법적 결과에 대한 최소한의 사유 없이 종이 위에 평면도와 입면도를 설계하기에 이르렀죠. 그러나 우리가 언제나 이랬던 것은 아닙니다. 우리는 한때 그리스 인들처럼 효과에 대한 매우 섬세하고 잘 훈련된 감정을 가지고 있었습니다. 우리는 우리의 상상력이 우리의 건축적 형태들의 몰딩에 깃들도록 하기를 좋아했으며, 건물은 보는 사람의 눈앞에 정면으로 나타나는 경우보다는 비스듬히 보게 되는 경우가 훨씬 많다는 인상을 오랫동안 간직했었습니다. 그리스 인들은 건축을 좋아했고, 산책을 하거나 일을 하러 갈 때 그들의 공공건물들을 바라보는 것을 즐겼습니다. 따라서 그들은 건물을 어느 지점에서 보아도 좋게끔 만들도록, 특히 그 윤곽선이 언제나 매력적인 것이 되도록 주의를 기울였습니다. 우리가 '야만인들'이었을 때 우리는 같은 예술적 약점을 가졌었습니다. 그러나 우리가 라틴 족이고, 감각의 민족임이 분명히 드러난 지금 우리는 건물의 윤곽선에 영향받지 않은 채 우리의 소명을 따릅니다. 우리가 그것을 보고자 한다면, 그래서 우리가 우리 시대의 산물에 대해 잘 알고자 한다면 우리는 가서 그 건물 앞에, 파사드의 정중앙에 가서 서면 됩니다. 그리고는 만약에 건물의 양편이 정확하게 일치하지 않는다면 건축가에게 재난이! 대칭이야말로 우리가 거기서 느낄 수 있는 거의 유일한 탁월함이기 때문입니다. 우리의 건축가들은 점차 그들의 건물을 원근법적으로 재현하는 습관을 잃어 왔습니다. 혹은 적어도 그들은 소묘 연습을 기하학적 관계들에 한정합니다. 그리스 인들이 그와 같이 작업하는 것은 생각할 수 없으며, 중세의 우리 건축가들 역시 우발적인 시점에서 산출된 효과들을 고려했다는 것은 분명합니다. 이는 그들의 건물들에서 직각의 취급, 즉 코니스의 모서리와 몰딩들을 결합하는 방식이나, 이를테면 팔각형 받침의 피라미드를 사각형 받침의 각기둥 위에 올려놓는 방식에서 분명히 드러납니다. 그토록 효과적으로 원근법적으로 서로 교차하는 이러한 건축적 평면들에서 그것은 나타나며, 반면 그 기하학적 재현은 그런 결과를 드러낼 수 없을 뿐 아니라 아예 그런 추측조차도 허용하지 않습니다.

우리가 그리스 인들과 공유하는 예술적 요소는 또 있습니다만, 우리는 스스로를 로마 인들로 상상한 이래로 그것을 거의 상실해 버렸습니다. 그것은 형태에 대한 평가이죠. 12세기와 13세기에 우리의 세속 유파는 이에 대한 고도의 감각을 가지고 있었습니다. 그리고 이 두 가지(그러니까 고대 그리스와 12세기 일드프랑스의) 건축 스타일은 원리들에서는 상반되고, 따라서 그 결과에서 매우 상이한 반면, 형태의 정교화에 관련한 모든 것, 즉 몰딩들, 장식, 세부의 특정한 효과, 구축물과 장식 모두에 관련된 전체 윤곽과 부분들의 활기, 형태에 대한 연구에서 둘 사이의 놀라운 관계를 발견하게 됩니다. 확실히 거기에 어떤 모방은 없으며, 동일한 특징 같은 것도 없습니다만 느낌과 표현 방식에 어떤 연관성이 있습니다. 우리는 건물에 채색을 하는 데서 얻을 수 있는 효과를 그리스 인들과 같은 정도로 이용하지는 않았지만 그들이 잘 몰랐던 형태의 다양성에서 얻어지는 효과들을 발견했습니다. 우리는 우리가 색채보다는 형태에 민감하다는 점을, 우리가 색채주의자라기보다는 소묘가임을 솔직하게 인정할 수 있으니까요. 12, 13, 14세기와 16세기에 우리에게는 조각과 건축에서 걸출한 유파들이 있었습니다. 17세기에는 탁월한 판화가들이 넘쳐났지만 우리의 화가들은 한 번도 이탈리아의 화가들에게 필적하지 못했으며, 우리의 장식가들은 색채의 조합에서 동방의 작품들에 결코 비견될 수 없었습니다. 우리는 원래—그럴 수 있었다면 아직도 그렇겠지만—건축을 규정하는 재능들을 특별히 부여받은 민족입니다.

실제로 수년 전부터 12세기 말에 세속 유파의 작품들에서 매우 심오하고 정교한, 어쩌면 지나치게 정교한 예술이 나타난다는 것이 인정되어 왔습니다. 고귀한 영감과 원리들이 풍성하게 적용되었습니다. 그러나 아직까지 그 예술의 특징적인 형태에 관한 진지한 연구는 이루어지지 않고 있습니다. 그것은 우리의 재능을 가장 생생하게 표현하고 있는 형태, 다채롭고 용이하며 솜씨 좋게 창안된 형태입니다. 그것은 예리하게 반성적이고, 진실하기보다는 꾸며져 있지만 동적이고 쉬지 않는 단순성과 숭고한 개념들의 혼합을 보여 주며 실제보다 외양을 크게 선호합니다.

일찍이 문명화된 민족, 그러나 수 세기 동안 야만족들의 정복자들에 의해 억압받고 세속 또는 성직의 봉건제에 의해 억압받았으며, 오직 사제 계급을 통해서만 조명되었음에도 수년 만에 논리적으로 추론해 낸 원리들을 갖춘 완전한 예술, 구조에서 형태에 이르기까지 모든 것이 새로운 예술을 발전시키는 데 성공한 민족이 있습니다. 이 모든 것을 성취한 이 민족은 그것이 어쩌면 예술의 역사에서 유일무이한 것이었으며, 그들이 매우 뛰어난 본능을 부여받았음을 입증하고도 남는다는 사실을 보여 줍니다. 요컨대 우리는 12세기 중반 당시에 프랑스를 구성하던 서방 세계의 작은 한 구석의 정치적·사회적 상황으로 인해 예술과 수도원 시설들 사이의 결합이 깨어지는 것을 봅니다. 세속적인, 순수하게 세속적인 유파가 형성됩니다. 그것은 우선 텅 빈 전통을 새로운 원리들에 대한 탐구로 대체하는 가운데 수도원의 정신에 반하여 움직입니다. 이 새로운 원리들은 전통적 유형의 개선이 아니라 과학에, 이전까지 구축물의 기예에서 인식되지 않았던 법칙들에 대한 관찰에 근거하였습니다. 자기 안에서 영감을 얻고, 일종의 프리메이슨을 결성한 이 유파는 그것이 추적해 온 노선을 한순간도 벗어나지 않으면서 개인들에게 자유를 주었습니다. 그것은 로마네스크 건축이 도입한 구축 방법뿐 아니라 그들의 몰딩들, 조각들, 장식의 양태까지도 버립니다. 그것은 국가의 다른 모든 신체를 자신에게로 끌어들이고, 사반세기 만에 다른 예술들은 물론 수공업 일반을 변화시켰습니다. 그것은 너무도 강력해서 (또한 우리는 그것이 세속의 것이었음을, 그 구성원들이 인민들이었음을 잊지 말아야 합니다) 모든 곳에서 지원을 구했습니다—성을 짓고, 도시의 장원이나 성, 병원, 요새를 짓는 데, 교회는 물론이고 수녀원을 짓는 데 말이죠. 덕분에 예술은 그 제약을 벗어나게 됩니다. 개별 예술가는 자신의 창의력을 사용하지만 그의 작품에 자신의 이름을 붙이지는 않습니다. 그것은 정복할 수 있는 유일한 것, 다시 말해 지적 노동에서의 독립, 자유의 관념들, 지식의 다양한 지류들에 대한 탐사를 정복하는 데 성공한 조합(corporation)의 작품입니다. 그 취미, 선호, 부당함과 억압에 대한 증오, 풍자에 대한 애호까지 모든 것이 그 조합이 원하는 대로 짓는 것이 허용된 건물들에 표현됩니다. 이 유파는 예술 작품에서 완전한 자유를 스스로 얻어 냈고, 제약이나 간섭 없이 그것을 남용했습니다. 그것이 그 과학과 원리들의 과도한 발전과 시행에 있어 가능한 극한까지 밀어붙인 완벽함을 수행하고 나서 쇠퇴의 길에 들어선 것은 이러한 자유의 남용 때문입니다. 그러나 예술가의 해방, 즉 민족적 재능의 관점에서의 해방, 노동 계급의 해방과 중세의 정치 체제 사이에는 어떤 관계가 있는 것일까요? 다시 한 번 묻습니다만, 어째서 우리는 지적 발전을 부단히 추구하고 배타적으로 그들 자신의, 그들이 정통한 예술의 실천적 적용을 개선하는 사람들을 서방 영토를 점령하고 있던 소(小) 전제 군주들과 혼동하게 될까요? 이 전제 군주들은 예술가와 장인들의 연합에 아무런 영향력도 행사할 수 없었고, 그 진보를 추동할 수도 멈출 수도 없었으며, 그 지성과 노동을 그저 기쁘게 고용할 뿐이었는데 말이죠. 그들이 살고 있던 사회적 조건을 산출한 것이 이 예술가와 장인들이었습니까? 그들은 모호한 이론이나 반란에 의해서 그러한 사회적 조건으로부터 탈출하고자 했습니까? 그렇지 않습니다. 그들은 노동—노동조합—에 의해서, 그들에게 운명적으로 주어진 테두리 너머로 가는 대신 그 테두리를 가능한 한 확장함으로써 그러한 사회적 조건으로부터 벗어나고자 했습니다. 우리가 이런 노력들을 알아보지 못할 만큼 배은망덕할 수 있습니까? 우리는 평범한 예술가들, 다만 우리 나라와 풍습에 낯선 것이었을 뿐인 예술의 표절자들에 불과한 이들을 기려 조각상들을 세웁니다. 그러면서 우리가 지위는 보잘것없었지만 민족의 통일성에 독창적이고 새로운 가시적 형태를 처음으로 부여한 사람들을, 그리고 지식과 예술과 과학의 부활을 적어도 마음속으로나마 소중히 여기지 않을 수 있습니까? 12세기 말의 프랑스 세속 유파의 이런 역량을 감히 부정할 사람이 있을까요? 로마네스크나 수도원의 유파들이 그보다 조금 이른 시기에 어떠했는지 살펴봅시다. 그 유파들이 너무 몰락해서 예술에서 개혁이 필요했다고 가정할 필요는 없을 것입니다. 반대로 그들은 전성기를 누리고 있었으며 보기 드물게 우아한 작품들을 만들어 냈습니다. 그러나 이 유파들은 분열되었죠.

12세기 초에 시토회 건물들과 클뤼니회 건물들은 서로 닮지 않았으며, 푸아투의 건축은 노르망디의 건축과 닮지 않았고, 후자는 본질적으로 일드프랑스의 건축과 달랐으며, 일드프랑스의 건축은 그것대로 오베르뉴와 리무쟁의 건축과 또 달랐습니다. 리요네와 부르고뉴의 로마네스크는 샹파뉴의 로마네스크와 달랐죠. 이 유파들은 그 나름의 생명력을 가졌고, 그들의 시공 방법들은 매우 우월한 질서를 가진 것이었습니다. 또한 그것들은 각 지방의 주민들의 재능에서 기인한 혹은 지역의 전통이나 강력한 수도원들의 영향에서 비롯한 독자적인 성격을 가지고 있었습니다.

　부르고뉴에서 12세기의 로마네스크 건축은 완전히 클뤼니적입니다. 샹파뉴에서는 시토적인 편이며, 오베르뉴에서는 지역의 로마 전통, 그리고 페리고르와 리무쟁을 통해 전파된 비잔틴 영향을 받아 섬세하고 우아합니다. 푸아투의 로마네스크는 혼돈된 상태로, 조각들이 잔뜩 치장되어 있으면서 여전히 갈리아 로마의 인상을 간직하고 있습니다. 노르망디에서는 구조 면에서 엄격하고 체계적이며 과학적이고, 강력하고 정교하지만 조각은 좀 적습니다. 우리는 실용적이고 계산적인 민족, 형태에 대한 감수성은 별로 없고, 원리들을 존중했지만 전통에 속박되지는 않았던 민족의 흔적을 관찰하게 됩니다. 일드프랑스에서 이 건축은 세련되고 진지하며 유연합니다. 또한 교양 있는 취미의 인상을 가진 것으로 이미 특징지어져 있습니다. 생통주에서 12세기의 로마네스크 건축은 서방 지역의 고요하고 점잖은 성격을 완벽하고 충실하게 반영하고 있습니다. 그 스타일은 어쩌면 비잔틴 시기의 그리스 미술에 가장 근접하는 것일지 모릅니다. 그것은 매력, 우아함, 세부의 순수성을 가지며, 이 미술의 특징인 섬세하고 자유로운 시공도 볼 수 있습니다. 도판 12를 통해 한 가지 예를 들어 보죠. 여기 그려진 생트의 생퇴트로프 교회 측랑 외부를 연구해 봅시다. 아드리아 해변에 세워진 건물 중 한 채를 바라보는 것을 상상할 수 있지 않습니까? 물론 구축에서 보다 지적이고, 세부의 시공에서 보다 분명하게 그리스적인 성격을 보이지만 말이죠. 아래층 창문들이 크립트로 채광을 하고, 측랑들을 구성하는 베이들은 궁륭들이 벽을 관통하도록 만드는 보조 아치들에 의해 외부에서도 알아볼 수 있습니다. 건축가는 빛을 분할함으로써 자신의 배치에 위엄을 부여합니다. 그는 아치들이 집중된 창문의 아키볼트들이 이 개구부들에 과도한 중요성을 부여한다고 여겼고, 또 그가 옳습니다. 그의 취

Scale of 0 1 2 3 4 5 metres

도판 12 생트, 생퇴트로프 교회

미는 그로 하여금 직경이 각기 다른 아치들이 계속해서 반복되며 집중되는 것이 시각적으로 유쾌하지 못한 효과를 낳는다는 것을 지각하도록 합니다. 그는 원형의 창문이 뚫린 팀파눔을 선호합니다. 그것은 내부에 빛을 들임으로써 외부에서 볼 때 궁륭이 거대한 보조 아치들의 높이까지 올라가고 있다는 것을 알 수 있도록 해 줍니다. 전체 구축물은 인간 노동력이 충분했기 때문에 기계의 힘을 빌리지 않고 들어 올려 제자리에 놓은 작은 재료들로 이루어져 있습니다. 몰딩들은 극도로 섬세하며, 능숙한 예술가에 의해 디자인되었습니다. 장식들은 그 순수성과 매력적인 배치가 몰딩들을 변질시키지 않으면서 적용되어 흡사 자수와 같습니다. 그러나 그렇게 제한된 자원과 단순한 수단을 가지고도 이 건축은 장엄함의 분위기를 가집니다. 그것은 이해하기 쉽고, 의도가 명료하게 설명됩니다. 이것은 12세기 초에 서방의 최고 유파 중 하나가 만들어 낸 견본으로서, 하나의 사례일 뿐 이에 못지않은 다른 예들이 백 개는 더 있습니다. 그리고 우리가 이 예술을 같거나 거의 비슷한 시기의 서부 이탈리아 건축과 비교한다면 어느 쪽에 과학이 있고 예술이 있겠습니까? 피사 대성당을 예로 들어 보면 바깥쪽 측랑은 전혀 내부 구조를 나타내지 않고, 비례는 상대적으로 매력적이지 못하며 외관은 차갑고 단조롭습니다. 세부의 시공은 지나치게 허술해 보이는데, 그 몰딩들은 질이 떨어지는 로마 스타일을 모방하고 있습니다. 피사 대성당의 측랑에서 대리석 포장을 볼 수 있고, 이 건물이 훌륭한 위치에 역시 대리석으로 만들어진 고상한 계단 위로 올려져 있는 반면 생트의 생퇴트로프 교회는 세 번이나 약탈당했고 그 토대는 가시덤불과 먼지에 둘러싸인 채 내려앉아 있다는 것, 그것이 프랑스에 있다는 것은 사실입니다.

그러나 제가 말한 것은 세부에 관해서입니다. 이 건축의 견본을 장식하

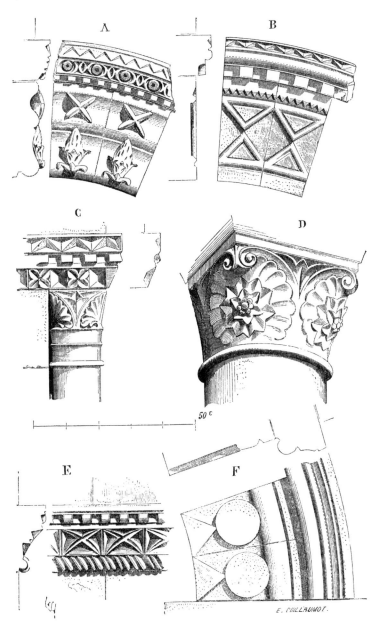

그림 6 생트, 생퇴트로프 교회 세부

고 있는 몰딩들에 대해서였죠. 또한 저는 여기서 그림 6에 제시된 몇 가지 예를 들 필요가 있다고 생각합니다.* 건축에서 몰딩들의 효과에 대해 알고 있는 모든 이들, 혹은 고전 고대와 비잔틴 시기의 그리스식 몰딩들의 매우 정교하고 섬세한 품위에 대해 깊이 생각해 본 적이 있는 이들은 여기에 방법, 효과의 의미, 음영의 관계들의 관점에서 유사성이 있음을 보게 될 것입니다. 그러나 그와 같이 미묘한 평가를 요구하는, 게다가 오로지 취미의 문제에 속하는 지점들에 대해 상세하게 설명하는 것은 쓸모없는 일일 것입니다. 예술가들은 저를 이해할 것입니다. 그리고 설명해 보았자 예술적 감정을 갖지 못한 사람들에게는 아무것도 증명하지 못할 것입니다. 클뤼니파들이 도판 11에서 그 베이를 살펴보았던 베즐레[수도원 교회]의 신랑을 지은 것은 대략 이와 같은 시기였습니다. 부르고뉴의 로마네스크는 원기 왕성하고 심지어 거칠기까지 한 반면 생통주의 로마네스크는 섬세합니다. 생트에서 주두들은 짧고, 거의 발달하지 않았으며 금 세공사의 작품을 닮은 조각들로 뒤덮여 있습니다. 몰딩들은 평평하고 엄청나게 많은 부속들로 구성되어 있으며, 장식은 표면에 머물 뿐이고 비례는 거의 가늘다고 할 만큼 늘어나 있습니다. 반면 베즐레에서 구축은 거대한 석재들로 이루어져 있으며 비례는 강건하고 주두는 거대하고 매우 넓게 늘어나 몰딩없이도 아치를 떠받칠 수 있습니다. 몰딩들의 디자인은 대담하고 단순하며, 조각은 활기차고 거칠다고 여겨질 만큼 대담하지만 스타일로 충만합니다.

---

* 몰딩 A는 상층 아키볼트의 그것 중 하나이고, 몰딩 B는 상층 창문들의 아치들에 속하는 것입니다. 세부 C는 그 창문들의 주두 가운데 하나이며, D는 큰 아키볼트들을 받치는 원주들의 거대한 주두 가운데 하나입니다. 몰딩 E는 창틀 구실을 하는 돌림띠이고, F는 크립트 창문의 아키볼트입니다. 각각의 아치는 나머지와 다른 몰딩들과 조각된 세부를 가지고 있습니다. 크립트층 창문의 아키볼트만이 모두 같습니다.

우리는 자신의 힘을 의식하고 그것의 정복을 주장하는 예술을 인식합니다. 노르망디 유파는 위에서 말한 어떤 것과도 닮지 않았습니다. 하지만 12세기와 13세기에 그 독창적 성격을 회복한 로마네스크 시기의 노르망디 건축을 보려면 프랑스를 떠나 영국에서 찾아보아야 합니다. 그것이 11세기 말까지 발전한 것은 영국에서였습니다. 노르망디 인들은 솜씨 좋은 시공자들이었습니다. 그러나 그들이 거대한 크기의 궁륭을 구축하려고 노력하게 된 것은 후대에 이르러서였으며, 사실상 부르고뉴와 일드프랑스에서 그것이 알려진 지 오래된 후에나 그러한 작업을 하게 됩니다.

예를 들어 12세기 말까지도 그들은 거대한 교회들의 신랑 위에 목재 보꾹만을 얹었습니다. 그러나 그들은 수직적 구축물에 다른 곳에서는 본 적 없는 기념비적 성격을 부여했습니다. 비록 과감하게 일에 착수하도록 부추기기는 하지만 섬세하고 실용적인 재능을 부여받은 노르망디 인들은 그들의 건물들에 고유한 인장을 남겼습니다. 카엥의 성 삼위일체 교회와 성 에티엔 교회에서 처음에 지어진 부분들이라든지 생방드릴과 성 쥐미에주 교회들의 유적들에서, 그러나 특히 도버 해협 반대편에 세워진 건물들에서 그러한 흔적을 찾아내기는 쉽습니다. 예를 들면 피터버러 대성당의 익랑은 12세기 중반에 지어진 것으로 전성기 노르망디 스타일의 완벽한 표본입니다(도판 13). 우리는 조적술의 탁월함과 꼼꼼한 시공을 관찰하지만 조각은 없습니다. 이것은 건전한 이성과 지식, 섬세한 비례 감각, 크게 다양하지는 않지만 위치에 맞게 잘 디자인된 몰딩들, 장식적 효과를 부여하는 데 대한 정교한 연구에 기반을 둔 구축 체계입니다. 도판 13의 오른편을 보면 여기 적용된 구축 체계를 볼 수 있습니다. 벽들의 아래 부분은 견고하고, 표면 장식인 아케이드 모양의 G로 꾸며져 있습니다. 두 번째 창문열인 I에서 건축가는 벽의 두께에 통로를 남겨 창유리를 쉽게 살피고 수리하도록

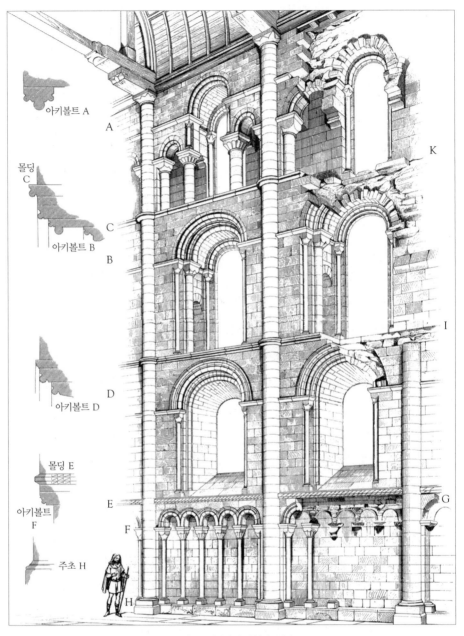

아키볼트 A

A

몰딩
C

C

아키볼트 B

B

아키볼트 D

D

몰딩 E

E

아키볼트
F

F

주초 H

H

K

I

G

도판 13 피터버러 대성당, 익랑

했습니다. 창문의 세 번째 열에서 구축물은 보다 가벼워져서 보다 넓은 통로 K가 익랑으로 열린 갤러리를 형성합니다. 목재 지붕의 각 연결 보들 아래에는 지면으로부터 올라온 부착 원주들이 있어 조합을 베이들로 나눕니다. 이 건축이 다른 어떤 로마네스크 시기보다 로마 미술로부터 훨씬 멀어져 있다고 해서 그것이 장엄함과 과학을 결여하고 있다는 뜻은 결코 아닙니다.

부르고뉴의 로마네스크 건축이 강건하고 과감하고 기운차다면 노르망디의 로마네스크 건축은 위엄 있고 상대적으로 과학적이며, 서방의 고대 켈트 주민들의 로마네스크는 정교하고 우아하고 섬세합니다. 또한 우리는 12세기 초에 일드프랑스의 건축이 단순하고 절제되어 있으며 구축과 형태에서 라틴적인, 사용된 재료에 종속되며 소심함만큼이나 과장과도 거리가 먼 엄격한 취미의 흔적을 이미 간직하고 있다는 것을 발견합니다. 센 강 중류와 와즈 강, 마른 강 하류 유역에는 여전히 이 시기에 속하는 많은 건물들이 남아 있습니다. 그것들은 설계 면에서 매우 아름다우며 그 구축은 지성을, 조각은 절제를 보여 줍니다. 이 지역을 현대 프랑스의 모든 지역 가운데 특별히 다르게 만드는 것은 다양성입니다. 예를 들어 오베르뉴에서 11세기에 지어진 건물들은 하나같이 서로 비슷하고 모두가 동일한 패턴으로 동일한 노동자들에 의해 지어진 듯이 보입니다. 부르고뉴와 오트마른―고대 아이두이 족들의 지역에서 우리는 마찬가지 사실을 관찰합니다. 노르망디 건축에서는 어떤 변화도 겪지 않는 몇 가지 관념과 원리를 봅니다. 푸아투와 생통주에서도 마찬가지입니다. 반면 일드프랑스에서는 로마네스크 시기에조차 이미 유형에서의 자유로움과 다양성이 발견됩니다. 그것은 전통의 족쇄로부터 탈출하려는 부단한 노력을 보여 줍니다. 건축을 발전시킨 것은 이러한 노력들로, 앞에서도 말씀드렸지만 이것은 쉬제의 대담하면서 동시에 과학적인 혁신과 더불어 시작된 것으로 보입니다. 이 새로운 건축은 곧 다른 지역들에서 개성적인 변형을 거쳐 도입되었습니다. 따라서 우리는 부르고뉴 인들이 12세기 말에 이미 그것을 도입하고 있는 것을 봅니다. 이 새로운 방법은 그 능동적이고 모험적인 정신에 일치했습니다. 노르망디 인들이 그것들을 전용하는 데 느렸던 것도 아닙니다. 중앙과 서쪽 지역들로 말하자면 그들은 그것을 결코 이해하지도 받아들이지도 않았습니다. 그들의 정신이 둔했기 때문에, 또 반드시 말해야 할 것은 로마네스크 건축이 그들에게서 완성에 도달한 탓으로 그들은 혁신에 대한 욕구를 느낄 수 없었습니다. 고딕이라 불리는 건축 스타일이 이 지역에 도입된 것은 훨씬 후대에, 13세기 말이나 되어서의 일입니다. 그나마 외국으로부터의 수입품, 그들이 복종하지 않을 수 없는 불가항력의 운동으로서 도입된 것입니다.

고도로 문명화된 사회, 정부와 법이 완전히 발전한 사회에서 예술은 미미한 영향력만을 행사할 수 있습니다. 그런 사회에서 예술은 그저 사치스러운 일에 불과하며, 풍습과 관습을 어떤 식으로든 변화시킬 능력이 없습니다. 그러나 아직 형성 중인 사회적 조건에 이를 적용한다면 큰 실수를 저지르는 일이 될 것입니다. 이럴 경우에는 반대로 예술이 문명의 발전에 강력한 도움을 줍니다. 그것은 통합을 이루어 내는 가장 효과적인 동인이 되며, 특히 주민을 구성하는 민족들과 고대의 지역 전통들 사이에 친연적 접점들이 있을 때는 더 그렇습니다. 프랑스에서 예술은 13세기 초에 이미 민족적 통합을 유도하기 위한 노력을 전개하던 왕족들이 사용하던 수단이었습니다. 사실 그 영향력이 직접적으로 느껴지는 곳이라면 어디가 되었든 그것은 왕국의 중심에서 먼저 도입되었던 새로운 원리들에 따라 지어진 (종교 건축인 동시에 민간 건물인) 대성당의 건축을 통해 드러났습니다. 민간 건축과 군사 건축은 종교 건축의 진보를 한 걸음 한 걸음 따라갔습니다. 그리고 고딕 성당이 세워진 도시에서 우리는 로마네스크 전통이 완전히 사라진 민간 목적의 건물들, 집들과 요새 등이 동시에 구축되는 것을 보게 됩니다. 프랑스에 르네상스라는 것이 있었다면 그것은 이 시기였을 것입니다. 세속의 정신이 그 고유의 능동적 역할을 회복하고, 예술가와 수공업자들이 민족의 생명력에 대한 의식이 되살아나는 가운데 자유롭게 스스로를 발전시키기 시작했으며, 수 세기에 걸친 암흑과 비참함 뒤에 스스로를 재건하기 시작한 그런 때였습니다. 저 자신이 여기서 다루기로 정한 범위를 고려하면 13세기 프랑스 건축의 정신과 원리들 전반에 관한 이야기를 할 수는 없습니다. 이 문제에 대해서는 다른 저작을 통해 이미 다루었지요. 따라서 저는 우리에게 속하는 것이면서 모든 시대, 모든 상태의 사회에 적용된 그 예술의 성질들을 부각시키는 데 머물 것입니다.

그 형식이 매우 유연하고, 그 원리들이 문명이 야기하는 모든 변화에 적응할 만큼 폭넓은 예술은 평범한 지성의 산물이 아닙니다. 그러므로 우리는 그러한 원리들을 완전히 정복하고 그 형식을 연구하는 데 매우 깊은 흥미를 가지고 있습니다. 예술에 관해 우리가 빠져 있는 회의주의적 상태에서 이런 유파가 우세한지 저런 유파가 우세한지, 우리를 위해 세워진 건물들이 사이비 그리스식인지, 사이비 로마식인지, 사이비 고딕식인지는 거의 문제가 되지 않습니다. 우리에게 문제가 되는 것은 우리의 건물들이 우리의 풍습, 우리의 기후, 우리의 민족적 재능, 과학과 그 실용적 적용에서 일어난 진보에 따라 세워져야 한다는 것입니다. 사실 우리에게 중요한 것에 대해 솔직히 말하자면 제가 계속 주장해 온 것은 다음과 같습니다. 즉 현대의 기기들이 우리에게 제공한, 이를테면 강철과 같은 재료들로 그리스나 로마식 건물을 짓는 것은 불가능합니다. 반면 12세기 말에 세속 건축에 의해 도입된 원리들이나 방법들은 이 새로운 재료들에 어렵지 않게 적용되며, 우리의 사회에서 날마다 모습을 드러내는 욕구들에도 잘 적용됩니다. 그리고 이보다 중요한 것은 우리 시대에 고려되어야 할 여러 가지 욕구 가운데서 경제성은 필연적이라는 점입니다. 우리는 고전 미술의 방법을 도입함으로써, 그리고 그러므로 우리의 재원에 비례하지 않는 비용을 씀으로써 절대적이고 제한된 원리를 도입할 수 있을 뿐입니다. 만일에 우리가 그러한 방법들을 변화시키기로 결심한다면 우리는 그 원리들에 대하여 참되지 못하고, 예술의 관점에서 무가치한 작품들만 생산하게 됩니다. 로마식 원주를 벽돌이나 나무로, 심지어 스투코를 바른 작은 돌들을 쌓아 만드는 것, 이 원주들 위에 화강암이나 대리석 블록 대신 강철 보강재를 댄 결합된 석재들로 인방을 올리는 것은 로마 인들의 것이 아닌 방식을 도입하는 것이고, 현명한, 아니 탁월한 원리를 우스꽝스럽고 수명이 짧고, 그 결과물의 가치에 비해 값비싼 겉모양으로 대체함으로써 왜곡하는 일입니다. 나아가 그것은 취미에 대한 죄악입니다. 취미라는 것은 본질적으로 외양을 실재에 일치시킴으로써 성립하기 때문입니다.

중세의 세속 유파 건축가들은 우리가 늘 선언해 온 **외양**에 대한 선호에도 불구하고 형태에 종속되어 있었으며, 사실상 외양은 일반적으로 적용된 재료와 과정에 종속되었습니다. 그들은 결코 성의 홀에 교회의 형태를 부여하지 않았으며 병원을 궁전처럼 보이게 만들거나 도시의 저택을 지방 영주의 저택과 비슷하게 짓지 않았습니다. 모든 것이 적절한 자리에 있고, 그에 들어맞는 성격을 드러냅니다. 내부가 넓으면 창문들이 큽니다. 방이 작으면 개구부도 그것이 채광하도록 되어 있는 공간의 크기에 비례하여 작아집니다. 건물이 여러 층으로 되어 있으면 외부에서도 그 구분을 알아볼 수 있습니다. 사실 **진정성**이야말로 초기 고딕 건축의 가장 충격적인 탁월함 가운데 하나입니다. 그리고 진정성이 각 분과 예술의 스타일에서 핵심적인 조건 중 하나이고, 비용 면에서도 경제성을 결정하는 조건 중 하나라는 점을 관찰해야 합니다. 더구나 이 건축들은 대담합니다. 그 구조적 조합들은 물질적 기기들의 한계를 넘어섰습니다. 그것들은 그 시대의 산업적 진보를 예견했죠. 이론적 지식과 상상력이 아니라 기기들이 그 건축들에 미치지 못했던 것입니다. 13세기의 건축가가 오늘날 우리들 사이에 되돌아올 수 있다면 그는 우리의 산업적 자원에 놀라겠지만, 아마도 우리가 그것들을 어떻게 사용하는지는 모른다고 생각할지 모릅니다. 예술이 산업 발달의 커다란 진보에서 이득을 취할 수 있었던 시대에 물질적 기기들이 부족했다면, '건강한 교의들'(그러나 아무도 검토하느라 애쓰지 않는)에 대한 우리의 이른바 존경심은 우리가 19세기에 풍부하게 존재하는 그런 기기들을 사용하는 것을 금지합니다. 이런 형국은 결과적으로 예술가의 고립을 초래합니다. 그의 목적을 성공시킬 수 있는 모든 것을 이용하고 전용하는 대신에 그는 진보적 운동에 냉정을 유지하며, 그 형식들을 그 과정의 크기와 본성을 고려해 수정하는 대신 표명된 불변의 형태에 종속시키기 위해 이유도 모른 채 그에게 주어진 새로운 과정들을 왜곡합니다.

건축가는, 시대가 훌륭한 예술 작품에 대한 취미를 갖지 못했다고 불평합니다. 왜냐하면 그는 이 시대가 제공하는 기기들로 훌륭한 예술 작품을 만들어 내려고 노력하기를 꺼리기 때문입니다. 그는 예를 들면 엔지니어들이 예술의 영역을 침범하고 있다, 그들이 때때로 예술성을 결여한 작품들을 만들어 낸다고 불평하죠. 그러나 그는 한물간, 판에 박힌 과정을 멈추고 자신의 지성과 예술적 솜씨를 새로운 욕구를 위해 사용하는 데는 결코 동의하지 않습니다. 하지만 저는 모든 건축가가 그와 같이 진보에 대해 냉담한 채로 있는 것은 아니며, 예술에 대한 그러한 편협한 교의들의 수호자들 대부분은 매우 위엄 있는 **아마추어들** 가운데서 발견된다는 점을 인정합니다. 모두가 스스로를 조금쯤은 건축가라고 생각하니까요. 건축을 존중하는 한편으로 어떤 관점에서는 건축에 해가 되는 환경입니다. 저는 진정 자유로운 원리들을 받아들이고, 대중적인 흐름에 따라 생겨난 유파들과 의견들의 편견에서 벗어난 건축가들이 곧 비전문가 건축가들을 그들에게 적당한 수준으로 보낼 것이라고 생각합니다. 중요한 것은 우리가 하는 것에 약간의 이성을 부여하는 것—실제로 논리적 사고를 했던 우리의 조상들이 했던 것처럼 일을 진행하는 것을 하는 것입니다. 길게 볼 때 이성은 상승합니다. **길게 보았을 때** 말이죠.

13세기 세속 유파의 건축은 진정한 건축입니다. 그 원리들이 형태보다는 추론의 과정으로부터 도출되기 때문에 어떤 목적에도 적용 가능합니다. 형태는 13세기에 어마어마한 수의 교회와 궁전, 성, 민간과 군용 건물들을 세운 건축가들을 결코 구속하지 않았습니다. 그러나 이 시기에 지어진 구조로부터 나온 최소한의 편린도 그 기원을 드러냅니다. 그것은 그 시기의 인장을 간직하고 있습니다.

13세기 건축의 형식과 그 구조를 분리할 수 없다는 점을 처음에 분명히 해 둘 필요가 있습니다. 이 건축의 모든 부분은 그 구조의 필연성의 결과입니다. 마치 식물이나 동물의 왕국에 유기체의 필연성에서 산출되지 않은 형태나 과정이 없는 것처럼 말이죠. 다수의 종과 속, 품종들 속에서 식물학자와 해부학자는 그들이 각기 검토하는 각 기관의 기능, 장소, 연령, 기원에 대해 착오를 범하지 않습니다. 로마 건물은 구조를 침해하지 않고도 모든 장식을 벗겨 내고 외부의 형태를 없앨 수 있습니다. 혹은 (이를테면 로마의 판테온의 경우에서 그랬던 것처럼) 로마의 건물이 구조와 필연적이거나 밀접한 관계가 없는 형태를 입고 있을 수도 있습니다. 13세기 건물의 경우 그 견고성—제 방식으로 표현하자면 그 유기적 조직을 훼손하지 않는 한 어떤 장식적 형태들을 제거하거나 덧붙이는 것이 불가능합니다. 이해하기 쉽고, 그 건축을 조금만 주의 깊게 검토해 보면 누구라도 확인할 수 있는 이 원리는 13세기의 예술이 그 복잡한 외양에도 불구하고 구축물의 요구나 외적 형태의 요구에 맞추어진 것이었음을 입증합니다. 그러므로 고딕 건축은 그 정점에 도달했을 때 다만 구축물일 뿐이라는 비난을 들었습니다. 우리는 때때로 이런 말을 듣습니다. "우리에게 형태를 보여 주시오, 그 형태를 지배하는 규칙들을 제시하시오. 우리는 구축물을 보고 있소만 우리에게 그 형태가 자신의 변덕스러운 상상력에 이끌려 다니는 예술가의 순수한 환상이 아니라는 것을 입증하시오." 제가 할 수 있는 대답은 이것뿐입니다. "형태는 구조의—치장된 것임을 인정합니다—표현일 뿐이므로 변덕의 소산이 아닙니다. 저는 당신들에게 형식을 지배하는 규칙들을 제시할 수 없습니다. 그것은 구조의 모든 필요에 적응하는 형태의 본성 자체에 관한 것이니까요. 제게 어떤 구조를 제시하십시오. 그러면 제가 거기서 자연스럽게 결과한 형태들을 찾아 드리겠습니다. 하지만 구조를 바꾼다면 형태도 바꾸어야 합니다. 정신은 그 형태들이 구조를 표현하는 것으로 이루어지므로 그 형태들의 정신에서 바꾸는 것이 아닙니다. 문제의 구조는 변화된 것이므로 그 외관이 바뀌는 것이죠."

로마 인에게 이러한 고려들은 지나치게 미묘한 것으로 보였을지도 모른다는 것을 인정합니다. 로마 인은 구조를 먼저 작성하고 겉옷에 관해서는 그것이 그 구조에 적합한 유일한 것인지 어떤지를 고민하느라 애쓸 필요 없이 장식가에게 맡기는 편이 훨씬 쉽다고 생각했습니다. 그러나 매우 다르게 진행된 어떤 방법, 건축의 경우처럼 매우 실용적인 종류의 방법은 그 가시적 형태를 구축적 요구와 충족시켜야 할 계획의 필요에 종속시키는 것을 목적으로 하며, 이것은 확실히 나쁘다고 여길 수 없습니다. 나아가 구조와 외양의 이러한 밀접한 연합이 예술가와 학자들에 의해서만 평가받는 것으로 여겨서는 안 됩니다. 눈은 합리적인 것에 대한 본능적 감각을 가지고 있으므로 누가 보기에도 그것은 쾌적한 것입니다. 그리스의 건축에서 모든 부재가 유용하고 필수적인 기능을 수행하는 주범은 정역학 법칙이 강제하는 요구들에 대해 완전히 무지한 사람이 보기에도 만족스럽습니다. 유사하게 생마르탱데샹의 식당에서 보듯 가는 원주들로부터 올라가면서 서로 반대되는 방향으로 밀어내며 지탱하는 교차 궁륭은 눈을 만족시킵니다. 합력의 상쇄 효과에 대해 알지 못하더라도 눈은 이 원주가 가늘지만 위험하지 않다는 것을 본능적으로 파악하는데, 왜냐하면 그것은 상쇄된 추력들에 대한 저항력으로서 지지부의 엄격한 수직선을 보여 주기만 하면 되기 때문입니다.

좀 더 상세한 설명을 통해 12세기 세속 유파의 건축가들이 그저 미묘한 추론가들이자 어느 정도 능력 있는 기하학자들이었던 것이 아니라 그리스 예술가들에게서 볼 수 있는 섬세한 지각 능력을 걸출한 수준으로 소유하고 있던 이들이라는 점을 모두가 알게 될 것입니다. 저는 방금 눈이 이성 [합리성]에 대한 본능적 감각을 가지고 있다고 말씀드렸습니다(제가 말하는 것은 제대로 보는 이들의 눈, 선입견 없는 눈, 사실상 일반적인 관찰자의 눈입니다). 우리가 '착시'라 부르는 특이한 현상은 과학적 관찰에 의해 확인된 특정한 법칙들에 대한 본능적 지각에 다름 아닙니다. 마치 신이 인간의 눈에 어떤 추론이 결과적으로 하나의 법칙을 공식화해 내는지 직관에 의해 지각하는 능력을 부여한 것 같죠. 우리의 정신이 어떤 법칙보다도 앞서서 정의와 불의, 옳고 그름에 대한 감각을 가지고 있는데, 우리의 눈이라고 특수한 본능을 지녀서는 안 될 까닭이 무엇입니까?

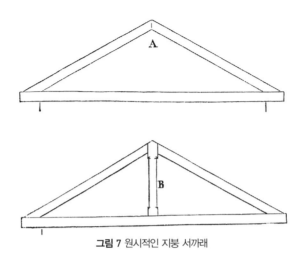

그림 7 원시적인 지붕 서까래

그러므로 예를 들어(그림 7) 제가 한 개의 연결보와 두 개의 블레이드로 골조가 이루어진 트러스 A를—요컨대 원시적인 지붕 서까래 틀을 짓는다고 합시다. 골조를 제자리에 놓고 나면 연결보를 아무리 똑바르게 수평으로 만들어 놓아도 가운데가 눈에 띄게 휘어져 보입니다. 이것은 누구라도 명료하게 확인할 수 있는 착시입니다. 왕대공 B를 서까래 틀(principal/ferme)에 덧붙이면 삼각형의 상단 정점과 아랫변 중심을 연결하는 이 수직선은 착시를 깹니다. 연결보가 더 이상 휘어져 보이지 않게 되는 것이죠. 그리고 이 왕대공을 사용함으로써 실제로 휘어짐을 방지할 수 있습니다. 그러므로 착시는 제가 만든 서까래 틀의 실제 결점에 대해 경고하는 것입니다. 그것은 제게 그 결점을 해결할 방법을 찾도록 만듭니다. 착시는 경험이 증명하는 법칙에 대한 검토를 유도합니다. 이것은 매우 기초적인 경우였고, 좀 더 복잡한 예를 살펴봅시다. 그림 8에서 저는 완벽하게 수직인 피어를 세우고, 피어의 측면 C에서 궁륭 아치를 올립니다. 이 피어가 그 수직선을 절대적으로 유지한다고 해도 이 아치 CD는 도약점 C의 반대되는 지점에서 피어를 밀어내는 것처럼 보입니다. 특히 A에서 제가 또 다른 아치를 반대되는 방향으로 올린다면 더 그렇게 보입니다. 그것은 착시이지만 눈에 거슬리는 이런 착시는 궁륭의 시작점 C에 이 불쾌한 효과를 깰 수 있는 어떤 장치를 하도록 재촉합니다. 피어의 두께를 극단적으로 늘리는 것은 확실히 이런 효과를 제거할 것입니다. 그러나 이 피어를 필요 이상으로 두껍게 만들 수는 없으며, 또 그렇게 하고 싶지도 않습니다. 따라

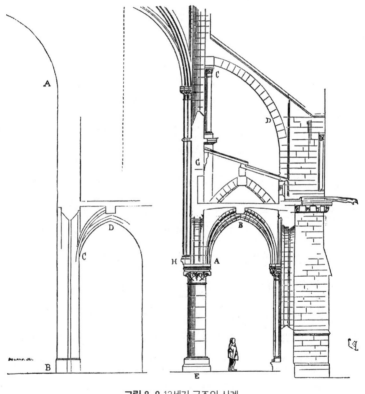

그림 8, 9 12세기 구조의 사례

서 저는 12세기 건축가들이 도입한 그림 9의 조합을 찾아냅니다. 측면 아치가 도약하는 높이에서 이와 같이 선들을 끊어 감으로써 저는 착시를 깼습니다. 피어는 보다 가늘고 수직으로 보입니다. 그것은 중단 없이 올라간 경우보다 확고하게 [아치를] 지지하는 것으로 보입니다. 이제 눈의 착시 효과가 다만 발견되어야 할 법칙의 예감이었음이 경험을 통해 입증됩니다. 사실 아치 AB의 추력의 효과는 수직으로 내리누르는 AC의 하중으로 상쇄됩니다. 나아가 부벽 CD가 있어 위쪽 궁륭의 추력을 상쇄하므로 그 추력은 피어 AC의 그것을 증대시키는 수직의 압력을 스스로 해소합니다. 그 결과로 모든 추력이 원주 E의 축을 따라 아래로 내려가는 수직선으로 집중됩니다. 결국 저는 단지 그 원주에 이 축을 지나가는 수직의 압력을 떠받치는 데 충분한 직경을 주기만 하면 됩니다. 주두 A가 벽 G를 지지하는 아키볼트의 기공석을 받쳐야 할 때 측면 궁륭의 세 개의 늑재 궁륭들(한 개의 교차 늑재와 두 개의 대각 늑재)과 상층의 궁륭을 지지하기 위해 위까지 올라가는 피어를 구성하는 수평 열들을 위해서는 커다란 지지 면이 요구됩니다. 따라서 저는 주두를 이 중요한 기능에 맞추어 디자인합니다. 그것은 거대하고, 넓게 펼쳐져 있으며, 높은 층들로 이루어집니다. 그 프로필은 그것의 기능을 표현할 것이고, 그 장식은 활기찬 성격을 표현할 것이며, 석재를 약화시키기는커녕 그것이 무게를 더하는 지점들에서 힘을 실어 줄 것입니다.

저의 구축 방법을 특징짓는 탄성의 원리 덕분에, 원주는 어떤 미세한 운동도 그것의 모서리들을 벗어날 수 있을 만큼 지지 면이 넓지 않다는 바로 그런 이유로 전혀 아무런 손상 없이 수직선을 벗어날 수조차 있습니다. 주두의 돌출부와―필요할 경우에는―추가적인 돌출부 H를 통해 저는 상층 궁륭의 합력을 하부 원주의 축으로 보냅니다. 그리고 시각적으로 요구되는 강력한 인상을 파괴하기는커녕 이 돌출부는 제 구축물에 활기찬 성격을 부여합니다. 장식과 몰딩은 구조가 산출해 낸 효과를 강화하는 관점에서 설계될 것입니다.*

그리스 인들은 특유의 감각의 완벽성 덕분에 이후의 경험들을 통해 정역학의 법칙으로 알려지게 되는 선들의 조합을 도입할 수 있었던 것이 분명합니다. 우리가 양쪽 외곽선들이 완벽하게 수직인 파사드를 짓는다면 그 파사드는 아래보다 위쪽이 더 넓게 보일 것입니다(그림 10). 이것 또한 착시이며, 눈이 가장 불쾌하게 영향받는 종류의 착시입니다.**

그리스 인들은 그들의 건물 파사드에서 언제나 외곽선들이 가운데로 집중되도록 신경을 썼습니다. 신전의 열주식 건물에서 그들은 모서리 원주들에 그 원주에 합당한 기울기를 준 것이 아니라 이 기울기를 과장했습니다. 즉 그들은 그림 11에서처럼 약간 과장되게 이 부분을 만든 것입니다. 그들은 모서리 원주들을 안쪽으로 기울인 것뿐 아니라 AB의 경간을 다른 간격들보다 좁게 만들고 이 모서리 원주들의 지름을 좀 더 크게 만들었습니다. 왜냐하면 그들은 이 모서리들이 하늘이나 밝은 배경 앞에 뚜렷이 서 있을 때 거의 언제나 사선으로 보인다는 것, 빛이 그 견고한 부분들을 축소되어 보이게 한다는 것을 잘 알고 있었기 때문입니다. 이 경우에 정역학 법칙을 암시한 것은 눈의 섬세한 본능이었음이 확실합니다. 유사하게 건물에 출입구를 뚫을 경우, 그 출입구 안쪽은 어둡고, 우리가 그 출입구의 틀받이들을 수직으로 세운다면(그림 12) 개구부의 아래쪽보다 위쪽이 더 넓

---

* 여기서 다룬 종류의 구축물에 관한 낱낱의 세부에 관해서는 *Dictionnaire* CONSTRUCTION 항목 참조.
** 생드니 교회의 초기의 서쪽 파사드입니다. 12세기 말 이후로 같은 결점이 몇몇 교회의 파사드에서 발견됩니다. 예를 들면 망트의 노르트담 교회가 그 하나입니다.

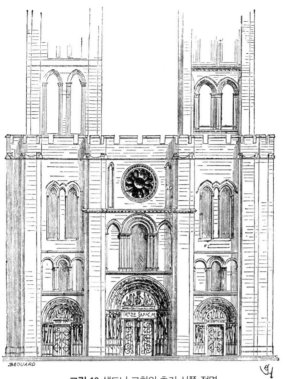

그림 10 생드니 교회의 초기 서쪽 정면

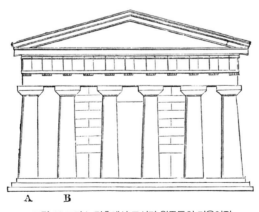

그림 11 그리스 건축에서 모서리 원주들의 기울어짐

그림 12 틀받이를 수직으로 만든 입구　　　　**그림 13** 틀받이를 기울어지게 만든 입구

어 보입니다. 그러므로 그리스 인들은 문과 창문을 만들 때 그 틀받이들을
기울게 만들었습니다(그림 13). 거기서 우리는 또 한번 정역학 법칙에 합치
하는 눈의 욕구를 봅니다. 문을 드나들려면 일정한 폭이 유지되어야 하겠
지만 그렇다고 해서 문의 전체 높이에 걸쳐 그만큼의 폭이 필요한 것은 아
니니까요. 틀받이의 폭을 점점 좁힘으로써 인방의 간격을 줄이고 열린 부
분을 떠받칩니다. 12세기에 우리의 건축가들은 그리스 인들과 매우 상이
한 건축적 형태들과, 그들과 상반되는 원리를 가진 구축 체계를 도입했지
만 그럼에도 불구하고 동일한 본능들에 인도되었습니다. 그들은 언제나
파사드를 위로 올라갈수록 좁아지게 만들었는데, 선을 기울임으로써가 아
니라―그것은 단주식을 도입할 경우에만 가능한 방식이기 때문입니다―

층들을 쌓아 올려 건물을 지었던 만큼 수직의 선들을 차례로 물리는 방식으로 위쪽을 줄여 갔습니다. 초기에 그리스 건물들의 출입구에서 두 개의 틀받이는(그림 13) 두 개의 석재나 대리석을 서로를 향해 약간 기울도록 세웠습니다. 인방은 한 개였죠. 이것은 기본적인 구축입니다. 그런데 후대에 건축가들이 틀받이들을 층층이 쌓는 방식으로 짓게 되었을 때 그들은 원시적 구조의 형태를 보존했습니다. 그럴 때(저는 전자의 [위로 갈수록 좁아지는] 구축에 대해 말하고 있습니다) 두 개의 틀받이 위쪽 끝에 장부를 달아(그림 13의 A) 인방에 끼웠습니다. 인방은 반드시 두 틀받이의 간격보다 길어야 장붓구멍이 힘을 받을 수 있었습니다. 여기에 또한 그리스식 출입구의 인방 크로셋(overlapping/crossette)의 기원이 있습니다. 12세기의 건축가들은 출입구를 단일한 조각의 틀받이들로 구축하지 않았습니다. 틀받이들은 층층이 쌓아 세워졌지만 인방은 한 개의 블록으로 만들어졌죠. 우리는 그 건축가들이 아키트레이브들이 있는 로마식 출입문을 모방한 것은 발견할 수 없습니다. 그것은 그리스식 출입구의 평범하고 대수롭지 않은 전통일 뿐이죠. 그러나 그리스 인들과 같이 추론하고 인방의 경간을 줄이기 원했던 그들은 틀받이들을 수직으로 올리고 인방의 경간을 코벨로 받칩니다(그림 14).* 나아가 인방이 부러지는 것을 막고 그 위로 무거운 조적조를 올릴 수 있도록 그들은 틀받이와 인방이 하중을 받지 않게끔 보조 아치를 끼워 넣습니다. 두 경우 모두 동일한 본능이 지배하고 있으며 동일한 법칙이 그 본능으로부터 도출됩니다. 그러나 그로부터 초래된 형태들은 비슷하지 않을 뿐 아니라 그 원리들을 적용하는 방식에서는 상반되는 지경에 이릅니다. 둘 다 그들의 정교한 본성에서 나온 동일한 영감을 따르고 있으

---

* 상리스 대성당 정면의 옆문. 12세기 후반.

그림 14 상리스 대성당 정면의 옆문

며, 원리에서는 동일하지만 형태에서 상반되는 결과에 도달한 것입니다.

우리는 그리스 인들이 효과를 연출하는 데 얼마나 조심스러웠는지 보았습니다. 우리가 픽처레스크라 부르는 것을 그들이 얼마나 완전하게 평가했는지, 어떻게 희귀하다 할 만한 수단으로 예술의 완벽함에 도달했는지, 윤곽선에 대해 얼마나 섬세한 감각을 지녔는지, 이 감정이 자연 법칙에 대한 세밀한 연구와 눈의 본능적 요구에서 어떻게 표현되었는지 살펴보았죠. 우리는 12세기의 우리 프랑스 유파에서도 동일한, 정교한 능력을 발견합니다. 방법은 덜 단순하고 결과는 덜 장엄하지만 현대의 헤아릴 수 없는 대담함의 씨앗을 가지고 있었죠.

그리스 인들은 그들의 건물의 모서리에 특별한 주의를 기울였습니다. 사실 건물의 모서리는 그 실루엣, 윤곽선, 외부 형태, 기억에 각인되는 부분을 구성합니다. 한낱 기하학적 소묘로는 결코 건물의 모서리가 실제 상황에서 대개 그렇듯 우발적인 어느 지점에서 산출하는 효과를 알 수가 없습니다. 그것을 설계하고 그리기 위해서 건축가는 상상력을 동원해 그것을 떠올려 보아야 합니다. 시공되었을 때 어떨지 예상해야 하죠. 일례로 아테네의 판드로세이온을 들어 봅시다(그림 15-1). 작은 포르티코의 소묘는 거대한 엔타블라처를 보여 줍니다. 그것은 아래서 떠받치고 있는 카리아티드들을 부숴 버릴 듯합니다. [카리아티드의] 받침대는 아무 장식 없이 남겨져 있습니다. 그러나 건물 자체를 살펴보면 우리는 이 지지대들이 조각의 순수성과 견고함을 통해 매우 중요한 역할을 맡고 있음을 발견하게 됩니다. 인물상들이 너무도 편안하고 당당해서 엔타블라처의 육중함이 사라지고, 전체에 부합하는 규모를 정확하게 보여 줍니다. 조각상들이 다루어진 방식은 원주들이 덜 견고해 보일 정도입니다. 판드로세이온의 건축가가 여기서 볼 수 있는 것과 같은 섬세한 감각의 소유자가 아니었다면, 그

그림 15-1 아테네의 판드로세이온

가 자신의 포르티코 모서리를 두 개의 벽기둥들로 떠받치고 카리아티드들을 중간 단계의 지지대들로 남겨 두었다면 그의 작품은 확실히 구축물의 측면에서 안전하고 흠이 없는 것이 되었을 것입니다. 하지만 그가 성취한 것은 그저 평범한 실루엣에 머물렀겠죠. 이토록 대담한 동시에 섬세한 모서리 윤곽은 얻지 못했을 것입니다. 눈을 사로잡지 못했을 것이고, 그의 건물은 기억에 흔적을 남기지도 못했을 것입니다. 오늘날 고전적 전통으로 받아들여지는 상식적인 법칙에 사로잡힌 예술가라면 결코 모서리의 카리아티드들을 측면상으로 선보이지 못했을 것입니다. 특히 두 번째 줄의 카리아티드들은 더 그렇습니다. 그는 모서리에 있는 카리아티드들의 얼굴을 사선으로 돌려놓았을 것이고, 두 번째 줄의 카리아티드들을 1/4각도로 돌려놓는 것도 잊지 않았을 것입니다. 그래서 그것들은 언제나 바깥쪽을 향해 얼굴을 돌리고 포르티코 안쪽으로 등을 보이게 되었겠죠. 엔타블라처를 모서리에 놓인 조각상 위에 올린다! 황당한 얘깁니다! 하지만 이 건물의 시공과는 별개로(그것도 놀랍지만요) 설계의 모든 장점은 여섯 인물상이 마치 머리 위에 천개를 이고 있는 것처럼 같은 방향을 바라보도록 만든 그 독창적인 아이디어에 있습니다. 인물상들은 지지대로서의 성격에 들어맞는 안정된 자세를 취하고 있습니다. 그리고 이 독창적인 평면 배치 덕분에 거기에는 어떤 에너지가 있습니다. 상상력에 충격을 주는 이 건물에는 살아 있는 사유가 있는 것입니다.

그리스 인들을 그들의 설계로 인도한 것이 예술적 본능뿐이라고 전제한다면 오류를 범하는 것이겠죠. 우리는 여기서 언제나 심오한 이성을 발견합니다. 따라서 판드로세이온의 이 포르티코에서 우리는 네 개의 앞줄 조각상 가운데 왼편의 둘은 오른쪽 다리에 힘을 싣고 있지만 오른쪽 둘은 왼쪽 다리에 힘을 싣고 있음을 관찰합니다. 여기서 지지대로 쓰인 조각상들은 포르티코에서 우리가 그림 11에서 그려 보았던 모서리 원주의 역할을 정확하게 수행하고 있습니다. 즉 압력을 건물의 중앙 쪽으로 보내고 있는 것이죠. 이 포르티코를 세울 때 건축가와 조각가가 동일한 관념을 작동시키고 있지 않았다고 생각해 보십시오. 오늘날 흔히 볼 수 있는 것처럼 조각가가 건축가와 함께 작업하지 않고 인물들을 그림 15-2의 A에서처럼, 그러니까 바깥쪽 다리에 힘을 준 것으로 만들지 않고 다 똑같이 만들거나 B에서처럼 [버틴 다리를] 번갈아 가며 바꾸어 만들었다면 엔타블라처는 잘 지지되고 있는 것으로 보이지 않았을 것이고, 이 작은 건물은 붕괴될 것처럼 보였을 것입니다. 여기서 우리는 참된 이성적 사유의 감정에 근거하여 수립된 예술의 위대한 규칙의 사례를 봅니다. 그것은 고전 고대로의 회귀를 주장했던 르네상스의 건축가도 루이 14세 시대의 건축가도 결코 헤아릴 수 없었던 규칙입니다. 반면 우리는 그것들이 중세 전성기의 예술가들에 의해, 그들의 고유한 형태로이지만 도입된 것을 봅니다. 그러나 중세의 예술가들도 르네상스의 예술가들도 고대인들로부터 얻어 낼 수 없었던 것은 그 평온한 분위기입니다. 그리스 인의 손으로 만들어진 모든 작품에 만연한 그 고요함 말이죠. 저는 그리스의 건축가들이 고층 건물들의 모서리에 어떻게 보기 좋은 실루엣을 부여했을지 말할 수는 없습니다. 그러나 분명한 것은 그들이라면 이 문제를 솜씨 좋게 해결했을 것이고 이 점에 대해 우리에게 값진 가르침을 주었을 것이라는 점입니다. 그러나 프랑스 유파의 건축적 걸작들을 검토해 본다면 우리는 그리스의 예술가들에게 나타나는 것과 유사한 특별한 능력을 모서리 처리에서 발견하게 됩니다. 동일한 천부적 본능들에서 도출된, 효과를 연출하는 방법들과 그리스 인들에 못지않게 섬세한 관찰력을 말입니다.

우리의 건축가들이 단호하게 부각된 과감한 구성, 강력하게 눈을 사로

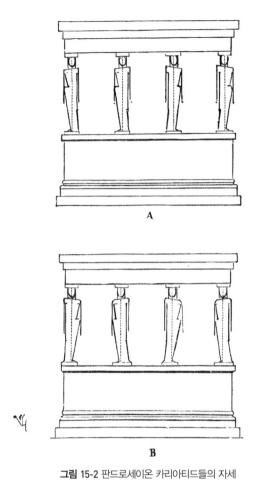

그림 15-2 판드로세이온 카리아티드들의 자세

잡음으로써 기억에 스스로를 각인시키는 이런 구성에 사로잡혀 있었다는 것은 어렵지 않게 관찰할 수 있습니다. 그와 더불어 추론의 결과들은 언제나 그렇듯 감정의 요구에 일치합니다. 우선 이 건축가들이 강하고 단단하지만 얇은 암석층을 재료로 사용했다는 사실을 말해야 합니다. 그들은 펜

텔리콘산의 대리석은 물론이거니와 로마 인들이 코르시카와 알프스, 동방으로부터 공수해 오던 화강암 덩어리도 쓸 수 없었습니다. 그들은 얇은 암석층들로 중요한 건물들을 세울 것을 절대적으로 요구받았습니다. 이런 조건은 자연스럽게 수직적인 부분에서까지 건축의 형태에 영향을 미쳤을 것입니다. 예술가의 본능으로 그는 얇은 띠들을 쌓아 올리는 것은 그것이 아무리 견고하고 지지대가 아무리 튼튼하다고 해도 눈이 건물에서 요구하는 확고하고 엄격한 선을 만들어 낼 수 없다는 것을 느낍니다. 따라서 그는 실루엣을 날카롭게 드러내는 순수한 선을, 특히 모서리 부분에서 만들어 낼 것을 욕망합니다. 그는 그림 16에서처럼 모서리에 단일 석재로 이루어진 원주를 삽입합니다. 그는 심지어 그것을 모서리로부터 분리하여 거기에 빛이 떨어지도록, 동시에 견고함을 부여하도록 합니다. 매우 높고, 그래서 결과적으로 엄청나게 여러 층들로 이루어진 건물의 모서리에 지주로서 석재를 세워 놓는 이런 방법은 시각적 요구를 만족시키는 것은 물론 모서리를 강화하고 무게와 압력을 가운데로 향하게 하는 이점을 가졌습니다. 그리스 예술가들은 그들의 건물의 개구부 위쪽을 좁게 만들고 모서리 원주들을 안쪽으로 기울였을 때 이런 식으로 추론했었습니다.

그의 본능이나 눈이 추론의 개입보다 먼저 그를 이끌었든, 아니면 그 순서가 반대였든 확실한 것은 우리의 세속 건축이 장식과 구축의 수단 모두로서 끝 부분에 석재를 세워 놓았고, 그것도 놀라운 솜씨로 그렇게 했다는 점입니다. 그들은 곧 침하하거나 휘기 쉬운 얇은 층들을 쌓아 높은 건물을 지을 때 견석 부재들을 세로로 놓음으로써 재료를 엄청나게 집적하지 않고서도 완벽한 안정성을 부여할 수 있다는 것을 알게 되었습니다. 또한 기초를 하중으로 보강함으로써 마찬가지 방식으로 지면 공간을 엄청나게 두꺼운 피어나 벽들로 거치적거리게 하지 않으면서도 안정성을 보장했습니다.

그림 16 삽입된 모서리 – 원주

우리가 높이 10m짜리의 고립된 벽을 벽돌이나 얇은 석재층들로 지어야 한다고, 그런데 이 벽에 30cm 이상의 두께를 줄 수 없다고 가정해 봅시다. 벽을 제대로 서 있게 하기 위해서는 좁은 간격으로 버팀벽들을 세울 수밖에 없음이 분명합니다. 그러나 벽의 토대 부분은 가능하면 공간을 비우고, 그것을 장식할 목적이라고 합니다. 그런 벽에 안정성을 부여할 수단은 단 한 가지뿐일 것입니다. 그것은 벽의 양편에서―이를테면 주철 같은―단단한 재료로 원주들을 올리고(그림 17), 주신들을 중첩시키되 필요하다면 그것들을 약간 뒤로 물리고 매개 역할을 하는 연결 블록으로 벽체에 접속시키며 그 정상부 B에서 서로 만나는 아치들로 무게를 주는 것입니다. 평형과 정역학의 법칙을 따르는 이런 구축물이 건축적 장식의 수단을 제공할 수 있다는 것은 확실합니다.

동로마 제국의 건축과 비잔틴 건축에서 우리는 안정성을 확보하는 이런 방법이 소극적으로나마 이미 도입되기 시작하고 있었던 것을 볼 수 있습니다. 그것들을 체계화한 것은 우리 서방 건축가들의 공입니다. 라옹이나 상리스에 있는 것과 같은, 우리의 대성당의 높은 탑들에서 우리는 높이가 폭에 비해 훨씬 더 높은 이 구조들에 강도를 부여하기를 욕망했던 건축가들이 그 모서리들에 석재들을 세로로 놓은 것을 발견하게 됩니다. 그 석재들은 장식적 형태를 이루는 동시에 그 누르는 힘을 가운데로 보내기 때문에 모서리를 강화합니다.

그림 4의 콘스탄티누스 바실리카의 구축에서 건축가가 거대한 궁륭의 도약점 아래로 강력한 지지대, 즉 화강암 또는 대리석으로 만든 일체식 원주를 놓았을 때 그는 그리 타당한 판단을 보여 주지 못했습니다. 이 강력한 지지대는 외부에 버팀벽에 맞서 놓였더라면 훨씬 나았을 것입니다. 왜냐하면 필요 이상으로 강력한 이 건물에 거대하고 견고한 등질적인 재료

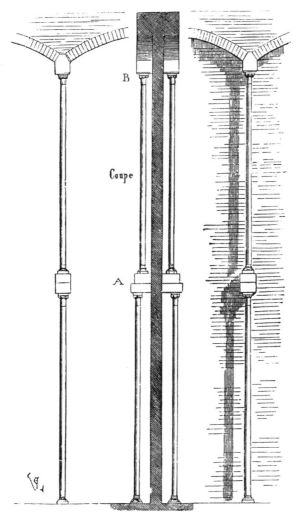

그림 17 벽을 지지하는 방법

의 매스가 없었다면, 침하 시에 외부가 내부보다 압축적인 만큼 거대한 궁 륭의 도약점 아래 놓인 강력한 지지대가 전체 체계를 안에서 밖으로 밀어 내는 결과를 얻었을 것이기 때문입니다. 고전 고대가 그에 합당한 존경을 받도록 내버려 둡시다. 그러나 그 존경이 맹목적인 것이 되도록 하지는 맙 시다. 우리가 그로 인해 현대 정신의 소산인 잘 고려된 특정 원리들의 우 월성을 인식하지 못하게 하지는 맙시다. 로마네스크 미술과 세속 유파의 프랑스 미술을 갈라 놓는 엄청난 차이들을 예시하는 데 파리 대성당의 파 사드만큼 적합한 구조는 없습니다. 대성당이 시민적·종교적 목적에 모두 쓰여야 했던―그것이 일종의 정치적 의미를 가지던―시대에 규모 면에서 도시의 다른 모든 건물을 압도하는 거대한 건물―대성당에 요구되는 모 든 것을 정확하게 충족시킬 건물을 세우고자 했을 때, 전체적으로 이보다 인상적이고, 구축 면에 이만큼 정통하고, 세부가 이보다 솜씨 있게 시공된 설계를 착상하는 것은 거의 불가능합니다. 온 세상이 파리의 노트르담 대 성당의 파사드를 알고 있습니다. 그러나 기껏해야 10년이나 12년 안에 그 거대한 건물을 지었다는 사실이 암시하는바 거기에 투여된 과학과 취미, 연구와 노고, 의지와 경험의 양이 얼마나 대단했는가를 이해하는 사람은 아마도 거의 없을 것입니다. 그것은 아직도 미완성의 작품입니다. 두 개의 탑은 석재 첨탑으로 마무리될 계획이었습니다. 그것이 완성되었다면 경탄 스럽게 설계된 아래쪽 매스들을 설명해 주었을 것입니다. 여기서 우리는 정말이지 하나의 **예술**을, 위대한 **예술**을 봅니다.

이 강의의 독자들에게 파리 노트르담 대성당의 파사드 전체를 그린 소 묘를 보여 드릴 필요가 있습니다. 비록 소묘를 가지고 건물 자체가 산출 하는 효과를 표현할 수는 없지만, 사진들을 통해서라면 기하학적 입면도 의 결함을 보충할 수 있을 것입니다. 실루엣으로 드러난 건물 모서리의 배치에 대해—보는 이의 눈에 매우 중요하게 여겨지는 윤곽선에 대해, 석재를 동시에 가로로도 세로로도 놓아 둘 다 구조에 강력함을 부여하고 동일한 높이의 층들로 이루어진 건물의 단조로움을 없애는 것에 대해, 구축물과 장식의 밀접한 관계에 대해 계속 말씀드려 왔지만 저는 이 다양한 탁월함들의 조합이 보다 완전하고 등질적으로, 또 솜씨 좋게 설계된 다른 예를 찾을 수 없습니다. 우선 이 건축가가 특히 매우 거대한 규모의 건물에서는 보기 드물게도 파사드를 거대한 수평선들로 분할하는 법을 알았다는 점을 확인해 봅시다. 그 선들은 파사드를 부분들로 나누지 않으면서도 시선이 머무를 지점들을 매우 많이 형성합니다. 또한 이 분할들이 기량이 뛰어난 예술가의 작품이라는 것도 확인해야겠지요. 그것들은 획일적이지 않고, 어느 부분은 밋밋하고 어느 부분은 장식되어 그 세부가 다양한 공간들을 제시하면서도 전체 효과에 완벽한 통일성을 부여하고 있습니다. 우리는 여기서 로마와 비잔틴, 현대의 건물들에서 그토록 자주 보았던, 무계획하게 도입된 듯한 형태들의 집적, 변화될 수도, 수정될 수도, 생략될 수도 있을 것 같은 그런 모음을 보고 있지 않습니다(도판 14). 각각의 분할 면에는 목적이 있습니다. 거대한 1층에는 세 개의 출입구가 화려한 아치와 더불어 배치되어 있습니다. 이 세 개의 출입구를 접속하고 버팀벽들의 윤곽선의 무미건조함을 깨기 위해서 일체식 원주들로 지지된 네 개의 돌출 캐노피들 안에 네 개의 거대한 조각상들이 들어가 있습니다. 그러나 이 부분은 버팀벽들의 윤곽선을 방해하지 않는데, 왜냐하면 조상들 양편의 원주들이 빛을 받아 형성하는 선들이 버팀벽들을 생생하게 환기시키고 있기 때문입니다.

아치들 아래 여기저기 놓인 많은 조상들에도 불구하고 엄숙하고 견고한 모습을 한 이 1층 위로 파사드의 폭 전체를 가로질러 갤러리가 펼쳐집니다. 그것은 거대한 주두를 올린 일체식 주신들로 받쳐진, 속이 빈 인방들

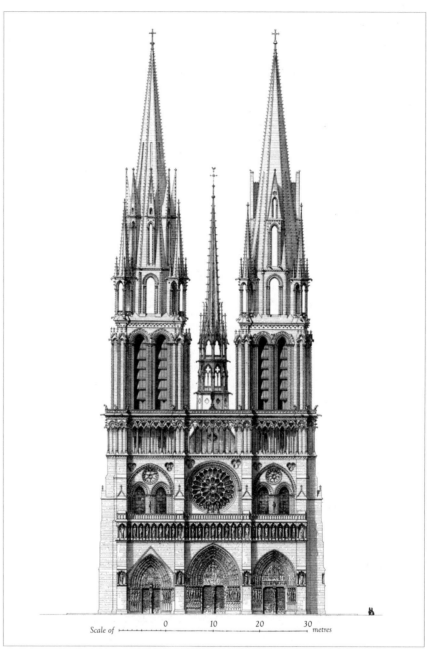

도판 14 파리, 노트르담 대성당 정면 복원도

Scale of 0 10 20 30 metres

로 이루어진 포르티코입니다. 각각의 개구부에는 왕의 거상이 들어가 있습니다. 건축가는 포르티코의 흐름을 끊지 않으면서 버팀벽의 돌출부가 부각되도록 만듭니다. 설계와 시공이 매우 엄격하게 이루어진, 또한 파사드의 높이 전체에서 아래쪽에 위치하는 이 띠 장식(cincture)은 그 위로 등신대의 규모를 환기시키는 난간이 올라감으로써 실제 크기가 복구되는 효과가 있습니다. 버팀벽은 뒤쪽으로 물러나면서 계속해서 위로 올라갑니다. 그러나 파사드의 세 분할은 상당한 깊이로 물러나서 왕들의 갤러리 위로 넓은 테라스를 남겨 놓고, 이 갤러리는 장식적인 선으로서 큰 중요성을 부여받습니다. 분할된 중앙의 깊은 원형 아치 아래로는 장미창이 나 있어 신랑과 내부 궁륭의 높이를 알 수 있게 해 줍니다. 양옆의 분할된 부분에는 두 쪽창이 나 있어 탑의 1층 내부에 빛을 들이고, 그것들을 둘러싼 아치들을 통해 파사드의 전체 규모에 참여합니다. 이 아치들 아래의 팀파눔 부분들에는 작은 두 개의 막힌 장미창이 있어 중앙 장미창의 문양을 반복하고 있습니다. 1층보다 낮게 유지되는 이 층의 위쪽으로 커다란 나뭇잎 문양 코니스가 지나갑니다. 그것은 버팀벽을 타고 돌아 그것들이 전체 매스로부터 두드러지게 부각되도록 만듭니다. 또한 이것은 두 개의 탑이 시작되는 지점이기도 합니다. 여기서 우리는 예술가의 천재성을 알아볼 수 있습니다. 두 개의 탑, 다시 말해 두 개의 견고하고 두꺼운 매스들을 전체적으로 단순한 평면을 제시하는 파사드에서 시작하는 것은 언제나 어려운 일입니다. 두 개의 탑 사이에 놓인 총안(embrasure)은 파사드 중간에 빈 공간을 남겨 두고 있는데, 반면에 눈은 이 부분에서 견고하고 압도적인 어떤 점을 찾게 마련입니다. 완벽한 안정성을 의미하는 피라미드 형태야말로 시각의 욕구들 중 하나이니까요. 따라서 이 거의 사각형인 낮은 매스에서 갑작스럽게 두 개의 탑을 올리면서 건축가는 높고 열린 갤러리로 그 둘을 연결하고 있습니다. 단주식의 커다란 원주들과 화려한 아케이드로 구성된 이 갤러리는 통행에 매우 유용합니다. 이 전체 위에는 대담하게 돌출한 코니스와 난간이 있습니다. 난간은 다시 한 번 등신대 규모를 환기시키면서 갤러리에 그 실제 높이의 완전한 인상을 되돌려 줍니다. 이러한 장치를 통해서 건축가는 닫힌 공간에서 열린 공간으로의 이행을 자연스럽게 만들었습니다. 두 개의 종탑 사이에 남아 있는 총안 안쪽 하늘을 배경으로, 또 종탑들 뒤편으로 솟아오른 포르티코의 지붕 위쪽으로 뚜렷하게 나타나는 갤러리는 열린 공간이 만들어 내는 선들의 건조함을 피해 갑니다. 즉 그렇게 해서 견고한 매스와 하늘 사이에 일종의 전이가 이루어지는 것이죠. 두 개의 탑 앞쪽에 놓인 이 갤러리는 두 개의 고립된 몸체들을 하나의 견고한 몸체 위에 놓는 데서 오는 난점을 피해 갔습니다. 그것은 건물이 단일한 매스에서 두 개의 매스로 되는 지점을 정확하게 주목하지 않게 해 줍니다. 그것은 노트르담 대성당의 파사드를 한 개의 파사드 위로 두 개의 탑이 올라간 것이 아니라 단일한 전체로 만들어 줍니다. 버팀벽들 사이의 분할 면에 포르티코를 형성하는 아케이드들은 버팀벽들과 맞닿은 곳은 막히게 되고, 그 버팀벽들 위로 지나가며 연속적인 외장 면을 이룹니다. 여기서 다시금 건축가는 타당한 취미와 효과에 대한 빈틈없는 지식을 입증합니다. 견고함에 상처를 주는 장식으로 버팀벽들을 얇게 만들어서는 안 되었을 것이고, 갤러리의 연속성이 깨지는 것을 막기 위해서 그것들을 갤러리에 통합시켜야 했을 것입니다. 하늘을 배경으로 부각된 이 버팀벽들의 모서리를 고려할 필요가 있었을 것입니다. 그리고 이 갤러리가 종탑들 주변의 높은 통로들을 형성하므로 꼭대기 장식을 해야 했습니다. 또한 이 종탑들의 지주들이 건물과 무관한 부속체인 듯이 갤러리에서 시작하는 것처럼 보이지 않아야 했습니다. 이 모든 요구를 충족시킨다는 것은 심각한 난제였고,

그림 18 파리, 노트르담 정면, 상층 갤러리

특히 그것이 위치로나 중요성으로나 주목을 끌 수밖에 없는 파사드에 속했기 때문에 더욱 어려웠습니다. 그러므로 노트르담의 건축가가 이 난제들을 극복하는 데 어떻게 성공했는지 관찰해 봅시다(그림 18).

우선 조적조를 조심스럽게 검토하다 보면 우리는, 이렇게 표현해도 된다면 일체식 원주들이 모서리를 규정하고 있음을 보게 됩니다. 이 원주들이 버팀벽의 수평적 구축이 드러나도록 하면서 그것을 보기 좋게 가로지르고 있다는 것, 버팀벽들 사이의 열린 아케이드는 풍부하게 장식된 반면 버팀벽 위에서는 보다 엄격해지면서 구조에 참여하고 있다는 것, 주두들 위의 모서리들은 일종의 식물 형태로 솟아 나와 통로를 확보하기 위해 반드시 필요한 코니스의 대담한 돌출부로 시선을 이끈다는 것을 알 수 있죠. 또 모서리의 이러한 연장이 꼭대기 장식을 가리킨다는 것과, 끝으로 난간의 굴곡의 단조로움과, 그것들이 탑들의 지주들 아래서 거칠게 튀어나오는 것을 막고 돌출부와 후퇴부 사이의 전이 공간을 형성하기 위해 이 난간들 모서리 끝 부분에 동물들이 조각되었다는 것도 보게 됩니다.

파리 노트르담 파사드의 현재 상태는 매우 아름답지만, 모든 것이 석재 첨탑들로 시선을 가져가기 위해 너무도 경탄스럽게 배치되어 왔기 때문에 이 탑들의 부재는 애석해 해야 할 일이라는 점을 인정하지 않을 수 없습니다. [현재 상태의] 탑들의 구축은 그것들이 아무것도 떠받치고 있지 않다는 점에서 힘이 과하게 들어가 보입니다. 첨탑이 지어졌다면 솜씨 좋게 계획된 피어들, 크고 대담한 아치 아래로 열린 창문들, 꼭대기 장식으로서는 다소 무거운 상부 구조가 얼마나 우아하게 보였겠습니까. 도판 14는 그 꼭대기 장식을 보여 줍니다. 거기서 현존하는 두 개의 탑들은 그저 기초에 불과합니다. 이 (원작자의 설계를 완성시킨 체하지 않고 전체 매스—윤곽선—만을 보여 주는) 소묘를 검토해 보면, 거대한 열린 갤러리의 감탄스러운 비례를 평가할 수 있습니다. 그 열린 갤러리는 첨탑들을 위해 설계된 것이 아니라면 현재의 탑들만을 위해서는 너무 높은 것이 분명합니다. 또한 우리는 이 탑들의 버팀벽들이 끝나는 지점, 현재 상태로는 모호하고 아래쪽 선들의 엄격함과 조화를 이루지 못하는 듯이 보이는 이 지점의 배치가 적절하다는 것도 인식하게 됩니다. 우리는 건축적 배치가 수평선에서 정상부의 피라미드형 선들로 점차 이행하는 것을 봅니다. 도판 14에서 두 개의 첨탑 부분을 가려 보면 우리는 곧 노트르담 파사드의 모든 부분이 첨탑으로 이어지도록 설계된 것이라는 점, 그것들을 위한 기초를 준비하기 위한 것임을 인지하게 됩니다. 전체의 조합을 검토하는 데서 건물의 세부로 옮겨 가면 구축물에 대해 이해하는 사람이라면 누구라도 시공에 무수한 예방책들이 마련되어 있음에 놀라게 될 것입니다. 실용적인 시공자의 신중함이 능력과 창의적 상상력으로 충만한 예술가의 과감함과 어떻게 결합되어 있는지에 대해서 경탄하겠죠. 몰딩들과 조각들을 검토하면서 우리는 신뢰할 만한 방법들이 사용되었다는 것, 원리들을 세세하게 고수했다는 것, 효과가 완벽하게 평가되었고, 스타일은 그 순수성에서 현대 미술에 비견할 수 없으며, 시공은 섬세하면서도 대담하고 전혀 과장되지 않았다는 것, 그 장점들은 형태에 대한 연구와 사랑에서 비롯했다는 것에 주목하게 됩니다. 이 시기의 예술가들이 이 모든 탁월함을 그들의 고유한 감정 외에 어디서 얻었을지 우리는 물을 수 있습니다. 누가 그들에게 강력한 효과들을 산출하는 기예를 가르쳤을까요? 누가 그들에게 이 새로운 형태들을 제안했을까요? 어떤 유파에서 그들은 완벽한 통찰력을 얻었을까요?

노트르담의 정면은 또한 프랑스가 그 고유한 건축을 가졌던 시대의 프랑스 건축가들에게만 배타적으로 속하는 탁월함을 뚜렷하게 드러냅니다. 다름 아닌 통일성 안의 다양성이 그것입니다. 문들은 일견 대칭적인 것으로 보입니다. 그럼에도 불구하고 다양성에 대한 사랑은 분명해서 왼편 탑 입구는 오른편의 것과 다릅니다.* 북쪽 탑(왼편 탑)은 남쪽 탑에 비해 현저하게 큽니다. 그쪽에서 거대한 갤러리의 아케이드는 반대편보다 엄격하고 견고합니다. 이로부터 우리는—일반적으로 준수되는 관습에 따라서—두 개의 석조 첨탑들이 두 개의 평형적인 매스를 나타내도록 설계되었지만 세부에서는 서로 차이점들을 드러냈으리라는 결론을 내릴 수 있습니다. 우리는 우리 서방의 천재들이 얼마나 단호하게 다양성을 요구했는지 알고 있습니다. 같은 시기에 지어진 다른 건물들의 경우와 마찬가지로 여기서도 건축가가 동일한 세부를 두 번 반복하도록 할 수 없었다는 것은 분명합니다. 두 개의 탑을 세우면서 그는 그 둘을 각기 다르게 설계했습니다. 그렇게 함으로써 일이 늘어나는 것은, 그가 자신의 노동자들이 똑같이 생긴 두 개의 거대한 탑을 시공하도록 내버려 두었을 경우 겪게 되었을 따분함에 비하면 문제되지 않았습니다. 많은 이들이 절대적 대칭에 위배되는 이 차이점들을 흠잡습니다. 그러나 다양성을 향한 이런 모색에서 어떤 지적 노력이, 더 나아지기 위한 부단한 추구가 드러난다는 것을 부정할 수는 없습니다. 저는 그것이 우리 서구인의 성격에 일치하는 하나의 경쟁이라고 말하겠습니다. 우리가 자연스럽게 기대하게 되는 것처럼 이러한 다양성은 세부에서 더 잘 관찰됩니다. 따라서 그 일반적 형태에서는 유사하지만 동일한 배열의 모든 주두는 각기 다릅니다. 모든 조각가는 그것들을 전체 설계에 합치시키면서도 자신만의 고유한 어떤 점을 각기 부여하고자 했습니다.

---

* 오른쪽 문 장식의 주요 부분은 12세기 조각의 편린들로 이루어져 있습니다. 노트르담의 파사드를 개축할 때 건축가가 원래 건물의 가장 훌륭한 유물들을 보존하기를 원했던 것으로 보입니다. (*Description de Notre-Dame*, MM. de Guilhermy et Viollet-le-Duc, 1856, Bance. 참조.)

개념의 관점에서 로마네스크 예술은 파리 노트르담의 두드러진 장엄함에 미치지 못합니다. 세부에 있어 후자는 세속 예술가들이 도입한 형태들에서 훨씬 더 많이 벗어납니다. 세속 유파는 전통에 대한 근대적 관념들의 일종의 반작용으로 여겨졌습니다. 근대의 정신이 착상한 바, 부단한 진보를 향한 문명의 활기찬 노력이었죠.

그러나 사람들은 이렇게 말할 것입니다. 유럽에 파리의 대성당의 것과 같은 파사드는 오직 하나뿐이라고요. 사실입니다. 그리고 다수의 사례들이 예술의 관점에서 아무것도 입증하지 못함에도 불구하고, 『일리아스』는 세상에 단 하나뿐임에도 불구하고, 우리는 미술과 시의 영역에서 걸작들은 완전한 고립 속에서 탄생한다는 것을, 즉 걸작은 예외적이라는 것을 인정할 줄 모릅니다. 그것은 사실 어떤 관념들의 질서의 축도이고 표현일 뿐인데도 말이죠. 반대로 모든 특징을 단일한 하나의 조합으로 묶어 내는 힘을 갖는 것은 예술에 유리한 시기들의 특권의 일부입니다. 게다가 우리는 13세기의 세속 예술가들이 노트르담의 파사드에 맞먹는 중요성을 가진 다른 건물들을 세울 기회와 수단을 가지고 있었다면 어떤 것을 성취했을지 알 수 없습니다. 거의 끊임없는 노력에 의해 세워질 수 있었던 것은 오직 하나뿐입니다. 더구나 그것도 미완성인 채로 남아 있습니다. 라옹에서, 상리스에서, 아미앵에서 우리는 동일한 시기의 개념들을 발견합니다. 그러나 절단되고, 변형되고, 미완성인 채로이죠. 그 각각은 특수한 유형을 가지고 있으며 특수한 아름다움들을 선보이고 있습니다.

이러한 것들은 예술에 유리한 시기들에 특징적으로 그 시기 내내 보편적으로 발전되었습니다. 궁전은 물론 농가의 작은 집, 화려한 도시의 대성당은 물론 소박한 마을 교회까지 모두 그 영향 아래 있었습니다. 예술의 향기가 가장 찬란한 사원은 물론 가장 덜 과시적인 그리스 건물로부터 퍼져 나가고, 튜퍼와 벽돌로 지어진 폼페이의 작은 집들은 이 도시의 공공건물들만큼이나 예술적으로 지어진 작품들입니다. 예술을 다만 사치스러운 일로만 여기는 시대, 상류층의 전유물이나 특정한 공공건물들에나 어울리는 겉포장쯤으로 여기는 시대는 개화된 사회일 수는 있어도 문명화된 사회는 아닌 것이 확실합니다. 또한 고통스러운 불화가 예견되고 있을 수도 있겠죠. 지적 향유는 물질적 향유와 마찬가지로 특권화된 소수에게만 제한되면 시기와 분노를 자극하니까요. 글을 읽을 줄 아는 사람들이 거의 없던 때에 무지한 대중들이 득세하게 되면 그들은 일상의 사치품들이 수집되어 있는 화려한 성들을 태울 때와 같은 분노로 책들을 불태워 버렸습니다. 모든 사람이 글을 읽을 줄 알게 되었다면 책들은 도서관 서가들에 손상 없이 꽂혀 있을 수 있었겠지요. 예술을 사치품으로 만드는 것 혹은 예술을 오로지 부와 연관 짓는 것은, 그러므로 예술과 그것을 향유하는 소수에게 매우 위험한 일이었습니다. 따라서 예술에 모든 것에 대한 권리를 주고, 그것이 편재하도록 하는 것이 모두에게 중요했습니다. 또한 모든 사람, 특히 예술가의 정신에 예술은 값비싼 대리석들이나 장식들의 집적으로 이루어지는 것이 아니라 형태의 뛰어남과 욕망의 진실한 표현으로 이루어진다는 점을 새기는 것이 중요했습니다. 왜냐하면 합당한 원리와 좋은 설계에 따라 몰딩을 깎는 것이, 그것이 놓이게 될 위치나 산출해야 하는 효과를 생각하지 않고 작업하는 것보다 비용이 덜 들었으니까요.

13세기에 세속 유파가 창안한 예술은 본질적으로 민주적이었습니다. 그것은 보편적으로 퍼져 나갔고, 도시민이 그의 대성당에 대해 또는 군주가 자신의 궁전에 대해 자부심을 갖는 것과 마찬가지로 시골 사람도 그의 교회에 대해서, 또 평범한 기사도 자신의 장원에 대해 자부심을 가질 수 있었습니다. 예술가는 과거의 예술들을 숭배하는 데 만족하지 않습니다. 과

거의 예술들을 모방하는 것은 무능력을 인정하는 것입니다. 그는 그것들을 이해하고 그에 젖어들어야 하며, 그것들로부터 자신이 사는 시대에 적용 가능한 결과들을 추출해 내고, 형태는 다만 어떤 관념의 표현으로 여겨야만 합니다. 존재 이유를 설명할 수 없는 어떤 형태도 아름다울 수 없습니다. 또한 건축에서 구조에 의해 설명될 수 없는 어떠한 형태라도 치워 버려야 합니다.

저로서는 지나치게 엄격하다고 생각하지 않는 이런 원리들은 프랑스의 세속 유파에 의해, 특히 그것이 전개되기 시작했을 무렵에 엄밀하게 준수되었으며 그 적용은 가장 단순한 구조들에서 특히 눈에 띕니다. 석재를 매우 경제적으로만 사용한 작은 부르고뉴 건물 가운데 하나의 예를 들어봅시다. 마을 교회인 몽레알 교회로 들어가 봅시다.* 여기에 과잉된 것은 아무것도 없습니다. 건축은 그저 구축물일 뿐이죠. 벽들은 잡석 쌓기로 이루어졌고, 피어들만이 다듬은 석재로 만들어져 있지만 그럼에도 우리는 이 단순한 건물에서 우아함으로 가득한 예술을 발견합니다. 얼마 안 되는 몰딩들은 비할 데 없이 아름다우며, 전성기 그리스의 몰딩들만큼이나 완벽하게 시공되어 있습니다. 매우 드문드문 놓여 있는 조각은 대담하게 다루어졌고, 건물의 단순성과 조화를 이룹니다. 측랑의 벽식 피어 가운데 하나를 검토해 봅시다(그림 19). 직경의 1/3이 돌출해 있는 이 원주는 횡단 궁륭의 아치 A를 지탱합니다. 벽식 늑재들인 B의 받침과, 교차 궁륭과 횡단 아치의 두 번째 고리의 도약점인 C를 마련하기 위해서 건축가는 피어 D에 두 개의 성형 코벨층들을 올립니다. 그는 부착 피어 D가 수직으로 벽식 늑

---

* 아발롱에서 10km 떨어진 곳에 위치해 있는 마을입니다. 몽레알 교회의 건축은 12세기 말에 시작되었습니다.

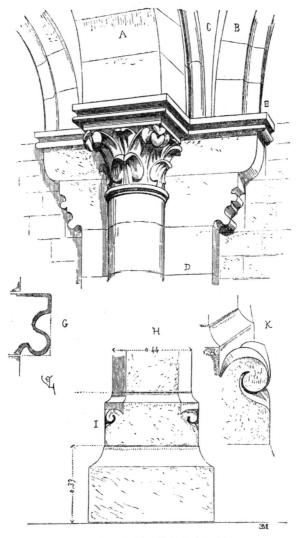

그림 19 몽레알 교회, 측랑 벽식 피어

재 E로 이어져 보인다면 원주가 전적으로 그 의미를 상실하게 되고 석재가 쓸모없이 들어가리라는 것을 알고 있었습니다. 그의 이성과 본능은 이 매우 단순한 배치를 제안했고, 그것은 또한 장식적 특징도 제공했습니다. 아바쿠스의 몰딩 G가 깊이 파인 부분을 통해 언제나 빛이 퍼져 있는 내부에서 뚜렷한 그림자를 연출해 내는 것을 보십시오. 그러면서도 무게를 지탱해야 하는 이 얇은 층에 요구되는 힘은 조금도 경감시키지 않고 있습니다. 일부 피어들 H는 사각형이지만 통행의 편의를 위해 모서리를 굴렸습니다. 이 주초들의 신중한 구성을 관찰해 보십시오. 사각형의 받침돌로부터 중간층인 I가 다각형 부분으로 어떻게 이어지는지, 모서리의 갈퀴 모양 몰딩 K가 얼마나 섬세한 곡선을 그리면서도 견고한 특징을 가지는지, 그 형태는 구축에 어떻게 일치하는지 살펴보십시오. 예술이 그토록 단순한 수단을 가지고서 자신을 드러내는 데 성공할 때, 그것은 가르침으로 가득한 완전한 예술입니다. 다른 부분에도 무수히 많은 세부가 있지만 그것들 모두를 일일이 분석하는 것은 이 책에서 다룰 수 있는 범위를 벗어나는 일이 될 것입니다. 일부를 통해 13세기 초에 세속 유파의 건축가들이 새로운 형태들을 도입하려는 노력을 어떻게 기울였는지를 보이는 것으로 충분합니다.

일례로 몰딩들을 봅시다. 건축에서 몰딩들은 이중적 중요성을 가지니까요. 그것들은 실용적 목적과 미적 목적에 모두 기여합니다. 그것들이 수행해야 할 기능을 가진다는 점에서 실용적이고, 건축가가 이 몰딩들에 그 기능을 표현하는 형태와 성격을 부여하고자 한다는 점에서 미적입니다. 몰딩들이 거기에 부과된 목적을 정확하게 수행할 때, 그리고 그 목적에 완벽하게 부합하는 형태로 눈을 즐겁게 할 때 그것은 스타일을 갖습니다. 우리가 이러한 조건들을 충족하는 몰딩들을 특징으로 하는 건축을 발견할 때마다 그것은 고도로 발전된, 정교하고 완전하게 다듬어진 예술의 위상을 주장합니다. 반면 이성에 의해 그 디자인을 정당화할 수 없고, 그저 순전히 장식적인 목적만을 수행하고 있는 몰딩들을 건물들에 덧붙이는 그런 스타일의 건축을 보게 되면 그것은 스타일의 가장 핵심적인 성질 가운데 하나를 결여하고 있는 건축이라고 할 수 있겠죠. 우리가 잘 알고 있는 건축 스타일들을 통틀어서 이성과 취미를 동시에 만족시키는 몰딩들을 갖춘 것은 그리스 건축과 중세의 세속 유파 건축뿐입니다. 로마 건축을 여기에 포함시킬 수 없는 것은 유감입니다. 그러나 그것은 거의 굴욕적으로 그리스나 에트루리아 미술을 모방하는 경우를 제외하고는 이러한 탁월함을 갖고 있지 않습니다. 트라야누스 치세 이후 제정기의 로마 몰딩들은 그리스 몰딩들의, 그나마 점차 미약해지는 복제에 지나지 않게 되었습니다. 반면 15, 16세기 이탈리아와 프랑스 르네상스의 몰딩들은 고전 미술의 가장 고상한 시기의 혼돈스러운 전통에 불과했습니다. 그것은 퇴행한 스타일로서 예술가들은 임의로 그것을 그려 냈고, 대중은 무관심하게 바라보았습니다. 로마 인들은 이 문제를 어느 정도 적당히 착상된 세부 정도로만 간주하고 거기서 어떤 의미 작용도 일어나지 않는다고 여겨 여기에 별 중요성을 부여하지 않았다는 것이 제 의견입니다. 반대로 로마네스크 시기의 프랑스에서는 건축가가 자신의 예술에서 매우 중요한 이 부분을 세심하게 연구하고 있는 것을 보게 됩니다. 그는, 이렇게 말할 수 있다면, 타락한 시기의 건축에서 물려받은 몰딩들을 정화했고, 그러나 그것들을 완전히 버리지는 않았습니다. 우리는 로마의 유형들이 언제나 그의 출발점 역할을 하는 것을 봅니다. 그러나 12세기 말에 이르러 몰딩들이 구축 방법과 조각과 더불어 완전히 새로운 형태를 취하게 되면서 그러한 과정은 더 이상 되풀이되지 않게 됩니다.

몇 가지 사례를 살펴보겠습니다. 그리스 인들은 도리스식 원주에 주초를 놓지 않았습니다. 받침은 이오니아식 주범에서 쓰이게 되죠. 하지만 원주 아래 주초를 놓은 것은 그리스에서 매우 이른 시기의 일입니다. 미케네의 아트레우스 보물 창고 파사드의 원주들에는 주초가 있으며, 그것은 페르시아 인들과 아시리아 인들이 사용하던 몰딩들과 비슷한 성격을 가집니다. 도리스식보다 먼저 등장한 이오니아식 주범에는 주초가 있었습니다. 그러나 이오니아식 주범은 아시아에서 수입된 것이 분명합니다. 반면 도리스식 주범은 그리스의 토양에서 기원한 것으로 보입니다. 이오니아식 주범을 전용함에 있어 그리스 인들은 그들의 변함없는 습관에 따라 그것을 변형시키고 다듬었습니다. 그러면서 그들은 그 전통적인 부분들은 남겨 두었지요. 합당함에 대한 그들의 감각에 비추어볼 때 통행에 거치적거리기만 할 뿐인 돌출한 받침돌을 원주의 아랫부분에 놓는 것은 모순이었습니다. 따라서 이오니아식 주범에서 주초를 유지하면서 그것을 모나

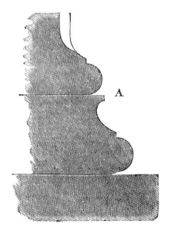

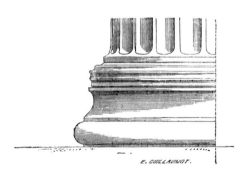

그림 20 에레크테이온 거대 포르티코, 주초 몰딩   **그림 21** 에레크테이온 작은 포르티코, 주초 몰딩

지 않게 만드는 데 신경을 썼습니다. 에레크테이온 신전의 이오니아식 주범의 주초는 원주의 주신과 마찬가지로 원형입니다. 일부 원주들—거대한 포르티코의 것들과 같은—에서는 몰딩이 나타납니다(그림 20). 좀 더 작은 다른 원주들의 경우는 그림 21처럼 됩니다. 이렇게 가늘면서 모서리들이 날카로운 몰딩들은 오직 대리석에만 어울립니다. 더구나 그리스의 부랑자들은 우리 시대의 부랑자들에 비해 덜 파괴적이었든지, 아니면 포르티코에 출입이 허락되지 않았음에 틀림없습니다. 그렇지 않았다면 이 날카로운 모서리 부분을 재미 삼아 깨부수지 않았을 리가 없으니까요. 확실히 이 몰딩들은 아시아식 원주들의 그것보다 훨씬 더 아름답습니다. 그러나 제가 보기에 주초의 모서리 A(그림 20)는 이성에 의해서도 취미에 의해서도 정당화될 수 없습니다. 제가 이해할 수 있는 것은 건축가가 윗부분의 토루스를 분명하게 고립시키기 위해서 이 얇은 모서리 아래에 날카로운 그림자가 생기기를 원했다는 것뿐입니다. 모두에게 친숙한 이오니아와 코린토스식 주범들의 로마식 주초에 대해서는 생략하고 넘어가겠습니다. 제정기에 그것은 사각형 플린스를 가지고 있었는데, 네 모서리는 무게 때문에 쉽게 부서졌고 발에 차이기만 할 뿐이었습니다. 프랑스로 가보면, 로마네스크 시기에 이미 주초 몰딩들이 그리스식 주초 몰딩들과 어떤 유사성을 가지고 있다는 것을 보게 됩니다(그림 22). 둥근 A층은 8각형의 플린스 B에 올려 있습니다. 필시 이 주초의 몰딩을 디자인한 로마네스크 건축가는 아테

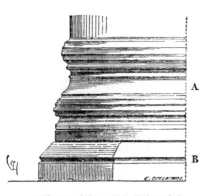

그림 22 로마네스크 주초 몰딩, 11세기

네의 에레크테이온에 대해서는 알지 못했을 것입니다. 입면도가 이와 같은 비잔틴 몰딩들을 봤을 수는 있겠지만 그가—당시에 주변에 널리고 널려 있던—로마식 몰딩들을, 특히 지면에 놓인 주초에 쓰인 사각 플린스를 본 능적으로 버린 것만은 분명합니다. 여기서 우리가 보게 되는 시도들에서는 그러나 어떤 방법을 관찰할 수 없습니다. 12세기 말에 주초 몰딩들은 변화 되고 특별한 형태를 취하게 됩니다. 아래쪽의 토루스가 다시 등장한 플린 스 위에 좀 더 잘 올려놓기 위해서인 것처럼 평평해집니다. 그러나 이 플린 스들은 모서리에서 종종 잘려 있습니다. 그리고 아래쪽 토루스에 접하는 플린스 AB의 사각형 모서리들에 하나의 부속물이 놓입니다.

그림 23에 이 시기의 몇몇 주초 몰딩들이 있습니다. 몰딩 E는 몽레알 교 회(욘)에 있는 것이고, F는 베즐레 교회의 내진에 있는 것입니다. G는 성 앙토냉 시청(타른에가론)의 것이죠. 원주 주신의 접합면은 K인데, 석재가 떨어져 나가는 것을 막고 주신이 내려앉는 것을 피하기 위해서 홈을 파거 나 도려내지 않았습니다. 위쪽 토루스는 뚜렷하게 드러나고, 주초가 눈높 이보다 아래쪽에 있으므로, 위쪽 리스텔들은 경사를 이루어 그것을 두드 러지게 만듭니다. 스코티아는 깊이 패어 있지만 몰딩에 견고함을 부여하 기 위해 충분히 두텁게 만들어져 있습니다. 반원 몰딩 아래의 리스텔 역시 정면을 부각시키기 위해 경사져 있습니다. 아래쪽 토루스는 납작한 형태 에 의해 플린스에 잘 부착되어 있습니다. 그러고는 부속물들(갈고리들)이 D에 나타나는데, 이것들은 통상 식물들로부터 가져온 다양한 형태들을 띠 고 있습니다. 또한 그것들은 플린스의 비어 있는 모서리들을 강화하기도 하죠. 여기서 우리는 주초 G의 위쪽 토루스에도 주목할 것입니다. 그것은 그리스식 주초의 토루스처럼 수평으로 홈이 파여 있습니다. 추가로 이 모 든 주초가 매우 단단한 돌로 만들어졌으며, 그것을 우리의 가장 솜씨 좋은

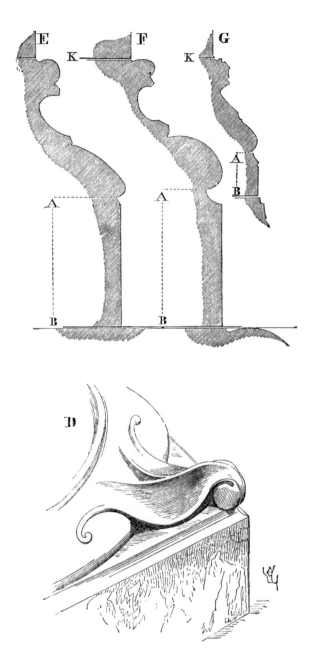

그림 23 몇몇 주초 몰딩

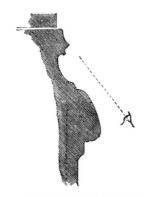

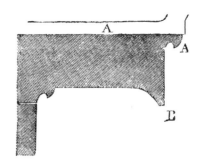

그림 24 높은 주신의 주초 몰딩

그림 25 그리스식 코니스의 단면

노동자들조차도 좀처럼 만들어 낼 수 없는 완벽하고 정확한 형태로 깎아 낸 것임을 밝혀 두어야 하겠죠. 그러나 로마 건축에서는 어떤 주범이 바닥에 놓일 것이든, 상층 갤러리를 형성할 것이든, 또 그것이 아래서 올려다볼 것이든 아니든 주초의 형태가 변화하지 않습니다. 몰딩들이 그것이 놓이게 될 장소에 맞추어 만들어지는 우리의 건물들과는 다르죠. 원주가 바닥에서 상당히 높이 올라간다면 주초의 몰딩들은 그 다양한 부분들을 볼 수 있도록 수정됩니다(그림 24).

그리스의 코니스는 그 위치에 완벽하게 맞추어집니다. 그것은 언제나 건물의 정상에 놓이고, 그 윗면 A는 그림 25에서처럼 지붕의 물받이를 받치고 있어 그 아래로 첫 번째 빗물 끊기 A가, 그리고 두 번째 것이 B에 가설됩니다. [건물의] 두 층 사이에 배치된 로마식 코니스의 위쪽 면은 그림 26에서 보듯 비와 눈을 받고, A에 떨어지는 눈이나 빗방울들이 석재로부터 떨어지게 되는 빗물 끊기 B에 가기 전에 전체 면 A와 B를 횡단하도록 되어 있습니다. 이런 로마식 코니스에 대해 어떤 것을 생각해 보아야 할까요? 12세

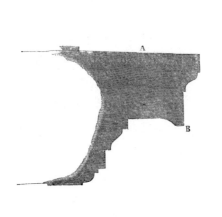
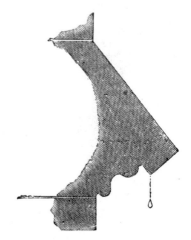

그림 26 로마식 코니스의 단면   **그림 27** 돌림띠, 12세기

기의 우리 건축가들은 두 개 층 사이에 코니스 대신 그림 27의 입면도에서 보듯 간단한 돌림띠를 놓아서 빗물이 최대한 빠르게 떨어지도록 했습니다. 그들이 아치를 몰딩으로 장식하고자 했을 때 그들은 몰딩을 선택하는 데 가능한 한 돌을 적게 깎아서 버리고, 내려앉는 것을 막으면서 그 아치가 가져야 할 힘을 가장 잘 드러내도록 신경을 썼습니다. 그리스 인들, 또 최고 경지의 로마 인들 역시 석재와 노동의 절감에 대해서는 무관심했던 것으로 보입니다. 모든 석재는 채석장에서 평행 육면체로 나옵니다. 따라서 우리가 건물을 지을 때 어떤 석재가 돌출되도록 하고 싶으면 그 돌출부는 석재의 두께를 깎아 냄으로써 만들어 냅니다. 그러므로 예컨대 그림 28에서 외장 석재에 몰딩 A를 주려고 하면 우리는 표면에서 BC만큼의 두께를 덜어 내야 하는 것입니다. 이것은 석재와 수반되는 노동의 낭비입니다. 둘 모두 E 대신에 D에 접합면을 두었다면 피할 수 있었던 희생인 것이죠. 그리스 인들이 원주 하단의 기초를 보강해야 한다고―말하자면 지면에

단단히 붙어 있도록 해야 한다고 여겼던 것은 이유가 없지 않습니다. 그리고 그렇기 때문에 그들은 하단에 부착하는 몰딩이 그 형태를 통해서뿐만 아니라 수직면과 아래쪽의 넓게 퍼진 부분 사이에 접합부를 없앰으로써 안정성의 관념을 갖도록 했던 것입니다. 이것은 가장 단순한 정역학 법칙에서 도출된 그리스식 구축 체계의 결과였습니다. 그러나 12세기에 안정성의 원시적 체계가 서로 맞서는 힘들에 의해—평형에 의해—획득된 안정성의 체계로 대체되면서 지주의 아래쪽 부분에 기초나 돌출부를 만드는 것은 그것이 평형의 체계에 해롭게 작용할 수 있다는 점에서 무용할 뿐 아니라 위험하기까지 한 일이 되었습니다. 하나의 원주가 수직으로 내리누르는 무게만을 받는다면 주신의 아래쪽 접합면에 그림 29에서와 같은 바깥으로 넓어지는 곡선(apophyge, congé)을 주는 것이 합리적이라는 것은 쉽게 이해할 수 있습니다. 그것은 주신에 기초, 즉 보강석(spread)을 제공합니다. 그러나 원주나 기둥이 사선으로 힘을 받고 서로 중화시키는 무게들을 떠받쳐야 할 때, 그래서 수직적 압력으로 귀착될 때 그 결과는 충분히 절대적인 확신을 가지고 계산될 수 없었습니다. 평형을 이룬 전체 체계 안에서 그 중력의 중심을 찾으면서 발생할 수 있는 운동들을 고려해야만 합니다. 선 IK에 기울기가 있다면 주신의 주초에 마련된 돌출 때문에 플린스의 홈이 떨어져 나갈 수 있습니다. 그러므로 원주의 접합면이 위치해야 하는 곳은 M이 아니라 K'인 것입니다. K'에 접합면을 두었을 때 볼록한 곡선—몰딩 KL의 보강—은 부조리합니다. 따라서 12세기 말이 되면 주초의 몰딩이 그림 23에 재현된 형태를 취하게 되는 것을 볼 수 있습니다.

로마네스크 유파에는 이미 몰딩을 구축에 종속시키는 두드러진 경향이 있었습니다. 그리고 이런 점에서 그 유파는 제정기 로마 건축을 앞서 있었죠. 후자는 형태와 구조의 조화를 이루는 데 별 관심이 없었습니다. 로마

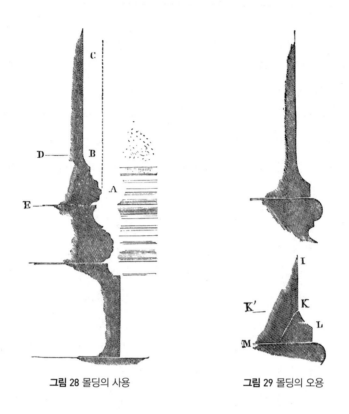

그림 28 몰딩의 사용　　　　　그림 29 몰딩의 오용

네스크 건축가들이 지각한 것은 12세기 세속 건축가들에 의해 법칙을 이루었습니다. 그 이후로 몰딩들이 디자인되었습니다. 그것은 우선 그 목적을 참고로 하고, 둘째로 층들의 두께에 엄격하게 일치하며, 셋째로 그렇게 해서 석재가 가능한 한 조금만 손상되도록, 즉 재료를 최소한만 버리는 쪽으로 이루어졌습니다. 재료 자체가 비싸기 때문이기도 했고, 더 많이 잘라낼수록 비용이 더 많이 들었기 때문이었죠. 돌출 몰딩들은 결코 로마 건축의 경우처럼 빈번하게 정면의 일부를 형성하지 않았습니다. 그림 30-1에서 보듯 로마 인은 채석장에서 가져온 상태의 석재들을 구입할 때 돌림띠

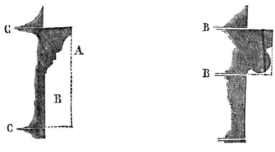

그림 30-1, 30-2 로마식 몰딩과 중세식 몰딩의 비교

를 작업하고 싶어 합니다. 그는 단면 A를 그릴 것이고, 접합면들은 C에 둘 것이며, B에 해당하는 부분 전체를 깎아 낼 것입니다. 12세기의 건축가라 면 그림 30-2에서와 같이 얇은 층 A로 돌림띠를 형성하면서 접합면을 B 에 둡니다. 그는 몰딩을 그리면서 최소한의 공간만을 잃으려고 할 것이고, 깎아 내는 면을 없애려고 할 것입니다. 이 규칙은 절대적이며 어떤 예외도 인정하지 않습니다. 이 시기의 몇몇 건물을 검토해 보면 이를 알 수 있습 니다. 건물을 지으면서 재료를 이처럼 신중하게 사용하는 것이 칭송할 만 한 일이라는 점은 인정될 것입니다. 아그리겐툼의 거인족의 바실리카를 조 망하고 외부의 부착 원주들은 물론 내부의 지주들과 심지어 거대한 카리 아티드들까지도 엄청난 양의 [석재들의] 수직 접합으로 이루어졌다는 것을 관찰하다 보면, 또 건물의 규모에 비추어 그 건축에 들어간 재료들이 중 간 크기의 석재들뿐임을 관찰하다 보면 저는 그리스 인들이 무엇보다 자 신들이 아름답다고 평가한 형태들을 획득하고자 했으며, 그럴 때 그것을 만드는 수단에 대해서는 개의치 않았다는 점을 깨닫지 않을 수 없습니다. 저는 그들이 구축물과 외관 사이의 모순을 감추기 위해 이 구조에 스투코 를 입혔다는 것을 인정합니다. 저는 그 형태에 대해 경탄하며, 그들의 관점

에 서서 그들을 비난하는 일은 자제할 것입니다. 그러나 어떤 건축가가 그와 마찬가지로 아름다운 형태를 획득하는 데 성공하고 또 그 형태를 구조에 종속시키기까지 했다면 이것 역시 제게서 경탄을 자아낼 것이고 아울러 제 이성이 만족할 것입니다. 나아가 그리스 인들이 이 마지막 원리들을 도입했었다면 그들은 우리의 예술가들이 했던 작업으로 나아갔을 것입니다. 왜냐하면 양자 간의 추론 방식은 동일하니까요. 그러나 그들이 상반되는 원리들에서 출발하였으므로, 그들은 반드시 상이한 결과들을 얻었습니다. 그리스 인들의 경우에서 저는 건물을 지을 때 (매우 단순한 질서를 가진 것이었고 매우 단순한 건물들에만 적용될 수 있는 것이었음을 주목해야 할) 구축을 그 이상의 중요성을 부여하지 않는 수단으로 여기는 탁월한 예술가들을 봅니다. 우리의 중세 건축가들에게서 저는 거대하고 복잡한 건물을 구축해야 하는 솜씨 좋은 시공자들, 그들의 구조에 가장 단순한 수단에 의해 그것과 완벽한 조화를 이루는 형태들을 부여하는 재주를 가진 사람들을 봅니다.

그리스 인은 형태를 지키고 싶어 하고, 구조를 형태에 종속시킵니다. 그리스 인은 단순한 만큼 아름다운 형태를 발견하는 데 천부적인 재능을 가지고 있습니다. 그의 구축물은 단순하고, 그보다 더 논리적으로 일관된 것은 없습니다. 12세기의 세속 건축가는 환경의 힘에, 근대의 정신에, 섬세하고 복잡한 조각을 도입하고자 하는 새로운 욕망에 이끌립니다. 그는 그것을 감추려고 하지 않습니다. 반대로 그는 가장 자연스러운 형태로 그것을 표현하고자 합니다. 그리고 다시금 이보다 논리적으로 일관된 것은 없습니다. 저는 페리클레스의 시대가 필리프-오귀스트의 시대보다 고귀했다는 것을 완벽하게 인정합니다. 또 피에르 드 코르비보다는 익티노스의 동시대인인 편이 훨씬 좋으리라는 것도 마찬가지입니다. 그러나 이런 종류의 아쉬움이나 소망은 별 도움이 안 됩니다. 우리는 그 시대와 우리 시대 사이의 시차를 없앨 수도 없고, 또 그 시간이 우리에게 가져다준 새로운 관념들, 새로운 욕구들, 시도들과 발견들을 없었던 것으로 할 수도 없습니다. 진보하기 위해 무려 스무 세기를 역행해 가야 한다는 말을 들으면 놀라는 게 당연합니다. 더 정확히 말해서, 우리가 앞으로 나아가려면 그 지나온 시간의 거리(距離)와 여러 시대에 걸쳐 그 길에 축적해 온 것들에 대해 잘 알게 되어야 합니다. 또한 12세기와 13세기가 차지했던 그 무대가 예술의 역사에서 가장 교훈적인 것 중 하나라는 것을 알아야 합니다. 그때 근대적 관념들을 향한 엄청난 지적 운동이 시작되었기 때문입니다. 그 운동은 전통에 저항하면서 새로운 방법을 찾고 그것에 새로운 형태를 부여하고 있던 세속의 정신에 의해 소환됩니다. 그렇다면 우리는 이 유파가 우리 예술의 최종적이고 가장 완전한 표현을 발견했다고 주장해야 할까요? 물론 아닙니다. 그 유파가 가로지른 진보의 무대는 새로운 것이었고, 진보는 그것이 무시되어야 한다고 요구할 수 없습니다. 다만 이렇게 말할 수는 있을 겁니다. "하지만 우리는 문제의 시기가 강력했다는 것, 예술에 상당한 자극을 주었다는 것을 인정합니다. 그러나 그때 이후로도 진보는 계속 이루어졌습니다. 그때 이후로 이루어진 것들을 당신은 고려하지 않으시겠습니까? 또한 당신, 우리가 시대를 역행해서는 안 된다고 주장하는 바로 당신이 여섯 세기를 지워 버리고 우리를 과거의 예술로 다시 데려갈 생각인가요?" 여기에 대한 제 답은 다음과 같습니다. 우선 여섯 세기의 역행이나 스무 세기의 역행이나 거의 같은 것입니다. 그나마 16세기에 고전 고대의 예술을 부활시킬 것을 제안한 사람들은 제가 그 가치를 평가하고자 노력하게 될 합리적인 이유들을 가지고 있었습니다. 그러나 오늘날에 이러한 회귀를 모방하거나 영구화한다는 것은 젊고 강건한 신체에게 시체들 사이에서 살 것을 강요하는 것이나 다름없으며, 그 신체에 영원한 죽음을 안겨 주는 것입니다. 우리는 묘들을 보고 감탄하지만 거기 들어가서 살지는 않습니다. 죽은 사람의 저작을 읽는 것과, 그 사람의 수의를 우리가 걸치는 것은 완전히 다른 일입니다. 우리의 목적은 페리클레스나 아우구스투스나 생 루이[루이 9세]의 시대로 되돌아가는 것이어서는 안 됩니다. 우리의 목적은 예술이 문명의 생생한 표현이었던, 예술이 새로운 원리들을 전개할 에너지를 가졌던 역사의 시기들을 탐사하는 것이어야 합니다. 또한 우리의 목적은 그들이 집적해 놓은 보물들로부터—그 편린 하나라도 잃지 않고—이점을 도출하는 것이어야 하며, 그 다양한 원리들을 재인하고 예술가들이 영원히 참되고 적용 가능하고 생명력 있는 그 원리들에 주목하도록 만드는 것이어야 합니다.

그리스 인들은 우리의 대기를 흐리는 안개 없는 아름다운 하늘 아래 살았습니다. 그들은 산과 만들이 교차하고, 경이롭도록 아름다운 건축 재료들이 가득한 나라에 정착해 있었습니다. 그들은 그들에게 주어진 기후와 재료에 가장 잘 일치하는 건축을 도입했습니다. 그들은 규모가 작은 나라, 상인들과 사상가들의 연합들에 불과했던 공동체들 사이에서 가능한 지적 발전을 이루었습니다. 그들은 능력 있고 계몽된 아마추어들의 통합으로 예술을 발전시켰습니다. 이 모든 것이 모든 후세대에게 영원히 시기와 아쉬움을 불러일으키도록 계산되었습니다. 그러나 저는 이렇게 묻겠습니다. 특별히 조건이 좋은 공동체와 우리의 거대한 기독교 국가들 사이에 어떤 유사성이 있습니까? 통일된 그리스는 적어도 고전 고대에는 결코 실현될 수 없는 꿈이었습니다. 그 작은 나라들은 오직 공통의 위험이 그들의 실존과 자유를 위협할 때만 통합되었습니다. 일단 위험이 지나가면 그들은 서로 갈등했죠. 그들 사이의 갈등은 문명이 발전해 감에 따라 점점 더 빈번해졌습니다. 반면 서방에서—제가 서방이라고 말할 때는 오직 프랑스만을 뜻합니다—지배적이고 중심이 되는 관념은 통합이었습니다. 예술은 그 통합을 보장하는 가장 강력한 수단들에 속했죠. 그리고 이러한 근거에서만 예술은 그것이 현재에 적용되는 바가 없더라도 연구될 가치가 있었습니다. 우리가 제정기 로마 건축에서 존경해야만 하는 것은 그것이 제공하는 강력한 조직의 현현입니다. 그러나 우리는 종종 이 현현에서 예술의 형태에 대한 무시와 예술가의 개성과 자유에 대한 명백한 혐오를 보게 됩니다. 반대로 전성기에 그리스 인들은 예술을 비평에 종속시켰습니다. 그들이 그들의 건물들을, 전체로서 충족시켜야 할 정치적·종교적 소여에 합치하는 욕구의 표현으로 만들기를 원했고, 또 건축적 매스들에 고유한 장엄함을 보존하기를 원했다고 해도, 그들은 그것을 위해서 세부를 희생시키지 않았으며, 심지어 가장 하찮은 몰딩들의 형태에 대해서조차도 연구하고 이성적으로 성찰하는 것이 예술가의 역할을 축소시킨다고 믿지 않았습니다. 로마 인들에게서 저는 자유로운 관념들을 가진 노련한 행정가, 자신의 관점을 예술에 강요하지 않고, 예술의 영역의 특유한 질문들에 대해 골치를 썩이지 않는 그런 사람을 봅니다. 사실 저는 예술가에게 고유한 것에 대한, 마치 교리처럼 예술가를 그의 예술에 결부시키는 것에 대한 로마 인의 분명한 무시가 어떤 장엄함을 가진다는 것을 인정합니다. 특히 앞서 이야기한 것을 되풀이하자면, 로마 인들이 [예술을] 경멸한다고 해도 적어도 박해하지는 않고, 예술의 문제들에 간섭하지도 않는다는 점에서 그렇습니다. 로마 인은 신앙의 형식들에 대해 초연합니다. 그는 법에 대한 존중과 그의 행정적·정치적 체계에 대한 굴복만을 요구합니다. 또 한편으로 그는 상대가 이러저러한 형태를 도입함으로써 강제된 계획을 충족시키든 말든 신경 쓰지 않습니다. 그것은 그 사람의 일이지 자기 일이 아니니까요. 그럼에도 불구하고 여기서 예술은 신앙의 형식들을 닮습니다. 예술은 관용되는 것으로 충분하지 않습니다. 그것은 공감을 요구하며, 그것을 추구하고, 아니 그것에 도전합니다. 예술이 그것에 적대적이지 않은 데 만족하는, 또한 그것에 지지든 비평이든 어떤 방식으로도 자극을 제공하지 않는 공동체 안에서 전개된다면 그것은 쇠퇴합니다. 예술의 형식들이 콘스탄티누스 시대까지의 로마 제국과 같이 막강하고 번영하는 제국 안에서 퇴락하는 까닭을 여기서 알 수 있습니다. 반대로 타고난 예술가들인 민족들에게서, 예술에 강요하거나 지시하기까지 하려는 시도가 있다고 해서 예술의 쇠퇴를 예상할 이유가 없습니다. 강요는 그것이 모든 신앙인에게 주는 것과 같은 탄력을 예술에 부여합니다.

프랑스에서, 그리스에서와 마찬가지로 시대가 외면한 예술가들은 언제나 바로 그 때문에 그들 시대의 예술에 가장 큰 영향력을 얻게 되어 왔습니다. 로마 인들이 기원후 1세기에 만들 수 있었던 공식 미술은 프랑스에서 어떠한 위력도 발휘하지 못했습니다. 그것은 운 좋게도 우리 사이에, 특히 우리 건축가들에게 없어서는 안 되는 기능공 계급 사이에 예술의 영역에서의 탐사와 비평의 효모가 보편적으로 퍼져 있기 때문입니다. 건축의 승리는 이 예술이 참으로 예술가의 통제 아래 있었던 시기, 그들이 독립적으로 예술을 실천할 수 있었던 시기에 한정되어 왔습니다. 가장 소박한 건축적 과업의 시행에조차 연관되어 있는, 이를테면 사용되는 재료, 비용, 공간 등 제시된 계획의 본성에서 발생하는 물질적 어려움들, 충족시켜야 할 비례, 조화 등 예술이 부과한 조건들, 아무리 단순하더라도 구축의 모든 문제에 수반되는 수많은 세부 사항, 형성되고, 접합되고, 주조되고, 단조되고 혹은 따로따로 작업되어야 하는 재료들의 조합에 의해 산출되는 전체적인 효과들에 요구되는 경험, 이 모든 것을 고려하는 양식 있는 지성이라면 실로 이런 결론을 내리지 않을 수 없습니다. 즉 우리가 [독자적인] 건축을 가지려면 건축가들 자신이 절대적이든 모호하든 어떤 통제에 의해 괴롭힘 당하지 않고서 복잡한 문제들을 해결하도록 내버려 두어져야만 합니다. 그들이 그러한 통제에 복종한다 해도 그것은 반감을 가진 채로일 것이며, 그들의 작업에 상처를 입히게 될 것입니다. 우리가 또 고려해야 하는 것은, 건축가들이 자신들의 예술의 마땅한 시행에 필요한 독립을 주장하는 것을 정당화하기 위해서는 그들이 시공의 수단들에 완전히 친숙해져서 결코 이로 인한 어떤 어려움도 발생시키지 않게 되어야 한다는 점입니다. 고대의 건축, 특히 그리스와 프랑스 중세 건축의 전성기를 연구할 때 우리는 예술의 대가들이 곧 시공 수단들의 거장들임을, 새로운 욕구가 나타나면 그들은 그들 예술의 원리를 버리지는 않지만 새로운 진행 방식을 창안하고자 한다는 것을 쉽게 알 수 있습니다. 그리스 인들은 시공 수단을 너무도 완벽한 수준으로 가져가서, 또한 그것에 통달하고 절대적으로 그것을 정복해서 어떤 경우에도 물질적 위기가 그들의 상상력이나 천재성에 족쇄를 채우는 법이 없었습니다. 그들에게는 시공에 대한 연구에서 분명하게 산출된 개념이 약화되는 법이 없었습니다. 설령 그리스 인들이 도입한 절차가 매우 단순한 것이었음을 인정한다고 해도 말입니다. 반대로 중세 예술의 속인(俗人) 장인들은 그들의 개념의 성격에 어떤 해로운 결과도 초래하지 않으면서 매우 복잡한 방법을 도입하기에 이르렀습니다. 그들은 구축에 가능한 최대치의 다양성을 허용하고, 정당하게 말해 그것을 구성하는 매우 지성적인 원리들에 기반하고 있었기 때문에 시공 방법이 아무리 복잡하다고 해도 그들의 자유를 보존했습니다. 개념과 시공은 이 유파에서 동일한 것이었습니다. 19세기에 우리는 이와 다르게 일을 진행합니다. 우리는 자신들이 능숙한 판관이라고 선언하는 사람들을 어렵지 않게 만나게 되며, 심지어 예술가들 스스로조차도 건축가가 착상한 어떤 기획이 작품의 가치에 전혀 손상을 입히지 않고서 작가의 직접적인 개입에서 자유로운 하급자들에 의해 시공될 수 있다고 여기는 것을 종종 봅니다. 하나의 건축 작품은 다른 모든 예술 작품이 그렇듯 개념과 시공 수단 사이의 밀접한 조화에서 비롯합니다. 건축가가 어떤 설계를 착상할 때 시공 수단에 대해서는 다른 누군가가 제안하는 것을 상상하는 일은 2인조 음악가, 그러니까 작곡가와 악보를 기록하는 사람을 별개로 상상하는 것만큼이나 부조리한 일입니다. 설계를 착상하는 능력 있는 건축가는 반드시 사용될 재료와 그것의 형태와 규모를 상상 속에서 보아야 합니다. 그는 그 재료들의 수용력과 본성을 평가합니다. 지어지는 데 수년이 필요한 것을 머릿속에서 구축합니다. 그리고 그의 앞에 놓인 종이는 그의 상상력에 광대한 작업장을 마련해 주어 거기에서 조적공, 석수, 목공, 대장장이, 타일공, 소목장이, 조각가 등이 작업하는 광경이 나타납니다. 마치 오페라를 작곡하는 음악가가 오케스트라의 다양한 악기들과 합창단, 독창자들의 목소리들을 [머릿속에서] 듣는 것이나 마찬가지입니다. 그러나 대중이 음악가의 악보에서 혹은 건축가가 세운 건물에서 개인의 재능이 각인된 독창적인 예술 작품을 알아보기 위해서는 음악가 자신이 오페라의 모든 부분을 썼어야 하고, 건축가는 자신의 노동자들에게 전체를 구성하는 다양한 세부에 대해 지시해야 합니다. 음악가가 직접 리허설을 지도하는 것, 건축가가 자신의 노동자들을 관리하는 것도 바람직합니다. 인간의 솜씨가 만들어 낸 모든 산물 가운데, 그 불완전함이 가장 용인되지 않는 것이 예술이라는 점을 늘 염두에 두어야 합니다. 그러나 예술에서 완벽에 접근하기 위해서 우리는 다만 천재를 혹은 그것이 안 된다면 재능 있는 사람을 원합니다. 단 이 천재성이 혹은 재능이 펼쳐질 자유가 허락된다는 조건하에서,

자연과 지식이 제공하는 모든 자원을 사용하면서 말이죠. 이것은 예술에 유리했던 것으로 여겨지는 시기들에 결코 의문이 제기되었던 적 없는 원리입니다.

8강

건축의 쇠퇴 원인들

건축이 예술인 동시에 과학이기도 한 만큼, 또 그 개념들이 추론과 계산에 크게 의존하고 있으므로, 설계는 그저 상상력을 펼치는 과정만이 아니라 정연하게 적용된 규칙들에 종속되며, 제한된 시공 수단들을 고려해야만 합니다.* 화가나 조각가가 착상도 하고 실행도 할 수 있는 반면, 건축가

---

* 카트르메르 드 캥시의 *Dictionnaire d'Architecture*를 참고할 만합니다. COMPOSITION 항목에서는 이 뛰어난 저자가 건축적 설계를 충분히 다루고 있지 않음을 발견하게 됩니다. 그러나 우리는 다음과 같은 놀라운 구절을 볼 수 있죠. "설계에 임했을 때 건축가에게 가장 중요한 것은 그의 설계가 실현될 수단에 끊임없이 주의를 기울이는 일이다. 그러므로 건축학도는 자신의 설계를 시행 수단들에 준하여 고려하는 법을 일찍 배울수록 좋다. 설계에 대한 공부는 그저 다양성과 대칭으로 눈을 사로잡는 평면도나, 효과적인 조합들이나 새로운 윤곽선과 방향 등을 약속하는 듯한 입면도의 몇몇 부분을 종이에 그리는 데 그치는 것이 아니다.

는 외부와의 협업에 상당히 의존하지 않고서는 일을 할 수 없습니다. 한편으로는 계획, 비용, 장소가 그에게 분명한 한계를 부여합니다. 다른 한편으로는 재료들의 본성과 그것들이 사용되어야 하는 방식이 한계를 주죠. 건축가가 설계를 하려고 하면 그는 우선 자신의 작업에 영향을 미치게 될 다양한 요소를 고려해야 합니다. 그러므로 설계에 적절히 훈련되어 있는 건축가라면 계획이 주어졌을 때 시공에서 준수되어야 하는 다양한 조건에 대해 잘 알고 있어야 할 것입니다.

건축가들은 이런 식으로 훈련되지 않습니다. 어쨌든 우리 나라에서는 아니죠. 그러나 우리는 이 문제에 대해 일관성을 가져야 합니다. 한편으로 건축가는 엄청난 경비를 내고 그에게 작업을 맡긴 사적 개인들이나 공공 단체와 관련을 맺어야 합니다. 그들은 계획에 필요한 재료나 그 실용적 시공에 관한 연구를 꺼려 하고, 그들의 목적은 일상의 요구와 습관에서 제기되는 모든 조건을 충족시키는 것보다는 스스로를 빛내는 데 있으며, 언제나 우리가 사는 시대에 적합한 건축을 발견하고자 하기보다는 지나간 시대의 형태들을 모방하고 있다고들 합니다. 다른 한편으로 그들은 국가의 지도 아래 내려오는 지시 방침에 종속되어 있습니다. 그로부터 그들이 배울 수 있는 것이라고는 일반적으로 매우 모호하고 종종 당대의 건축적 요구들로부터 매우 동떨어진 계획들에 따라 건물을 완공하는 데 제한되어 있습니다. 반면 비용, 위치, 사용되는 재료, 지역에 따른 건설 방식 등에 관해서는 어떠한 정보도 주어지지 않습니다. 이러한 가르침은 학생들에게 오로지 과거 예술의 시기들에 속하는 특정한 건축 형태들을 어느 정

소묘 단계에서 충분히 상상력을 낭비한 이 모든 시도가 전혀 시공될 수 없거나 엄청난 경비를 수반하고서야 실현될 수 있는 설계로 끝나는 일이 종종 벌어질 것이다."

도의 능력으로 해석한 것을 제시할 뿐, 현대의 기기들이 도입되면서 제안되었던 과감한 혁신들은 거의 무시합니다. 그것은 수년 동안 쳇바퀴 돌 듯 같은 것을 되풀이합니다. 결국은 계율에 무조건적으로 복종한 데 대해 주어지는 최고의 보상으로 젊은 건축가들을 로마나 아테네로 보내 그들이 콜로세움이나 파르테논을 백 번째로 복원할 수 있도록 해 줍니다. 사실 우리는 뿌린 대로 거두는 법입니다. 그리고 건축가들을 지금과 같은 상태로 만든 것이 우리이기 때문에 확실히 그들에 대해 불평해서는 안 될 것입니다. 결과가 만족스럽지 않다면 가르치는 법을 바꾸어야 합니다. 이러한 협소한 제한에 속박되어 있는 가르침 옆에는 완전한 자유가 있는 것이 사실입니다. 그러나 여기서 일일이 지적할 필요는 없는 이유들로 인해서 스스로 그 자유를 이용할 수 있는 사람은 별로 없습니다. 그 밖에 이러한 무제한적인 자유는 불편도 수반하여, 때때로 그것을 누리는 사람들을 극단적인 길로 몰아갑니다. 그리하여 관학파적 과두 정부와 체계의 전적인 부재에서 초래된 무정부 상태 사이에서 건축가들은 모든 이가 구하는 것, 즉 우리 시대 특유의 예술을 어디서 구해야 할지 알지 못합니다. 그처럼 통탄할 만한 사태 속에서 건축가가 여전히 프랑스에서 그처럼 영광스러운 지위를 유지하고 있다는 것은 놀랍기까지 한 일입니다. 이것은 우리가 이 예술을 연구하고 실천할 수 있는 능력을 얼마나 풍부하게 가지고 있는지를 입증합니다. 또한 우리의 예술이 효과적인 가르침을 얻었다면, 자유롭게 되었다면, 일종의 입문식, 혹은 차라리 로마의 귀족 계급에 대하여 평민들이 향유하던 것과 같은 보호령으로 스스로를 제한하지 않았다면 우리가 회복할 수 있을 명성의 수준이 얼마나 높은지를 입증합니다. 유파들이 갈라져 원리가 아닌 공식들을 고수하면서 광적으로 배타적인 분파들로 나뉘는 것을 보게 되는 것은 쇠퇴기입니다. 그럴 때 그들은 이성의 넓은 길을 버리고, 혹은 존엄을 구실로 완전한 침묵 속에 스스로를 고립시키며, 학생들에게 교의, 아니 차라리 교의의 그림자에 맹목적으로 복종할 것만을 요구합니다. 이런 상태에서 추구되는 것은 더 이상 예술에 대한 위대한 관심이 아닙니다. 그것은 지적 활동과 자유로운 토론, 새로운 요소들의 끊임없는 도입, 이성의 통제에 따르는 자유 등에 의해서만 살아 있고 앞으로 나아갈 수 있는 것이니까요. 대신 분파의 승리 또는 우세만이 추구됩니다.

13세기와 루이 14세의 치세를 제외하면 지금 우리의 시대만큼 많은 건물들이 프랑스에서 지어진 시기가 없었습니다. 그럼에도 불구하고 (또한 특히 이 점에서 저 역시 보편적인 감정을 가질 수밖에 없습니다) 우리의 도시들을 채우고 있는 새로운 건물들은, 최소한 설계의 관점에서 예술의 전성기들에 제기된 원리 중 어떠한 것에도 기반하고 있지 않은 것으로 보이며, 그렇다고 새로운 원리들에 근거한 것으로 보이는 것은 더욱 아닙니다.* 그러나 막대한 비용을 들여서 세워진, 또한 과도하다 할 수 있을 만큼 풍성하게, 또 종종 그 본성에 위배되는 방식으로 재료를 쓴 이 건물들에 조화는 없습니다. 이 시대 문명의 욕구와 취향을 보여 주는 어떤 것도 없죠. 그것들은 고대 건축, 즉 그리스나 로마(특히 로마) 혹은 16, 17세기의 이탈리아와 프랑

---

* 그러나 이러한 최근의 건물 가운데 예술적으로 매우 주목할 만한 장점을 가진 것들이 일부 있다는 점을 인정하지 않는다면 이는 부당한 처사일 것입니다. 우선은 파리의 중앙 시장을 이야기해야 할 것입니다. 그것은 이 거대한 구조들이 전용된 목적을 매우 명료하게 드러냅니다. 저는 우리의 공공건물들이 모두 이처럼 주민들의 관습을 위해 해당하는 경우의 욕구들을 절대적으로 존중한다면, 구축의 수단을 이렇게 과감하게 드러낸다면 그것들은 시대에 고유한 성격을 갖게 될 것이며, 아름답고 납득할 만한 예술의 형식들을 스스로 발견하게 될 것이라고 믿습니다. 거기서 우리는 계획의 필요와 사용된 재료의 필요를 준수하게 되며, 그 결과는 제 판단으로는 매우 훌륭한 건물로 나타납니다. 어쩌면 사람들은 '예술 작품을 생산해야만 한다'는 생각을 하지 않았을지 모릅니다. 그러므로 그러한 의도는 지금부터 버리는 것이 바람직할 것입니다. 이것은 아마도 우리 문명의 진정한 표현이어야 할 예술 작품들을 보호하는 가장 쉬운 방법일 것입니다.

스 건축을 엄청나게 환기시키지만 그로부터 어떠한 합리적인 모티프도 제시하지 않습니다. 그러나 시공의 완성도, 사용된 재료의 아름다움은 우리로 하여금 관념들의 결여, 통일성과 특성은 물론 쉽게 이해할 수 있는 방법의 부재를 잊게 해 주지는 못합니다. 다시 말해 역사에서 아무리 열등한 시대에 속하는 것이라 해도 모든 시대의 예술을 [다른 시대의 그것과] 구별하게 해 주는 성질들이 없는 것입니다. 이러한 결점들은 예술의 이론과 실천에 대해 잘 알지 못하는 사람들에게조차 뻔히 보이고 심지어 충격적인 것으로까지 받아들여집니다.

그러면 우리는 건축가들이 빠져 버린 바퀴 자국에서 탈출하기를 희망할 수 없는, 그러한 치유할 길 없는 몰락의 단계에 도달해 버린 것일까요? 악폐는 치유 불가능할까요? 우리는 로마 인들을 매우 형편없이 복제할 필요에 처해 버린 것일까요? 그리스 건축에 대해 아는 사람의 눈에는 유치하게 보일 방식으로 그리스 인들을, 중세를, 르네상스를, 루이 14세의 시대를, 심지어 지난 세기 말의 형편없는 건물들을, 그리고는 더 나은 것도 없기 때문에 다시 한 번 로마 인들을 복제해야, 그래서 모방의 원환을 다시 시작해야 하는 것일까요? 동일한 예술의 이러한 다양한 형식들 외부에 혹은 그 위에 풍성한 결실을 가진 새로운 욕구가 생겼을 때 새로운 표현들에 민감한 불변의 원리들은 없는 것일까요? 이 원리들은 꿰뚫어 볼 수 없는 신비로서 소수의 선택된 자들만이 접근할 수 있는 것입니까? 반대로 그것들은 모든 이에게 접근 가능한 것은 아닙니까? 아닙니다. 쇠퇴는 절대적으로 불가피한 것은 아니며, 악은 치유할 방법이 없지 않습니다. 그러나 지금은 사태를 고려해 보아야 할 때, 여전히 우리 손에 있는 필수적인 요소들을 모두 사용해야 할 때, 모든 민족에게서 항상 그들 문명의 가장 분명한 표현으로 여겨지는 예술에 대한 위대한 관심에 대해서만 생각해야 할 때입니다.

그 문명들이 아무리 존경스러운 것이라 할지라도 모든 분야가 조명되어야 하고 검토되어야 하며, 필요하다면 선입견을 깨뜨리는 것을 두려워하지 않아야 합니다.

대중적 판단을 무시하지 맙시다. 우리는 그 판단이 최후의 수단으로서 절대적인 것이라고까지 여기는 편이 현명할 것입니다. 우리가 공공건물들을 지었다고 할 때 그것들을 이용하고, 거기에 비용을 지불하게 될 것은 결국 그들이라는 사실이 충분한 이유가 됩니다. 저는 그 판단이 결코 일부에서 주장하는 것만큼 정도에서 벗어난 것은 아니라고 생각합니다만, 그럼에도 그것을 계몽하려고 노력해야 한다는 점은 기꺼이 인정합니다. 그러나 이것은 세속에 대하여 예술의 원리를 조심스럽게 은폐한다거나 건축가를 일종의 프리메이슨으로 만듦으로써, 즉 대중이 이해할 수 없는 언어로 될 수 있는 일은 아닙니다. 지난 세기 이래로 건축은 대중의 눈앞에 드러나지 않는 의례를(그런 것이 있다면) 따르는 어떤 신비로 존재해 왔으니까요. 그 성소로부터 열에 아홉 사람은 그 의미나 용도를 이해할 수 없는 건물들이 나타나고, 그럼에도 그 교의의 해석자들이 그것들이 그 규칙들에 합치되는 것이라고 선언하는 까닭에 그 건물들이 받아들여집니다. 그들이 규칙에 대해 설명하지 않는 데는 이유가 있지만요. 그러나 때때로 주시하면서 그 모든 것에 비용을 대고 있는 대중은 인내심을 잃게 됩니다. 대중은 이해할 수 있다면 기뻐할 테지만, 그때 그들은 최종적으로 자신들이 그러한 문제들에 대해 아무것도 이해할 수 없으며 그들의 영향력은 처음부터 의도적으로 무시당해 왔다는 이야기를 듣게 됩니다. 또한 그들이 자신들을 위해 구축되어 온 것들이 아름답지도 편리하지도 않다고 여긴다면 이는 그들 자신이 나쁜 취향을 가진 탓이라는 것입니다. 교의의 수호자들— 유일하게 권한을 가진 판관들—은 그 건물들에 대해 만족해 하고, 그거면

족하다는 것입니다. 우리의 시대와 같이 새로운 관념들이 날마다 등장하고 모든 것이—심지어 사회의 기초 자체조차도—논쟁의 대상이 되는 때에 유일하게 한 가지 흔들리지 않고 남아 있는 것이 있습니다—신비로운 아레오파고스에 의해 수호되는 불가해한 건축의 교의인 것입니다. 그러나 외부에는 시대에 합당한 건축, 우리 고유의 건축, 이해 가능한 건축, 우리의 시민적 습관들에 합치 가능한 건축을 요구하는 목소리들이 있습니다. 아레오파고스는—물론—이러한 지각없는 요구들에 반응을 내보이지 않습니다. 그것은 문들을 닫고 그 신봉자들로부터 바깥에 있는 시끄러운 대중만큼이나 맹목적인 복종을 받아 냅니다. 그러면 무엇을 해야 할까요? 우리는 누구에게 의존해야 할까요? 예술가가 아닌, 그리고 예술에 관한 토론에 참여하는 것 외에 다른 할 일이 있는 당국 혹은 정부는 그들의 책임을, 자신들이 유일하게 타당한 것으로 선언한 교의들의 수호자들에게 넘겨주는 편을 선호합니다. 그 결과는 '가능한 최선의 세계'에서 최선인 것으로 여겨집니다.[1] 그 밖에 어디서 우리는 시금석을 발견할 수 있습니까? "대중은 만족하지 않는다고 당신은 말하지만, 그렇게 말하는 사람은 특정한 불평분자들뿐이며, 건물을 지을 리 없는 애독자들을 거느린 몇몇 신문들뿐이다. 당신은 어디에서 불만스러워하는 대중을 발견하는가? 나로 말하자면 비난받는 건물들 주변에서 오직 한결같은 찬사만을 들었을 뿐이다. 시

---

1) '가능한 최선의 세계'란 원래 라이프니츠가 『신정론』(1710)을 통해 주장한 개념으로, 거칠게 요약하면 우리의 현실 세계가 악의 존재에도 불구하고, 혹은 악의 존재를 포함하여 신의 목적을 완성하기 위한 최선의 것임을 말하기 위한 명제이다. 다만 본문에서 인용된 것은 볼테르가 소설 『캉디드 혹은 낙관주의』(1759)에서 라이프니츠의 이러한 주장을 풍자하기 위해 쓴 구절이다. 비올레르뒤크는 볼테르의 이 문장에 빗대 당대 프랑스 주류 건축계의 순응적이고 반동적인 퇴행성과 자기 기만을 비판하고 있다. 이 구절은 이 책의 제13강에서 다시 한 번 인용된다.

기하는 사람들은 언제나 있어 오지 않았던가? 프랑스는 놀라운 나라이며, 파리는 그에 합당한 수도이다. 유럽의 어디에서도 이보다 계몽되고 이보다 값진 정부는 찾을 수 없을 것이다. 아카데미 데 보자르는 서로를 선택한 우리 건축가 엘리트들의 집단이다. 결과적으로 그것은 계몽과 예술의 고향인 이 도시에서 가장 자유로운 기관 중 하나이다. 그렇다면 대중이여, 무엇이 불만인가?" 여기에 대해서는 답을 해 줄 수가 없습니다.

그러나 극장의 감독은 어떤 작품에 대해 야유를 보내는 청중을 어느 정도 존중할 의무가 있습니다. 설령 그 작품이 가장 뛰어난 대본 심사위원회로부터 찬사를 받은 것이라 할지라도 말입니다. 왜냐하면 야유에는 자신이 치른 값에 대한 의문이 수반되기 때문입니다. 전람회의 형편없는 그림은 최고의 후원을 누리고 있다 해도 여전히 형편없는 그림이며, 화가는 그것을 [팔지 못하고 자신이] 가지고 있어야 하게 됩니다. 어떤 문학 작품이 아무리 지지를 받는다 해도 그것이 지루하다면 서점의 서가에 계속 남아 있죠. 그러나 건물이 한 채 지어지면 그것이 나쁘다고 해서 우리가 할 수 있는 것이 무엇입니까? 철거를 할 수 있습니까? 그것은 너무 값비싼 해결책이죠. 그것을 최대한 잘 활용해야 할까요? 이것이 가장 현명한 방책일 것입니다.

문학이나 회화, 조각의 영역에서 대중에 대한 호소는 현실적인 것입니다. 예술가의 작품과 그 대중 사이에 어떤 매개적 권위도 없습니다. 따라서 독점이나 배척이 불가능합니다. 그들이 그렇게 되기를 원했다고 해도 아카데미 프랑세즈, 금석학 아카데미, 도덕학 아카데미, 회화 아카데미, 조각 아카데미는 배타적일 수 없었을 것입니다. 왜냐하면 대중의 의견, 문학 작품이나 역사, 철학, 회화, 조각에 대한 평가가 문제가 될 때 그들의 능력으로 인정받게 되는 그 대중의 의견은 조만간 그것이 승인하는 저자나 예술가를 추앙받게 해 줄 수 있기 때문입니다. 오늘날 우리는 이러한 사실의 주목할 만한 사례들을 보아 왔습니다. 그러나 건축의 경우는 그럴 수가 없습니다. 건축가는 자신의 작업실에서 공공건물을 지을 수 없습니다. 그러므로 대중의 판단에 직접적으로 호소하는 것은 그에게 허용되지 않습니다. 불행히도 그가 아카데미와 의견이 일치하지 않을 경우 가장 심오한 연구로 계발된 최상의 재능을 부여받았다고 해도, 이것이 빌라 메디치[프랑스 아카데미] 외부에서 이루어진 것이라면 그는 자신의 장점을 입증할 수 없습니다. 왜냐하면 그는 종종 거부권을 행사할 정도로 막강한 반대자들을 만나게 될 것이니까요. "우리들 중 하나가 아니면 그 누구도 될 수 없어!"라는 것이 대중의 의견에 대한 통제 너머에 위치하는 모든 단체의 최고의 금언으로 존재해 왔습니다. 우리의 형제 건축가 중 한 사람은 오래전에 "유파라는 것은 그 신념으로 인해 편협해진다"고 썼습니다. 그러나 그 자신의 한계 속에서 구성원들을 모집하는, 그리고 그것이 가르치는 교의들과 그것만의 판단들에 대한 책임을 가진 단체는 우리가 불어로 coterie, 즉 파벌이라고 부르는 것입니다. 가장 능력 있고 가장 진심 어린 사람들이 이런 위치에 있다고 생각해 보면, 그들이 진심이고 배웠다는, 그리고 그들 의견의 진실성에 대해 굳건하게 확신하고 있다는 바로 그 이유 때문에 그들은 그들의 관점이나 편견을 공유하지 않는 모든 사람을 향해 문을 닫게 될 것입니다. 그들에게 다른 어떤 수행 과정을 요구한다는 것은 그들의 성격과 그들의 확신의 진정성에 대한 모독이나 다름없습니다. 그러나 사정이 이렇다면 우리는 어떻게 그 유파가 인정하지 않은 원리들과 거부한 형식들, 그 유파가 혁명적인 것으로 여기는 노력들을 조명하기를 희망할 수 있겠습니까? 우리는 어떻게 우리 문명의 다양한 의견들과 경향들을 검토한 산물이자 당대의 변화하는 욕구의 산물인 젊음의 혹은 회춘의 생명력을 가진 예술을 획득할 수 있겠습니까? 결국 건축은 관념들에 부여된 어떤 형상일 뿐입니다. 어떤 시인의 말처럼 그것은 돌에 새겨진 책입니다. 프랑스 아카데미가 특정한, 새롭거나 갱생된 관념들이 출판되는 것을 저해할 의지와 힘을 가지고 있다고 해서, 문학계에 수 세기 동안 사용된 찬사로 표현되는 제한된 숫자의 검증된 개념들만을 표현할 것을 강요한다면, 문학적 산물들의 단조로움에 대해서, 또 그것들이 이해 불가능하고 쓸모없다는 사실에 대해 불평하는 것이 합당한 일이 될까요? 그러면 우리는 고대의 저작들만을 읽고 법률 문서나 상인의 영수증만을 쓰는 편이 보다 현명한 것이 아닐까요?

프랑스에서 예술은 상류층의 온건한 애정으로 사랑받고 있으나 하층민들에게는 예술에 대한 열광이 있습니다. 그들의 영향은 인정됩니다만 그것은 이 영향이 외부로부터 강제된 것이 아니고 자유롭게 행사하는 것이라는, 토론에 열려 있고 논쟁의 여지없는 교의의 어조를 취하지 않으려고 한다는 전제하에서입니다. 특히 건축에 대해서 말하자면 그것의 발전을 중시하는 사람이 있는 이상 명쾌한 추론의 고리, 명료한 시전은 유파들의 배타적 교의들에 대한 지지 속에 쏟아지는, 아무리 훌륭하게 꾸며졌다고 해도 공허한 찬사들을 무효화하는 데 충분합니다.

예술가들이 실용적인 정신을 가지고 있지 않다는 것, 그들이 환상에 빠지기 쉽다는 것은 널리 퍼져 있는 의견입니다. 그것으로 인해 예술에 관심을 갖는 계몽된 대중이 예술가들에 대해 또 예술가가 대중에 대해서 완전히 잘못된 입장을 취하게 되지만 않는다면 제가 여기서 이런 편견에 대해 신경을 쓸 이유가 없겠지요. 예술가, 특히 건축가는 누구보다도 환상에 휘둘리지 않는 사람들입니다. 반대로 그들은, 그들의 경우 상상력의 모든 작업이 즉각 현실의 산물로 만들어진다는 단순한 이유로 가장 실용적인 사람들입니다. 모든 예술 작품은 그것이 구체화되는 가시적 형태, 실천적 실현의 수단, 실재적인 것과 가능적인 것에 대한—인간의 힘으로 성취할 수 있는 것 또는 그 너머에 있는 것에 대한 감각을 품고 있습니다. 예술가들은 그러므로 이성에 복종합니다. 그리고 예술의 한 유파는 그것이 의존적 고객들로 스스로를 둘러쌀 것을 강요하는 보호령 외의 다른 것이라면—그것이 정말 하나의 유파라면—그 모든 영향을 토론과 관념들의 교환, 경쟁 원리들에서 초래되는 겨룸에서 이끌어 내면서 대중의 의견의 통제하에 스스로를 자유롭게 드러내야 합니다.

건축 예술과 관련된 모든 질문에 수반되게끔 만들어진 모호성은 그 쇠퇴를 재촉하는 경향이 있습니다. 그리고 프랑스에서 우리가 때때로 예술품 생산에서 유럽의 다른 나라들에 대한 우위를 과시하려는 경향이 있는 반면, 영국과 독일에서는 우리와 경쟁하고 심지어 우리를 앞서려고 하는 진지하고 자유로운 노력이 공공연히 이루어져 오고 있습니다. 우리가—천부적인 소질 덕분에—여전히 [제대로] 배우지 못한 채 건축을 연구해 내고 있지만 우리의 이웃 나라들은 유파들을 수립하여, 배타적이기는커녕 과거의 모든 독창적인 예술을 과감하게 탐구함으로써 새로운 것을 형성할 요소들을 발견하고자 하고 있습니다. 우리의 [로마 대상] 수상자들이 빌라 메디치에 스스로를 가두고 있는 사이에 영국과 독일의 젊은 건축가들은 프랑스, 이탈리아, 그리스 등 모든 곳에서 지식을 긁어모아 그 나라들의 방법들을 연구하고, 비교하고, 건설 현장을 방문하며 예술의 다양한 단계들을 이해하고자 노력하고 있습니다. 사적(私的)인 연합을 기반으로 주물과 복제 박물관들을 만들고, 그것들은 가장 비천한 노동자들까지도 접근할 수 있는 곳에 위치합니다.*

이상을 고려하건대 제 결론은 프랑스에서 건축은 이 예술의 원리들에 관한 물음들, 치명적인 물음들이 모두의 주목을 받지 않을 때, 그에 담긴 지침이 자유의 길로 진입하지 않을 때 무엇보다 범용함을 연장하기 좋은 상황을 제시한다는 것입니다. 한 나라가 예술을 갖기 위해서는 실제로 모든 이가 그 예술을 실천할 수는 없다고 해도 모두가 그것을 이해할 수 있고 논할 수 있어야만 한다고 믿는 저는 우리의 건축과 그 가르침을 뒤덮어 온 두꺼운 베일을 걷으려고 노력할 것입니다. 그 베일은 우리의 건축을 현재에도 과거에도 결코 존재한 적 없는 교의들, 원리 없는 공식, 그 전문가들조차 의미를 해석할 수 없는 상형 문자에 고착된 일종의 종교 미술로 만들어 왔습니다. 저는 그 유명한 샹폴리옹이 이집트에서 가져온 몇 점의 소묘들을 보고 지나치게 즐거워하던 모습을 기억합니다. 그 소묘를 그린 사람은 사막에서 빨리 벗어나고 싶어서 서두르다 그랬는지 상형 문자의 특정한 편린들을 원주 표면 전체를 장식한 것처럼 옮겨 그렸고, 그 결과 "라-멘-케페르, 태양의 아들, 기쁨의 심장"이 "아라-투의 도시에서 그 모든 곡식을 약탈하고 작물을 모두 베어 버리기를" 연달아 서른두 번이나 한 것으로 기록되어 버렸습니다. 우리가 고대 건축의 형태들이 오늘날 복제되는 것을 보는 것도 그와 같은 지적 방식에서입니다.

---

* 그러나 영국에서 배타적 교의들을 위한 운동이 나타났다는 것을 시인해야 합니다. 최근의 논의에서 하원은 르네상스의 이탈리아 스타일이 정부 청사에 도입되어야 한다고 결정했습니다. 하지만 하나의 정체(政體)가 예술의 스타일 문제에 관여할 때 어떤 위험을 예측할 필요는 없습니다. 팔머스톤 경의 승리는 아마도 팔라디오 스타일로 표결된 건물들이 만들어지기 시작하는 결과를 초래할 것이고 그게 다일 것입니다.

건축 설계에 영향을 미치는 특정한 원리들

그렇다면 우리의 목적은 고대인이나 현대인이 주범에 적당하다고 여긴 상대적 비례들, 공간 배열의 부분과 전체 사이에서 사실상 재인되고 추측된 통상적 관계들을 아는 것이 아닙니다. 우리가 주된 노력을 기울여야 할 것은, 문명의 단계와 무관하게 이성이 건축적 형태들을 지시하는 방식입니다. 우리는 이성이 모두에게 공통된 것이므로 그 결과 어떤 건물이 어떤 점에서 좋은지 나쁜지를 인식하는 능력을 누구나 갖게 되었다는 것을 설명해야 합니다. 또한 본능에 따라 판단하고 자신이 견책이나 승인을 표하는 이유를 규정하지 못하지만 최종적으로는 좀체 실수를 저지르지 않는 대중이, 조적공 조합으로 하여금 그들에게 원리가 있다면 그것에 대해 토론하고 그것을 옹호하도록, 그들이 어떤 원리를 표현하지 않는다면 그들의 판단을 정당화하도록 호소할 수 있었던 경위도 설명해야 하죠. 우리의 목표는 예술에 우호적이었던 시기들에 주어진 계획을 실현하기 위해 도입된 다양한 방법을 설명하는 것이어야만 합니다.

건축 프로그램의 중심적 특징들은 거의 바뀌지 않습니다. 문명화된 상태의 인간이 갖는 욕구들이 서로 별 차이가 없으니까요. 다만 기후, 전통, 풍습, 관습, 취미 등이 이 프로그램이 시간과 장소에 따라 특수한 해석을 수용하도록 합니다. 예를 들어 극장에 요구되는 것은 건물의 목적에 관한 아테네 인들에게서나 파리 인들에게서나 마찬가지입니다. 이러한 요구들은 과거에 어떠한 것이었고 오늘날에 여전히 요구되는 것은 무엇입니까? 많은 수의 관객들이 보고 들을 수 있도록 배치된 장소, 배우나 연주가들을 위한 무대와 오케스트라, 대회장과 배우들의 방, 관객들을 위한 입석, 등퇴장에 용이한 통로 등이 있을 것입니다. 그러나 현대의 극장은 바쿠스 극장과 결코 닮지 않았습니다. 어째서입니까? 건물의 목적만을 나타내는 요구들 외에도 그것을 강제하는 사회의 풍습과 관습을 따르는 요구들이 있기 때문입니다. 고대인들의 연극이 낮에 상연되었고 우리의 연극은 밤에 무대에 올려진다는 단순한 사실이, 고대와 현대의 두 건물들이 구조, 내부의 배치, 장식에서 본질적으로 차이를 갖도록 만듭니다. 방금 지적한 가장 중요한 차이점 외에 장면 효과, 기계 장치, 1등석과 박스들의 구분 등 극장 배치의 관점에서 우리의 습관들이 부여한 무수한 세부 사항들을 추가한다면 그 결과는 고대의 극장과는 명칭 외에 공통점이 없는 건축물의 산출로 이어지게 될 것입니다. 그럴 때 여기에는 아테네와 파리에 각각 동일한 요구를 만족시키기 위해 주어진 어떤 프로그램이 있습니다. 그러나 이 프로그램은 우리의 관습이 아테네 인들의 그것과 다르다는 단순한 이유로 서로 크게 다른 두 개의 건물들을 낳게 됩니다. 그러므로 우리는 존재하는 모든 건축 프로그램에는—문명의 모든 단계에서 거의 동일한 성격을 가진 요구들을 만족시키도록 되어 있는—거의 변화하지 않는 어떤 근간과 그 시대의 관습에서 기인한 어떤 형상이 있다는 것을 원리로 볼 수 있습니다. 이 원리에는 건축은 다름 아닌 이런 형상의 표현이고, 어느 시기든 사회의 관례가 특정한 건축적 배치에 종속되게 되어서는 안 되며, 이러한 배치가 필연적으로 다양할 수밖에 없는 관례와 관습의 결과여야만 한다는 것 또한 포함됩니다. 아무도 이 원리를 반박하지는 않을 것이라고 저는 생각합니다. 그러나 실천에서 이 원리는 현 세기가 시작된 이래로 한 차례 이상 망각되었습니다.

건축 설계라는 것은 첫째로 주어진 경우의 요구들에 의해서, 둘째로는 당대 문명의 관습들에 의해서 단순하게 제시되어야 하므로, 설계에서 명확한 프로그램을 갖는 것, 해당 관습, 관례, 욕구들에 부합하는 감정을 갖는 것이 필수적입니다. 그러나 반복해 말하지만 건축 프로그램은 그 근간에서는 크게 변하지 않는 반면, 문명화된 민족들의 관습, 풍습은 지속적으로 변양됩니다. 결국 건축적 형식들은 무한히 변화되어야 하죠. 제정 로마 시대의 건축 프로그램과 현대의 건축 프로그램은 모두 홀에 채광을 위한 창을 필요로 합니다. 어느 쪽도 이 규정을 벗어날 수 없죠. 그러나 로마식 창문은 현대의 창문과 비슷한 모양이 아니며 비슷할 수도 없습니다. 두 시기의 관습이 다르니까요. 확실히 고대든 현대든 어느 경우에나 건물의 창문이란 벽에 만들어진 개구부임에는 변함이 없습니다. 그러나 빛을 들이는 방식, 그 개구부를 막고 유리를 끼우는 방식, 그것을 단순히 실내에 빛을 들이기 위한 수단으로 고려하느냐, 아니면 전망에도 신경을 쓸 여력이 있느냐 하는 등등이 매우 상이한 성격의 설계들을 산출할 것입니다. 건축가가 자기 시대의 관습을 어떻게 계산에 넣어야 할지를 알고 있다면 말이죠. 건축은 프로그램의 충실한 해석으로서 존재하는 것 외에 시대의 관습에 들어맞는 형태를 입을 때 하나의 성격을 띱니다. 후자의 조건이 충족되지 않는다면 한 민족은 [고유한] 건축을 가질 수 없다는 것이 제 의견입니다. 그럴 때 건축가는 이것저것을 따와서 엮어 놓을 뿐 설계를 하는 것이 아닙니다.

이집트의 건축, 그리스의 건축, 로마의 건축, 서방 중세의 건축은 위에서 언급한 조건들을 완벽하게 충족시켰습니다. 또한 그러므로 이 미술들은 역사에 부정할 수 없는 족적을 남겼습니다. 이집트 인들에게서 우리는 건축 설계가 이 민족의 요구와 관습으로 연역되는 것을 관찰합니다. 그것은 단순하지요. 건물은 규모가 얼마가 되었든 결코 하나 이상의 축을 갖지 않으며 그 편의들은 언제나 연속되는 방들의 열로 제시됩니다. 신전에서는 궁전의 경우와 마찬가지로 각 부분이 그 다음 부분으로 이어집니다. 그럴 때 그 첫 번째 뜰, 천장이 덮였든 열렸든 첫 번째 구내로부터 시작해 차례로 성소 또는 마지막 홀로 접근해 가게 되며, 그 마지막 방은 거의 언제나 가장 작고 가장 폐쇄되어 있습니다. 또한 그 내부는 가장 호화롭게 장식되어 있죠. 외부에서 우리는 단순한 상자 모양, 전체 덩어리 이외의 다른 것을 거의 볼 수 없습니다. 포르티코들은 외부를 향해 열려 있는 것이 아니라 폐쇄된 뜰 쪽으로 나 있습니다. 여기서 우리는 본질적으로 신정주의적인 체계의 영향을 봅니다. 그리스 인들에게서조차 이러한 실천이 중단되는 것을 알 수 있습니다. 그들에게 공공 건축이란 설령 종교 건축이라 할지라도 공공을 위한 것이므로, 화려함을 감추지 않고 드러냅니다. 이집트 건물의 신비로운 외관은 더 이상 볼 수 없게 되죠. 그리스의 도시들에는 궁전은 없지만 주택과 신전, 그리고 연무장, 극장, 포르티코 등 일부 공공건물들이 있습니다. 이러한 건축물들은 정확히 말해 건물들이라기보다는 차라리 울타리의 성격을 가진 것들로, 하늘을 향해 열려 있는 건축적 배치입니다. 제정기 로마의 건축은 완전히 다른 성격을 갖습니다. 로마 인들이 궁전을 지을 때는 루쿠모네스와 아시아의 군주들의 것을 모방한 반면 그리스 인들로부터 신전을 도입한 것이 사실입니다. 그러나 원형 극장, 대욕장, 바실리카와 같은 공공 건축들의 전체 배치는 그들의 고유한 재능에 따른 것입니다. 오리엔트의 것이든, 그리스나 로마의 것이든 고대 건축에서 우리의 주목을 끄는 것은 그 구성과 해당 주민들의 풍습, 관습 사이, 그 구성과 사용된 구축 방법 사이의 완벽한 일치입니다.

저는 이미 앞선 강의들에서 로마 건축과 그리스 건축을 두 개의 개별적인 미술들로 만드는 심오한 차이들을 주로 구축의 관점에서 지적했습니다. 이 차이는 설계에서도 역시 두드러집니다. 그리스 인은 우리가 평면도라고 부르는 것에 상대적으로 별로 주목하지 않는 반면, 로마 인에게는 평면도 혹은 차라리 평면도 설계가 주된 관심사입니다. 평면도는 프로그램의 있는 그대로의 표현이며, 건축은 그것에 종속됩니다. 로마 인들은 예술가가 아니었습니다. 그들이 무엇보다 규정된 프로그램의 물질적 요구를 따르고자 했으리라는 것은 당연합니다. 이 방법은 이후로 타당한 것으로 여겨져 왔지요. 우리가 그 방법을 종종 어겼다면 그것은 우리가 로마 인들보다 예술가적 기질을 가지고 있으며 보다 높은 질서를 만족시키기 위해 물질적 요구를 희생할 준비가 되어 있기 때문입니다.

원리들에 동의하지 않고 그것들을 명확하게 규명함으로써 우리는 지속적으로 가장 기이한 모순에 빠져들고 있습니다. 우리는 스스로 로마 인들이 한 것처럼 진행할 것을 제안합니다(적어도 17세기 이래로 그렇게 믿었죠). 동시에 우리는 순수하게 예술적인 질서를 우리의 건축적 구성에 도입해야만 한다고 본능적으로 느낍니다. 결국 두 개의 대립되는 원리들 사이에서 머뭇거리던 끝에 우리는 건축에서 '결심'했던 입장을 드러내는 솔직함을 잃게 되죠. 사실 그리스적이면서 로마적이기는 매우 어렵습니다. 그리스 인은 형태를 위해 많은 것을 희생시켰고, 로마 인들은 모든 것을 희생해 유용성, 공적 혹은 사적 필요를 추구합니다. 이 방법들은 저마다 장점을 가집니다. 그러나 이 둘을 동시에 따르고자 하는 것은 어쩌면 불가능을 추구하는 것일 수도 있을 것입니다. 그것은 그리스 인의 예술적 감성도 로마 인의 이성도 만족시키지 못하는 일입니다. 그것은 성격이 없는 건물들을 세우는 데 익숙해지는 길입니다.

우리들, 19세기의 서구 민족들에게 건축 설계의 올바른 방법은 오직 하나뿐이라는 것이 분명합니다. 즉 주어진 프로그램의 조건들을 만족시키고 우리가 알고 있는 것을 이용해 우리 시대의 관습이 부과한 모든 필요에 맞는 형태를 찾는 것입니다. 그 형태는 나아가 아름답고 지속력을 갖는 것이어야 합니다. 그러나 유파들의 편견에 사전에 물들지 않고 건축을 오래 연구해 온 사람 누구나가, 필요를 단순하게 표현하는 형태라면 그것이 평범한 것이라 할지라도 바로 이러한 점으로부터 특수한 매력을 획득하리라는 것을 깨달을 수 있었습니다.

건물 또는 구축의 모든 부분이 존재 이유를 가져야 하는 만큼 우리는 어쩔 수 없이 그 목적을 나타내는 모든 형태에 끌리게 됩니다. 그것은 마치 우리가 아름다운 나무를 보고 땅속에 내린 뿌리로부터 공기와 빛을 찾는 듯 뻗어 올라간 가장 꼭대기의 가지에 이르기까지 그 모든 부분이 이 위대한 식물의 성장에서의 생명과 지속의 조건을 너무나 명백하게 나타내는 광경에 매료되는 것과 마찬가지입니다. 그러나 건물의 각 부분이 그것에 부여된 필요를 표현해야 한다면 이 부분들 사이에는 긴밀한 관계가 있어야 할 것입니다. 그리고 예술가가 그의 타고난 능력, 지식, 경험을 발전시키는 것은 그 전체의 조합 속에서입니다. 고대와 현대의 다양한 건축적 구성들에 대해 잘 아는 것이 그로 하여금 그보다 앞서간 다른 이들이 어떻게 작업을 진행했는지 볼 수 있게 해 줌으로써 도움을 준다면, 그것 또한 때로는 당혹함의 원인이 되기도 합니다. 그것은 그의 심상 앞에 무수히 많은 형태를 가져다 놓을 것입니다. 그것들은 그 자체는 좋지만 서로 모순되고 또한 절대적으로 적용될 수 없기 때문에, 모든 특성을 잃어버린 작품들을 연이어 만들어 내면서 타협에 이릅니다. 저는 우리 시대가 과거의 어느 시대보다 양적으로나 다양성에서나 풍부한 예술의 보물들을 가지고 있다는 점에 대해 불평을 하려는 것이 전혀 아닙니다. 게다가 제가 그것에 대해 한탄하려고 해도, 좋든 나쁘든 아무것도 그 상황을 바꿀 수 없으니까요. 그러나 우리가 예술에서 실제로 실현되어 온 것에 대해 폭넓게 알게 될수록 그것을 올바로 이용하기 위해서는 우리 자신의 정신에 질서와 확고부동함이 더욱 필요하게 됩니다. 또한 그럴수록 많은 경우에 질서나 기준을 고려하지 않고 집적되어 온 그러한 예술의 기념비들을 전반적으로 고정된 원리들에 종속시킬 필요가 커집니다. 마치 군대에서 규율의 엄격성이 그것을 구성하는 병력의 크기와 다종적 성격에 비례하여 요구되는 것이나 마찬가지입니다. 그러므로 오늘날 우리가 건축 설계를 하고자 한다면 예술의 진정한, 불변의 원리들을 열렬한 확신을 가지고 고수하고 우리가 과거의 창조물들에서 얻어 온 지식을 체계적으로 분류하는 것이 어느 때보다 필요합니다.

　어떤 건축가가 평면도를 설계할 때 전체 건물이 눈앞에 보이지 않는다면, 그것이 그의 머릿속에 완전하게 모습을 드러내지 않는다면, 그가 자신이 가진 풍부한 재료들을 각 부분에 적당한 형태로 차례차례 적용하려고 한다면 그 작품은 통일성, 자유, 개성을 결여한 채 불분명한 것으로 남을 것입니다. 또한 평면도의 평면 배치를 연구하기에 앞서 이러저러한 파사드를 도입하기로 하거나, 머릿속에 떠오르는 구성, 예술에 문외한인 다른 이들이 그에게 요청한 구성을 채택해 버린다면 결정적으로 나쁜 결과물이 나올 것입니다. 그 자체로 예술에서의 도덕적 감정인 이러한 불변의 원리들에 대한 망각,[*] 고대 예술의 유적들을 연구하고 분류하는 방법론의 부재, 그 계기의 환상에 대한 종속이, 때로는 높은 수준의 시공력을 보여 주기도 하지만 결국 이성에 의해서도 취미에 의해서도 정당화될 수 없는 건물들로 우리의 도시들을 채워 왔습니다. 고대 세계에서는 예외 없이, 그리고 중세에조차 적어도 프랑스에서는 건축가들이 좋은 취미, 다시 말해 형태, 즉 외양에 대한, 이성에 대한 절대적 종속을 구성하는 법칙들을 지속적으

---

[*] 저는 앞의 강의들에서 이러한 원리들의 가치와 범위에 대해 충분히 주장했다고 생각합니다. 덧붙여 말하자면 이 원리들은 '진리에 대한 절대적 존중'이라는 말로 요약할 수 있을 것입니다.

로 관찰하고 있다는 것을 알 수 있습니다. 이 원리들을 망각할 때, 설령 우리가 상당한 기술을 가지고 있을 수 있고, 좋게든 나쁘게든 당대의 유행을 스스로 해석한 데 따라 장식가로서 평판을 얻을 수도 있다 하더라도, 우리는 건축가는 아닙니다.

충족시켜야 할 요구들이 단순한 것일 때, 그리고 무한히 다양한 관습으로 인해 도입된 많은 세부들 때문에 모호해지지 않았을 때 건축이 단순해야 하는 것은 매우 자연스러운 일일 것입니다. 특별히 취미를 타고났던 그리스 인들은 자신들의 건축에 매우 복잡한 계획들을 부여하면서 그것들이 단순한 형태를 취하기를 기대할 수는 없다는 것을 알고 있었습니다. 그러므로 그들이 우리에게 남긴 건물들에 특히 주목해야 할 점이 하나 있다면 그것은 요구들과 관습의 극단적 단순성, 결과적으로 평면도의 극단적인 단순성입니다. 그러나 매우 제한된 요구들의 자연스러운 결과였던 형태들을 현대에, 우리의 사회적 상태의 긴급함에 적용하려고 생각하는 것은 풀리지 않는 문제를 제시하는 것이나 마찬가지입니다. 실용적인 민족이었던 로마 인들은 훨씬 더 많은 것을 요구했습니다. 그들의 계획은 그리스 인들의 그것에 비해 복잡하고, 확장적이며, 다양했습니다. 따라서 로마의 건축가들은 그러한 새로운 요구들과 관련된 새로운 배치와 구축을 도입했습니다. 또한 그들이 그리스 인들로부터 특정한 형태들을 빌려 왔다면 그것은 모방이라기보다는 해석의 방식을 통해서였습니다. 그러한 형태들은 종종 그들을 당황하게 했습니다. 그리하여 그들은 그것들을 변형시키고 혹은 이렇게 말해도 좋다면 격하시켰습니다. 중세의 **서방** 민족들은 거의 로마 인들만큼이나 실용적이었지만 보다 예술적이었고, 로마 인들에 의해 기형적으로 변했거나 부적절하게 적용되었던 그리스의 형태들을 마침내 버리고 당대의 풍속과 관습의 순수한 표현인 그들 고유의 형태들을 도입했습니다. 이것은 최근 20년간의 연구들을 통해 입증된 사실들입니다. 종교용이든 민간용이든 그리스 건물들의 프로그램들이 로마의 건물에 적용하기에 너무 단순한 것이었다면, 중세의 건축가들에게 주어진 프로그램들이 전 시대의 그것들과 너무 큰 차이를 보여 이 건축가들이 새로운 형태와 새로운 구축 방식을 스스로 찾아야 한다고 생각했다면, 또한 우리의 현대적 요구들이 너무 복잡해서 우리로 하여금 중세의 건축조차 도입할 수 없도록 한다면, 우리가 오늘날 어떻게—어떤 특이하고 논리적인 추론에 의해—건축적 형태들 혹은 로마식 형태들의 혼합을 재개하기에 이르렀는지를 이해하기 어렵습니다. 또한 하물며 어떻게 우리의 관습들을 거스르지 않고서 공공의 혹은 사적 건물들에 고대 로마에 적합했던 배치들을 적용할 수 있는지를 이해할 수는 없습니다. 사실 이 배치들이 본래의 목적에, 그리고 우리의 것과는 다른 로마 인들의 풍습과 관습에 완벽하게 들어맞았다는 점에서 그 탁월함이 명료하게 제시되면 될수록, 우리는 그러한 배치들을 19세기의 우리 도시들에서 복제하는 일을 더욱 조심스럽게 피해야 합니다.

부득이한 경우라면 성이나 14세기의 집에서 살 수도 있겠지요. 그러나 현대의 어떤 프랑스 인이 제정기 로마의 주택에서 거주하기를 원하겠으며, 어떤 군주가 팔라티누스에서 편리함을 느끼겠습니까? 전 시대의 문명들이 당대의 건축 프로그램들을 어떤 수단으로 만족시켰는가 하는 것을 검토하는 것이 좋다면—이것이 지적으로 유익한 **활동**으로서 허용되어야 한다면—그러한 연구가 우리를 모방으로 이끄는 것은 바람직하지 않습니다. 우리의 정신에 깊이 새겨져야 할 것은 그 시대의 프로그램과 관습과 설계의 완벽한 일치이지 문제의 프로그램과 관습과 따로 노는 설계가 아닙니다. 사회적 요소의 변화와 변형, 복잡화는 건축 설계에 그에 비례하는 변화와 변형, 복잡화를 초래합니다. 그러나 매우 최근에 도입된 특정한 체계에 따르면 형상(form/la forme)(과 어떤 특정한 형태(one style of form in particular/une certaine forme))은 늘, 생기를 불어넣는 원리—즉 예술에 관련된 것들에 대한 추론의 적용보다 앞서는 것처럼 보입니다. 이 유파들에 따르면 시대의 욕구, 우리나라의 취미와 지적 특성, 이러저러한 제약 바깥에서 이루어지는 예술가들의 노력, 우리의 구축 재료, 그것들이 사용되는 방식, 현대 산업 기기의 전체 장(場) 등은 별로 고려되지 않습니다. 우리는 예술을 특정한 한계 안에서 제한하는 방식이 우리의 주택에 적용될 수 없음을 관찰할 수 있으며, 또한 공공건물들이 관학적 체제에 사로잡혀 있다고 한다면 사적 주거의 경우는 지금까지—자치 규정과는 별개로—우리의 관습에 의거한 프로그램들에 자유롭게 부응해 왔다는 사실을 관찰할 수 있습니다. 그리하여 우리의 도시들에는 그러한 관습에 완벽하게 부합하는 주택들과 나란히 우리 자신의 문명과는 아무런 유사성도 없는 어느 문명에 속한 것처럼 생긴 새 건물들이 세워져 있게 됩니다. 이 공공건물들 대부분에서 건축은 종교적 전통에 결부되어 있는 종교 예술의 경우와 같이 이미 규정되어 있는 것입니다. 우리의 공공건물들 다수가 어떤 확실한, 또는 이전에 인식된 필요를 충족시키기 위해서가 아니라 효과적인 건축적 스펙터클을 눈앞에 제시하기 위해서 세워진 듯하다는 사실 때문에 움츠러들지 말기로 합시다. 공공건물을 살펴보면 우리 시대가 **실증주의**에 **빠졌**다고 비난하는 사람들의 생각은 잘못된 것이 분명합니다. 매력적인 설계가 만들어지고, 한결같이 이성에 합치하는 것은 아닌 관학적 규칙들을 따라 평면도가 그려지고, 이내 원주로 장식되고 코니스를 돌린 벽들이 세워집니다. 그러고는 이 돌무더기가 딱히 이유도 없이 고전 고대나 르네상스의 유적들에서 빌려 온 형태들의 집합체를 보여 주는 식으로 외장되고, 마무리되고, 조각될 때, 거대한 건물을 어떤 종류의 용도에 할당할 것인가 하는 문제가 생깁니다.

"신이 될지, 테이블이 될지, 아니면 그릇이 될지."[2]

    아니면 궁전이나 정부 청사, 병영, 회의실, 마굿간 혹은 박물관이 될까요? 때로는 별 어려움 없이 이 모든 것이 되기도 합니다. 어려움 없이라고 했지만 제 이 말은 틀렸습니다. 건축가가 당황하기 시작하는 것은 이제부터입니다. 창문들은 여러 층과 칸막이벽들에 걸쳐 내야 하고, 어두운 상자형 공간 안에 계단을 올려야 하고, 조명이 안 되기 때문에 손실되는 공간이 상당히 큰 반면 쓸 수 있는 방들은 너무 작습니다. 대낮에 갤러리에 가스[조명]를 사용해야 하고 벽장에는 햇빛이 가득 들어오며, 마차 대는 곳은 문 앞에 자리하지만 그 문은 전혀 그러한 목적으로 구축되지 않았고, 안이나 밖으로 블라인드를 가설해야 하는 창들은 이를 수용하도록 만들어져 있지 않습니다. 작은 방들은 수직 갱도처럼 보이지 않으려면 중이층에 놓여야 하고, 더 큰 방들은 위층을 희생시켜서라도 천장을 높여서 서랍처럼 보이지 않도록 해야 합니다. 여러 칸의 방들에는 오로지 아치를 올린 포르티코로부터 전해지는 빛만이 들어옵니다. 다시 말해서 사람들은 웅장한 갤러리들의 광경을 공공에 선사하기 위해서 공기도 빛도 들지 않는 방들에서 살아야 할 운명에 처할 수밖에 없는 것입니다. 하지만 이처럼 외부 건축의 영광을 위해 억지스러운 배치를 해야 하는 것과는 별개로, 우리는 때때로 종이 위에 **기하학적으로** 그려져 있을 때는 멋진 파사드가 실제로는

---

2) 라퐁텐의 우화 「조각가와 주피터상」에 나오는 구절이다. 이 이야기에는 대리석을 앞에 두고 그것을 주피터상으로 만들지, 아니면 테이블이나 그릇으로 만들지 고민하는 조각가가 등장한다. 스스로 만들어 낸 신을 두려워하는 인간의 미신적 어리석음에 대한 풍자를 담고 있는 이야기에 고전 고대와 르네상스 시대의 건축적 모티프를 피상적이고 맹목적으로 쫓는 당대 건축의 현실을 빗대고 있다.

다른 효과를 낳는 것을 보게 되지 않습니까? 이것은 건축가가 원근법적 효과를 계산하지 않았거나, 태양이 결코 그가 평면도에 솜씨 좋게 그려 넣은 것처럼 45도 각도로 그림자를 드리우지 않는다는 것을 고려하지 않았기 때문입니다. 혹은 건축가가 불행하게도 윤곽선이 하늘을 배경으로 거칠게 두드러져 보이는 효과를 예견하지 못했기 때문입니다—소묘에서 그 윤곽선은 옅은 색조 덕분에 교묘하게도 흐릿해 보였던 것입니다. 고대와 중세, 심지어 르네상스의 건축가들은 확실히 우리 시대의 건축가들에 비해 기교가 떨어졌습니다. 그들은 평면도의 **관학적 배치**라는 관점에 얽매이지 않았으며, 설계도에 관한 문제가 아닌 한 기하학적 측면에 그다지 신경 쓰지 않았습니다. 또한 평면도가 그려지면 그들은 건축적 고려들을 거기에 종속시키고자 애썼습니다. 이러한 것들을 종이 위에 그릴 때 그들은 어느 정도 교양이 있는 아마추어들을 기만하지 않았으며, 거의 항상 눈을 속이는 기하학적 입면도를 가지고 그들 자신을 기만하지도 않았습니다. 대신 그들은 시공 과정에서 야기될 효과들을 명료하게 계산하고자 했습니다. 이를 위해서 그들이 필요로 했던 것은 결코 실현될 리 없는 건축 설계에 대한 연구에 제한된 교육 과정과는 매우 다른 어떤 것이었습니다. 그들은 보는 습관과 비교하는 습관을 획득해야 했습니다. 그들은 이론뿐 아니라 그 적용을 연구해야 했고, 건축의 지평을 작업장의 벽들 혹은 심지어 하나의 도시(그것이 바로 로마일지라도)에 제한하지 말아야 했습니다.

우리는 확실히 수단이라는 관점에서는 제약을 받지 않습니다. 좋은 작업의 요소들은 뒤섞인 채로 우리에게 주어져 있습니다. 오직 한 가지만이 결여되어 있죠. 그것은 퇴보한 특정 형태들이 아니라 원리들에 근거한 진정하고 폭넓은 자유로운 훈련, 예술의 모든 세대로부터 눈을 돌리는 대신 우리의 선조들이 했던 것을 보고 활용할 수 있도록 가르치는 훈련입니다.

그럼으로써 **유파** 외부의 모든 사람이 버린 오래된 편견들로 우리의 학생들을 조심스럽게 감싸는 대신 우리의 시공 수단들을 진지하게 적용하고 그들의 정신을 발전시키게 될 것입니다.

건축을 비의적 예술로, 속인들은 볼 줄도 모르고 이해할 수도 없는 것으로 만드는 것은 어쩌면 그것을 향유하는 이들에게 유리한 일종의 독점을 유지하는 수단이라고 보는 것이 옳을 것입니다. 그러나 어느 날 비의에 입문한 사람들만이 그들의 비교(秘敎)와 더불어 남게 되는 것은 두려워할 만한 사태가 아닙니까? 또 우리는 이미, 이 빠르게 변화하는 시대에 그러한 고립을 나타내는 결함과 경고의 징후들을 목격해 오지 않았습니까? 경쟁 유파들을 도입한 사람들은 말할 것도 없고, 이전에는 건축가들에게 위탁되었던 엄청나게 많은 작업이 다른 이들의 손에 넘어가지 않았습니까? 그 유파는 더 이상 설명하려고도 하지 않는 그런 방법들에 전적으로 고착된 채로, 나날이 건축 영역의 새로운 부분을 잠식해 가는 전문 분야들이 양옆에서 나타나는 것을 보아 오지 않았나요? 그 유파가 "원리를 버리느니 건축이 쇠퇴하는 것을 지켜보자"고 말했다면 저는 그런 교의를, 야만적인 것일지언정 이해했을 것입니다. 그러나 그 원리가 무엇입니까? 어쨌든 그것을 정의해야 합니다. 하지만 우리는 아직도 이 정의가 무엇인지 듣지 못했습니다. 건축의 공식 유파가 있다면 건축 수업 따위는 없을 것입니다. Etre élève de l'École [유파가 결성되다]와 같이 동사를 활용할 권리를 갖는 것은 확실히 특권입니다. 그러나 사방에서 건축의 영역을 위협하고 점점 더 그 경계를 좁혀오며 침략해 들어올 때 이를 방어하는 데 충분하지는 않을 것입니다.

설계로 돌아가 봅시다. 효과적인 설계의 첫 번째 조건은 우리가 무엇을 하고자 하는지 아는 것입니다. 무엇을 하고자 하는지 안다는 것은 관념을 갖는다는 것이죠. 그 관념을 표현하기 위해 우리는 원리들과 어떤 형식을 필요로 합니다. 다시 말해 규칙과 언어가 필요한 것입니다. 건축의 법칙들은 누구에게나 이해될 수 있습니다. 상식에 호소하는 것들이니까요. 형식으로 말하자면, 한 사람의 생각을 규칙에 종속시켜 표현하는 수단으로서 이론적으로나 실천에 있어서나 오랜 기간 연구가 필요합니다. 그것은 또한 성스러운 불의 불꽃이기도 하지요. 다음으로 설계는 건축의 불변의 법칙들에 합치되어야 합니다. 이 법칙들은 상식으로 환원 가능하며 그 다음에는 우리의 정신에서, 그리고 우리의 손끝에서 우리의 정신이 착상하고 우리의 이성이 우리에게 처방한 것을 표현할 수 있게 해 주는 형식을 발견합니다. 우리는 건축가에게 천재성을 가져야만 한다고 요구할 수는 없습니다. 그러나 우리는 언제든 이성과 이해 가능한 형식들을 요구할 권리를 가지고 있습니다. 하지만 기껏해야 우리보다 오래전 시대의 스타일에나 적용할 수 있는 단순한 공식들이 건축의 법칙으로 받아들여져 오고, 따라서 불변의 원리, 모든 형식보다 우월한 원리들을 그 형식들 중 하나의 편협한 요건에 끼워 맞추느라 애를 먹는 일이 있어 왔습니다. 보다 자유로운 질서를 품은 어떤 정신들은 절충적 유파를 형성하려고 했던 것이 사실입니다. 그렇게 해서 고전 시대로부터 우리 시대에 이르기까지 재인되어 온 모든 형식을 기꺼이 맞으려고 했지요. 그러나 이를 실제로 적용하는 데 이 자유로운 관념들은 누구도 그 의미를 해독할 수 없는 **아속혼효어**(이런 말을 써도 된다면)만을 만들어 냅니다. 게다가 우리가 아무리 불편 부당하다고 해도 모든 예술 형식에 대등한 지위를 허락하기란 매우 어렵습니다. 많은 경우에 선별을 해야 하죠. 그런데 선별이란 선호를 의미하며, 선호는 배제입니다. 행복하게도 우리보다 배움이 짧았던 고전 고대의 건축가들, 중세와 르네상스의 건축가들은 이런 미묘한 문제에 시달릴 필요가 없었습니다. 그들은 모두 불변의 원리에서 출발했고, 자신의 관념들을 표현하기 위해 당시에 인정된 한 가지 형식을 가졌습니다. 그것은 다소간 융통성이 있긴 했지만 언제나 그 원리들에 부합했습니다. 그들은 단일한 언어를 소유했고, 우리는 여러 가지 언어를 가집니다. 이전 시대로부터 도입한 형식들에 주목할 때 그들은 그것들을 당대의 표준에 맞춘 다음에야 사용했습니다. 이러한 사실은 르네상스 시기에 또 그 후로는 17세기 초에 관찰됩니다.

고대 로마의 유적들을 숭배했던 16세기의 건축가들, 자신들이 고대적 형식의 정신에 고취되어 있다고 굳게 믿었던 그들은 관습과 전통을 통해 자유를 너무도 완전히 탐닉했고, 시대의 필요에 어떻게 복종해야 하는지 너무나 잘 알고 있어서 그러한 로마 예술을 변형시켰으나 모방하지는 않았습니다. 말하자면 그들은 무의식중에 하나의 언어를 번역한 것입니다. 아마도 라틴 어를 말하려는 의도를 가지고 그들은 불어를 말했습니다. 그러나 이와 같은 비자발적 번역에서 그들은 고대 예술의 영향을 느꼈습니다. 그것은 이 시기의 건축에 고유한 색조를, 특이한 묘미를 부여했습니다. 16세기에 설계되고 지어진 성과 궁전 가운데 현존하는 것들, 예컨대 샹보르, 마드리드, 에쿠앙, 아네에 남아 있는 것들이라든지 루브르의 일부분, 그 밖에 적지 않은 건물들을 검토해 볼 때 우리는 이 건축이 로마 고대의 그늘 아래 성장했다는 것을 명료하게 지각할 수 있습니다. 그러나 이것은 우리의 보다 이른 전통과 일관성을 갖는, 우리 시대에 속하는 개별적인 예술로서 전적으로 프랑스적인 것이며, 시대의 풍습과 취미와 완벽하게 조화를 이룹니다. 그것은 고대의 형식을 갱신하고 혹은 차라리 지속하면서 나름의 것으로 만듭니다. 어떻게 이러한 일을 했습니까? 옛 시대의 원리들, 고전 고대와 중세 내내 부단히 실천되었던 원리를 엄격하게 따름으로써 그렇게 했습니다. 그러한 원리들이 이 혁신된 형식들과 일치하도록 강요한 것이 아니라 반대로 이 형식들을 그 원리들에 종속시킴으로써 그렇게 한 것이죠.

우리의 주제에 보다 가까이 다가가기 위해 우리는 이를테면 르네상스의 민간 건물들과 종교 건물들 모두에서 평면도의 설계가 새로운 관습이 요구하는 한에서만 변화된 것을 관찰할 수 있습니다. 궁전, 성, 주택 혹은 교회의 평면도는 상이하지만 15세기의 그것과 아주 조금만 달랐으며, 더구나 이것은 14세기와 13세기의 배치들을 약간 변형한 것입니다. 다른 모든 부분을 결정하는 1층 평면도는 항상 우리의 시민적 혹은 종교적 관습이 요구하는 배치입니다. 관념은 언제나 시대의 요구에 부응하고, 다른 곳에서 출발점을 찾지 않습니다. 그러나 자신의 관념을 표현해야 할 때 건축가는 낯선 형태를 취하지만 그것을 관념에 어떻게 부합시키는지 알고 있습니다. 왜냐하면 그는 체계적으로 일을 진행하고, 무엇보다 자신의 시대를 대표하는 사람으로서 공식이 실천적 요구를 충실히 표현하는 것보다 선호되어서는 안 된다는 믿음을 소중히 여기니까요. 루이 14세 때에 이미 이러한 방법은 버려졌습니다. 루브르의 열주가 이를 증명합니다. 거기서 건축가는 그 주범의 합리성이라든지 그것을 부착되는 궁에 맞게 변형시키는 것을 고려하기 전에 로마의 코린토스식 주범을 모방하여 그것을 세우는 것부터 생각하고 있습니다. 건축적 구성을 거꾸로 파악하는 이런 방식, 다시 말해 형태, 즉 특수한 형태를 실천적 요구의 가장 단순한 표현보다 우선시하는 것은 우리가 보기에 건축 예술을 파멸로 이끄는 일입니다. 또한 일상의 경험은 우리가 잘못 짚은 것이 아님을 입증합니다. 우리의 공공건물들이 그 목적에 들어맞는 특성을 나날이 잃어 가고 있으니까요. 건축 설계는 계획, 관습, 취미, 전통, 그것들을 한 작품 안에 도입하는 방식 등 한 건물에서 계산에 넣어야 할 다양한 요소로부터 연역되는 대신에 **관학적 공식**으로 환원되어 왔습니다. 이 방법은 점차 더 모호하게 밝혀지는 이론에 의해 지지될 뿐 그 성격이 결코 규정된 적 없고, 결국 논의되지 않은 예술에 대한 참된 이해와 실천적 지식으로 뒷받침되지 않습니다. 다시 한 번 말하지만 그것은 비의적 입문을 구성하고 혹은 차라리 맹목적 복종에서 얻어진 일종의 방어적 특허권을 가집니다. 그리하여 건축가들이 그것을 따를 경우 고립 상태로 이끌고, 그로부터 벗어난다면 화려한 변덕으로 이끕니다. 더구나 그것은 사회의 매우 작은 부분에만 도움이 될 뿐인, 예술 작품에서 오직 무용하고 파멸적인 사치만을 보려는 경향이 있는 '실용적인' 사람들을 옹호하는 이들에게 구실을 준다고 하는 심각한 문제를 수반합니다. 사실 자신들의 불합리성을 그토록 쉽게 드러내는 사람들에 맞서 우리의 공공건물들 대부분의 불편한 웅장함을 어떻게 옹호할 수 있습니까? 또한 비전문가라 해도 이 건축 형태들이 그 내부의 시설들과 조화를 이루지 못하고 있다는 것을 볼 줄 아는 이들에게 어떻게 그것을 변명할 수 있습니까?

우리는 그리스 인들이 그들의 민간 건물과 종교 건물들에 그 목적에 부합하는 형태들을 부여할 줄 알았다는 것, 로마 인들도 이 참된 원리에 충실했음을 보았습니다. 우리는 중세 프랑스에서 건축가들이 같은 원리를 절대적으로 준수하고 있음을 발견합니다. 로마의 주택들이 공공 건축과 닮지 않았고, 신전이 바실리카와, 극장이 궁과 다르다면 중세에 우리의 교회, 성, 구제원, 시청, 궁, 주택은 배치와 형태, 외관에서 매우 다양합니다. 중세의 건축가들은 예컨대 그 목적의 완벽한 통일을 보여 주는 교회 등의 건물에서 대칭을 승인한 반면, 매우 다양한 목적에 이용되는 부분들의 응집체일 뿐인 성에서는 대칭에 신경을 쓰지 않습니다. 이미 말씀 드렸듯이 여기서 이 건축가들은 분리된 부분들이 각기 그 목적에 부합하는 형태를 띤 채 구축의 응집체를 보여 주었던 로마의 원리들을 따르고 있습니다. 이 원리들은 고전 고대에 타당한 것으로 인식되었는데 중세에는 어째서 나쁘다고 여겨져야 했을까요? 이런 변화는 왜 일어났을까요? 그러나 우리의 권위자들은 이에 대한 답을 내놓기를 조심스럽게 피하고 있습니다. 그들은 우리의 세 번째 종(la troisime roi)[3] 왕들의 시대에 대해 비난하던 것을 제정 로마 시대에 대해서는 찬미합니다. 이것은 그들이 원리를 설명하고자 하는 것이 아니라 형식을 강제하려고 하기 때문입니다. 하지만 이 형식이 주장되고 다른 것은 부인되어야 하는 이유가 무엇입니까? 전자는 알려져 있고 연구되어 온 것이지만 후자는 아직 그렇지 않기 때문이죠. 또 스스로 진보의 목적에 당도했다고 확신하는 예술가들은, 자신의 목적은 다만 거쳐 가는 과정일 뿐 그 뒤로 횡단해야 할 길이 한참 남아 있도록 남겨 두는 것을 좋아하지 않기 때문이기도 합니다.

서방, 특히 프랑스에서의 르네상스

이미 다른 곳에서* 제가 길게 다룬 중세 건물들에 대해 여기서 많이 논할 필요는 없다고 생각합니다. 저는 예술이 단숨에 저버릴 수는 없는 옛 전통을 보존하면서 그 현대적인 노선으로 진입하는 역사로부터 다시 시작

---

* *Dictionnaire* 등 참조.

3) 세 번째 종이라는 것은 카페 왕조를 가리키는 표현으로, 티에리(A. Thiery)가 『갈리아 인의 역사』(*Histoire des Galois*)(1844)에서 사용한 개념이다. 그는 근대 프랑스의 영토를 지배했던 민족 가운데 메로빙거와 카롤링거 왕조 이후에 등장한 카페 왕조를 세 번째 종으로 불렀다. 그는 게르만 종들인 앞의 두 왕조들과는 달리 카페 왕조는 토착종이었다고 주장하며 이 세 번째 왕조에 의미를 부여했다. 티에리의 이 종 개념을 비롯해 19세기에 프랑스의 역사학에서 '민족' 개념을 구성해 간 과정에 대해서는 이용재, 「'골루아'와 '프랑크' 사이—프랑스의 기원 논쟁과 민족사 계보 만들기」, 『다민족·다인종 국가의 역사인식—갈등의 역사와 공존의 모색』(2009), 동북아역사재단, pp. 241-284 참조.

할 것입니다. 저는 건축이 재료의 시공 부분에 있어 정점에 도달했던 시기인 16세기의 건물들을 검토합니다. 이때 사회는 변화의 와중에 있었고, 성직과 세속에서 봉건제의 마지막 족쇄를 끊어 내려 하고 있었습니다. 또한 이때 고대에 관한 연구가 진지하고 주의 깊게 또 일관되게 추구되고 있었습니다. 그러나 우리는 우선 편견과 싸워야 합니다(그리고 우리는 우리 예술의 역사와 실천적 발전이 문제가 될 때 모든 단계에서 그와 같은 선입견을 봅니다). 르네상스의 프랑스 건축가들이 16세기 초에 이탈리아 르네상스 미술로부터 영감을 얻었다는 이야기는 종종 회자됩니다. 이 시기의 많은 프랑스 건물들이 이탈리아 인들에 의해 구축되었다는 주장까지도 있어 왔죠. 후자의 경우 근거도 없는 주장으로 우리 시대에 성공적으로 반박되었습니다.*
전자로 말하자면 16세기 건물들을 힐끔 보기만 해도 이 시기의 프랑스 미술이 이탈리아에서 본보기를 찾지 않았다는 것을 확신할 수 있습니다. 이 건물들은 배치로 보나, 스타일로 보나, 구축 방법으로 보나 이탈리아적이지 않으니까요. 게다가 프랑스의 르네상스가 루이 12세 치세 때에야 시작된다고 하는 것은 말도 안 되는 오류입니다. 프랑스 르네상스는 1450년 이전에, 완전히 프랑스적인 형태로 등장했습니다. 저는 우리의 예술이 이국의 원천에서 나왔다고는 생각할 수 없습니다. 아직도 프랑스에는 모든 고딕 건물들이 영국인들에 의해 지어진 지역들이 있다고 사람들은 말합니다. 아미앵 대성당과 보베 대성당을 모방하여 거의 50년 후에 지어진 쾰른 대성당은 고딕 예술의 원형으로 여겨져 왔습니다. 끝으로 샹보르 성, 루브르와 퐁텐블로의 특정한 부분들은 이탈리아 예술가들의 작업으로 주장되

---

* 들라 소세(de La Saussaye)가 샹보르에 관해 해제한 내용 참조. *Les Grands Architectes de la Renaissance*, M. A. Berty.

어 왔죠. 우리의 고유한 예술은 루이 14세 때나 되어서야, 다시 말해 우리
가 독창성을 잃기 시작하는 순간에야 비로소 우리 것임이 용인되었습니다.
필리베르 들로름(Philibert de l'Orme, 1514-1570)은 동시대인들에게 이렇게
말했습니다. "확실히, 특히 프랑스의 경우에 자기 나라와 왕국의 장점들은
이국의 그것에 비해 덜 존중된다. 나는 이 나라만큼 다양한 석재로 건물
을 지은 왕국이나 나라는 없을 것이라고 굳게 믿는다. 사실 그곳의 자연은
너무도 풍부해서 프랑스보다 좋은 건설 자재들을 보유한 나라는 발견할
수 없을 것이다. 그러나 그들 대부분은 위에서도 말했다시피 외국에서 들
여온 값비싼 것이 아니면 아무것도 좋다고 생각하지 않는다. 이것은 프랑
스 인의 본성으로, 그는 이럴 경우 고국의 장인과 생산물들이 이국의 그것
들보다 아무리 독창적이고 탁월하다고 해도 후자에 훨씬 높은 가치를 부
여한다."[4] 우리는 건축을 평가하는 데 오늘날의 현실도 이와 같다는 것을,
그리고 우리 나라에서 예술은 강인한 생명력을 부여받은 것이 분명하다는
것을 인정하지 않을 수 없습니다. 그것은 아직까지도 이러한 편견과 지속
적인 제약, 거의 두 세기 동안 얽매어 있던 무력화시키는 체제에 저항하고
있으니까요.

편의상 르네상스라고 부르는 것은 정치적 사건들에 따라 지연되거나 앞
서 나아갈 수 있었던 우발적 사건이 아니었습니다. 르네상스는 잊힌 체계
로의 귀환이라기보다는 로마 조직의 연속이었습니다. 세계사에서 유일무
이한 이런 사태를 설명하려면 로마 인들의 지배가 유럽에서 차지해 온 특
이한 위치를 조금 설명할 필요가 있습니다.

---

4) Philibert de l'Orme, *Le Premier Tome de l'archictecture*(1568), I., Chapitre XV.에서 인용
되었다. 이 책은 뒤에 소개되는 『건축론』과 같은 저작이다.

1세기 이래로 로마 제국은 너무도 다양한 요소들의 혼합물이었기 때문에 거기서 민족정신, 더구나 종족의 정신을 발견하는 것은 불가능했고, 다만 민족들의 특수한 성격들을 발전시키기보다는 억누르기 위해 계산된 거대한 정치적·행정적 조직일 뿐이었습니다. 사실 네로 시대부터 노쇠한 제국을 유일하게 보존했던 것은 야만족들 혹은 적어도 그렇게 불리던 이들뿐이었습니다. 그들은 무력으로 도움을 주거나 아니면 로마가 그 중심에 있던 곪아 터진 신체에 생명력을 부여하는 요소들을 불어넣었습니다. 로마 제국은 로마 인만 **빼면** 모든 것을 가지고 있었습니다. 군단들, 장군들, 원로원 의원들, 황제들 자신도 1세기 말부터 로마가 아닌 지역, 종종 이탈리아 출신조차 아닌 이방인들이었습니다. 오늘날 우리는 로마가 시공 면에서 필연적으로 점점 더 퇴락해 가는 가운데 다만 예술의 평범한 공식들만 가졌을 뿐 그들의 예술을 가질 수 없었던 이유를 이해할 수 있습니다.

독일과 영국, 프랑스에서 최근에 이루어진 연구들의 결과는 이 위대한 세 인종의 인간이 지적 생산에 특별한 적성을 가진다는 것을 명료하게 보여 주었습니다.* 그러나 그 기원에서부터 이 종들의 혼란스러운 혼합으로 구성되었던 로마는 예술에 명료하고 명확한 충동을 줄 수 없었습니다. 로마는 에트루리아와 켈트-티레니아, 헬라스의 예술품들, 아시아 해안의 셈족 예술품들을 모방하고 수집하면서 그것들을 강력한 실증주의적 정신에 종속시키는 데 만족했습니다. 이런 혼합물로부터 로마는 (유일하게 진정한 로마적 건물인 공공건물이 요청될 때) 일반적으로 적용 가능한 특정한 공식들

---

* 이 결과들의 요약본으로 고비노(Gobineau, Arthur, Comte de, 1816-1882), 『인종 불평등론』 (*Essai sur l'inégalité des races humaines*), Paris, Didot, 1855 참조. 이 놀라운 저작에서 탐구된 문제의 연구는 예술사에 관심을 가진 건축가들에게 아무리 강력하게 권고해도 지나치지 않습니다.

을 연역해 내는 데 성공했습니다. 하지만 그 공식들은 바로 그처럼 일반적으로 적용 가능한 환경 자체로 인해 형태의 관점에서는 우리가 이집트와 소아시아, 그리스, 에트루리아의 예술가들의 생생한 표현에서 발견할 수 있는 탁월함을 전혀 갖고 있지 않았습니다. 상대적으로 순수한 종을 보존해 온 부족들을 가진 독일이 4세기에 제국의 전방을 더 이상 지키지 않게 되었을 때, 심지어 북방으로부터 내려온 침략자들과 연합했을 때 그들은 로마의 시신에 달려들었고, 로마 예술이라 불리던 것은 그 정치적·행정적 조직과 더불어 망실되었습니다. 왜냐하면 그 예술은 사실상 이 행정의 한 가지였을 뿐이니까요. 그러나 우리가 대학에서 야만족이라는 명칭으로 배워 온 북방 민족들, 그들이 죽음이 지배하던 곳에 젊고 생기 있는 요소들을 가져옴으로 해서 인류의 관점에서 가치 있는 행위를 했다는 점에 대해서는 일절 침묵한 채로 야만족이라고만 배운 그들은 바로 이런 순수한 혈통의 기여로 예술에 특수한 인상학을 만들어 내게 됩니다. 튜턴 족과 롬바르드 족, 프랑크 족, 부르군트 족, 고트 족이 갈리아와 이탈리아, 스페인으로 내려왔을 때 그들이 예술가들은 아니었다고 해도, 그들이 로마 제국의 정체된 진흙탕에 예술의 매우 활기찬 효모를 주입한 것은 확실합니다. 그들은 아리아적 요소의 활력에 찬 주입물을, 로마 인들이 서부와 남부 유럽의 생기 있는 원리들로부터 형성한, 치유 불가능하도록 부패하고 불활성인 혼합물에 도입했습니다. 그러나 로마의 명성이 너무나 대단했기 때문에 이 북방 민족들이 제국의 영토에 국가를 수립할 때 로마의 공공건물들을 보존하고 심지어 모방하는 것이 최선이라 여겼다는 점을 인정해야 합니다. 더구나 클로도비크[클로비스]는 아우구스투스라는 명칭을 취했습니다. 또 그보다 앞선 최초의 야만족 수장들은, 통치권은 언제나 제국에 속하는 것으로 여겼던 로마 주민들의 눈에 황제의 권위 아래 임명된 행정관들로 보였습니다.

샤를마뉴는 오로지 이 로마 제국을 복원할 생각뿐이었으며, 15세기에 자발적으로 전개될 르네상스를 8세기에 성취하기를 원했습니다. 그러나 샤를마뉴 치세에조차 아리아적 요소들이 너무도 강력해서 이런 회귀는 불가능했습니다. 그 후대의 봉건적 분열과 더불어 우리는 로마로부터 거의 아무것도 얻어 오지 않은 예술가들이 비상하는 것을 봅니다. 그들은 반대 방향으로 발전하여 드문 완벽성에 도달했으며, 갈리아-로마 인종들에게 도입된 아리아적 요소를 뚜렷하게 표현하고 있었습니다. 그것은 예술이 발전을 완료한 북부 지역들에서 거의 전적으로 켈트적인 것으로 존속해 오고 있었죠. 르네상스가 완성되기 위해서, 다시 말해 서유럽이 로마의 정치적·행정적 관념들로 되돌아가도록 하기 위해서는 북방의 백인종들이 가져온 것들이 로마 제국이 작동시킨 슬픈 혼종물 속에 익사해야만 했습니다. 그것이 15, 16세기까지 이어진 것이죠. 그러므로 르네상스를 그 세부가 아니라 거대한 사회적 사실로서 고려할 때 우리는 거기서 수 세기 동안 북방의 막강한 백인종들의 유입으로 중단되곤 했던 로마 조직의 연속성을 발견할 수 있습니다. 우리는 그들이 먼 옛날부터 인도와 소아시아, 이집트, 심지어 그리스를 침공했고, 궁극적으로는 두 번에 걸쳐 서유럽을 침공한 것을 압니다. 우리는 어떤 이상한 자기모순적 충동에서 그리스 예술의 아버지였던 아리아-헬라스 인들을 숭배하고, 로마가 걷던 퇴락의 일로를 끊고 나타나 우리 서구 중세의 아버지들이 된 아리아-스칸디나비아 족과 아리아-게르만 족, 아리아-프랑크 족을 야만족으로 여기는 것일까요? 저는 그리스에서 유대화된 아리아-헬라스 족들이 전무후무한 우월한 예술을 만들어 낼 수 있는 혼종적 조건 속에 있는 행운을 얻었다는 것이 (그 증거로 보아) 타당함을 인정합니다. 그러나 로마 제국에 도입된 아리아적 요소가 덜 순수했다면, 또 혼종의 조건이 덜 이상적이었다면 이 백인

혈통의 마지막 주입은 서유럽의 분열을 지연시켰으리라는 것, 그리하여 그 사회적 상태에 새로운 힘을 부여하고 새로운 예술 형식을 도입할 수 있었으리라는 것 또한 인정해야만 합니다. 또한 그러한 분열이 지연된 것일 뿐이었다면 (저는 배타적으로 예술에 관해 이야기하고 있습니다) 이것은 축하할 일이 아니며, 최종적 위기를 촉발시킬 이유도 아닙니다. 저는 제가 로마 인들에 대해 필요 이상으로 가혹하다는 비난을 받으리라는 것을 잘 알고 있습니다. 그러나 좀 더 명확히 제 입장을 설명해 보겠습니다. 저는 정치, 행정, 군사적인 면에서 로마의 권력을 매우 존경합니다. 로마의 입법도 못지않게 존경하며, 특히 로마 인들이 합법한 형태로 여긴 모든 것에 대해 드러낸 존중을 높이 삽니다. 그러나 예술에 관해서라면 저는 로마 인들을 인도나 아시아, 이집트, 그리고 무엇보다 그리스의 아름다운 (예술적 관점에서 아름다운) 문명들보다 훨씬 저급한 것으로 분류하지 않을 수 없습니다. 독창적이고 **탁월한** 형태를 입힌 예술들을 생산하는 데 로마 인들은 필수적인 요소들, 즉 인종이라는 요소들을 결여하고 있었습니다. 그들은 놀라운 시공자들이었지만 그 이상은 아니었죠. 로마의 건물 가운데 그저 단순한 건물이 아닌 것은 모두 그리스, 에트루리아, 아시아의 것이었지 로마의 것이 아니었습니다. 시의 경우도 마찬가지입니다. 라틴 어로 쓰인 서사시는 없습니다. 『아이네이스』가 아무리 아름답다고 해도 그것을 진지한 서사시로 여길 수는 없기 때문입니다. 베르길리우스는 확실히 자신이 쓴 것을 한 글자도 믿지 않은 것이 분명합니다. 흡사 아우구스투스 시대의 로마 건축가가—적어도 디아나나 아폴로에게 봉헌된 형태들만큼—주범에 대한 믿음을 갖지 않았던 것이나 마찬가지입니다. 그러나 호메로스 혹은 『일리아스』의 노래들의 암송자는 (이 작품의 저자를 어느 쪽으로 생각하든) 그 영웅들에 대해 확고한 믿음을 가지고 있었습니다. 저자는 스스로를 그들과 동일시

했지요. 그래서 『일리아스』는 처음 음송된 후부터 오늘날에 이르기까지 심금을 울리는 시로 존재해 온 것입니다. 또한 사유하는 존재가 지상에 남아 있는 한 『일리아스』는 언제나 인간의 마음의 움직임에 대한 가장 생명력 넘치고, 가장 감동적이고, 가장 아름다우며, 가장 진실하고, 가장 고귀한 표현으로 남을 것입니다. 로마 인들을 전적으로 숭배했던 사람들에 의해 그토록 평가 절하되어 온 중세에 우리는 조형 예술과 시 양쪽 모두에서 그리스 인들의 그와 같은 아리안적 재능을 얼마간 일별하게 됨을 발견합니다. 11세기의 작품인 『롤랑의 노래』가 13세기와 14세기의 로망스들에 대해 갖는 위상은 호메로스가 베르길리우스에 대해 갖는 위상과 같은 것입니다. 그것은 진정한 서사시로서, 단순히 지적 산물이 아니라 비록 그 언어가 완벽하지 않을지언정 그것이 드러내는 감정의 장엄함과 사유의 고귀함, 인간의 마음에 대한 지식은 종종 『일리아스』의 가장 훌륭한 구절들에 비견할 만합니다. 그러나 이 구절들을 음송하고 들었던 사람들은 라틴 종족의 후손들로 통할 수 없었습니다. 인간의 존엄과 예술이라는 관점에서 그들은 무한히 우월한 단계를 점했으며, 특히 우리가 그것들을 쇠락기 로마 인들의 그것에 비교할 때 더욱 두드러집니다. 그 시기에 로마 인들은 문법이나 제자체 시, 풍자시, 마드리갈, 그리고 당대에 유행하던 온갖 객설들에 관한 강연들에 관해 쓰는 데 시간을 낭비하고 있었죠. 또한 『롤랑의 노래』는 12세기의 우리 서방 건물들과 유사하게, 구축의 조야함과 예술가들의 결핍에도 불구하고 진정성, 참된 것에 대한 평가, 원리의 엄격성, 형태의 선택 등을 선보입니다. 그것은 2세기와 3세기에 라틴 세계를 뒤덮었던 퇴보하고 미약하며 획일적인 천박한 예술보다 훨씬 우월했습니다. 확실히 타락한 로마 예술을 지속한다는 관념은 로마 인들이 전성기에 가졌던 것보다 훨씬 더 위대한 예술적 능력을 가진 사람들의 머리에 떠오를 수 없었습니다. 쇠퇴기의 라틴보다 교양은 덜했던 그들은 분명 로마 권력의 거대한 유물들 앞에서 놀라고 존경심에 사로잡혔을 것입니다. 그러나 그들의 혈관을 흐르는 피의 본성상 모방은 그들에게 불가능했습니다.

12세기 말에 예술에서 일어난 위대한 혁명에 대해서는 이어지는 강의에서 이야기하겠습니다만, 그것은 예술의 영역이 북방 인종들에게서 유래한 요소들로 약간 변형된 채 통째로 평신도의 손에, 즉 갈리아-로마 인종들의 손에 넘어간 결과로서 일어난 혁명이었습니다. 그것은 라틴 예술로 되돌아가는 첫걸음이었죠. 그리고 이 시기의 건축이 비록 로마 건축과 구조에서나 형태에서나 아무런 관계를 갖고 있지 않았지만, 또 근대의 분석적이고 과학적인 영혼이 쇠퇴한 라틴 전통과 12세기 초의 시적 개념을 대신하려는 경향이 있었지만, 그럼에도 우리는 이미 13세기의 세속 예술들이 로마 인들이 만들어 놓은 깊은 고랑으로 다시 떨어질 운명이라는 것을 예견할 수 있습니다. 그러나 르네상스, 특히 프랑스 르네상스는 여전히 중세예술의 광휘와 독창성이 기인하는 그러한 요소들의 혼합체를 상당히 보존하고 있었기 때문에, 그것은 서구 유럽의 역사에서 상당한 위치를 차지합니다. 르네상스의 예술은 다시는 실현될 수 없을 이상적인 조건에서 발전되었습니다. 그러나 우리는 근대 미술의 점증하는 저속성을 드러내 보이는 한편, 가능한 한 쇠퇴의 경로를 따라가면서 새로운 길이 아직 우리 앞에 열리지 않을 것인지 찾아보아야 합니다.

과업은 보람되지 않습니다. 그렇지 않은 척은 못하겠군요. 그래서 저는 차라리 건축 예술이 진보하고 있다고 굳게 믿는 사람들의 신념을 공유하고 싶습니다. 그들은 우리가 처한 불확실성과 망설임의 상태에서, 그리스의 특정한 시기들이나 13, 14세기에 그랬던 것처럼 우리의 문명에 완벽하게 부합하는 독창적이고 새로운 예술이 발생할 것이라고 여깁니다. 그러나 이것이 불가능하다고 주장하지는 않겠지만 저는 그것에 회의를 품을 수 있다고, 또 그 회의의 근거를 댈 수도 있다고 생각합니다. 그것은 고대 사에서든 근대사에서든 건축은 종족들 간의 혼합이나 반목이 중요한 역할 을 하는 특정한 사회적 충격들의 결과로서만 화려한 발전을 선보여온 것 인가 하는 회의입니다. 그러한 혼합이나 반복은 다른 영역에서라면 지적 생산에 강력한 영향력을 행사하지만 말이죠. 저는 우리가 그다지 우호적 인 환경에 있지 않다고 봅니다. 우리의 전통은 혼란스럽거나 올바른 평가 를 받지 못했으며 누구도 그것을 믿지 않습니다. 시공 수단은 헤아릴 수 없이 다양하고 산업 기기도 다양합니다. 그러나 이 수단을 감독하고 이 기 기들을 이용하기 위해 우리가 가진 것은 무엇입니까? 가장 단순한 일반 법 칙에 대한 부정 또는 망각, 유파의 배타적 정신 또는 개인의 환상, 게다가 대중은 관심 없는 파벌들 사이의 논쟁, 재능 있는 개인들이 부상하기가 무 섭게 이내 추방시키려고 하고, 과거를 모방하는 경쟁 진영들은 즉각 원리 들에 스스로를 일치시키려고 노력하는 대신 공식들을 놓고 논쟁하는 현실 입니다. 그러나 우리는 건축 예술의 공화국의 이러한 혼란스러운 상황과 더불어, 혹은 그 아래서 어떤 인내심 있는 노동, 우리의 선조들이 남긴 작 품들에 대한 진지한 분석적 연구를 발견할 수 있습니다. 그것은 더 이상 전통이 아니라 가장 엄격한 원리들에 근거한 새로운 원리들의 기초로서, 어쩌면 12세기의 예술이 수도원을 떠나 세속인의 손에 맡겨지도록 한 운 동과 유사한 것일지 모릅니다. 그러나 스스로를 해방시키려는 이런 지적 **민주주의**가 그 선조들에게서와 마찬가지로 지지를 받게 될까요? 우리 시대 는 우호적입니까? 무감각한 대중에게 예술 작품에 대한 활기찬 공감이 있 습니까? 우리는 예술의 문제에 있어 비잔티움에서 사회가 처했던 그런 지 점에 있지 않나요? 그때, 성 밖으로 적군이 몰려오고 있는데도 유파들 간의 논쟁에 열을 올리던 그런 사회 말입니다.

모든 지적인 물음에는 얼마간 확고하게 수립되어 있는 전통과 혁신으로 향하는 정신의 경향 사이의 지속적인 투쟁이 있습니다. 12세기의 세속 유파들은 전적으로 우호적인 환경의 도움으로 불과 몇 년 사이에 그 원리들로 죽어 가는 수도원 전통을 대체하기에 충분한 활력과 신념을 가지고 있었습니다. 그것은 그 [시대의] 품에서 형성될 수 있었던 예술로, 사회의 관습이 겪을 수 있는 모든 변화에 적응하면서 매우 유연한 형태를 도입했습니다. 이러한 예술은 도시에서 산업 계급의 지적 해방과 더불어 초래되었고, 본질적으로 민주주의의 적이었으며, 신정적 경향들 대신에 검토와 추론을 택했습니다. 그러나 이것은 곧 그 고유한 원리들의 비정상적 발전으로 쇠퇴했습니다. 민주적이었던 바로 그 환경 속에서 그것은 멈추는 방법도, 멈출 수 있는지의 여부도 알지 못했습니다. 연역에서 연역으로 이어지며 그것은 어떤 기하학적 상투어로 끝나게 됩니다. 14세기 말에 이미 그 원리들은 가능한 최대치를 달성했습니다. 건축에 남은 것은 오래전에 갈리아-로마 인종이 버렸던 하나의 출구뿐이었고, 그것이 선뜻 채택되었습니다.*

---

* 프랑스에서 예술사에 대한 명료한 이해는 좀처럼 찾아보기 어려워서 우리는 민주적 경향의 수호자들이 고딕 미술이라 불리는 것을 봉건제의 반영으로 보고 그것을 결정적으로 비난하는 것을 보게 됩니다. 루이 14세를 필두로 하여 17세기 사람들이 프랑스의 중세 미술에 혐오를 표했을 때 그들은 그 위치를 보다 잘 이해하고 있었습니다. 그러나 지성의 절대권을 신봉하는 이들, 전제 군주제와 특권의 적대자들이 예술에 관한 한 정확하게 위대한 왕과 마찬가지로 추론하고 있다는 것은 이상한 일임을 고백하지 않을 수 없습니다. 예술은 변함없이, 한 민족의 정신과 그 민족의 염원을 가장 활기차게 드러내 보이는 것이라고 여겨지고 있습니다. 루이 14세가 의사-로마 유형의 건축물들로 중세 건축을 깔아뭉개고자 했을 때 그는 자신의 성격에 충실했습니다. 반대로 민주주의적 지성의 승리에 대한 공감을 표하는 사람들은 이 중세의 건축에서 사회의 진보의 모든 단계에 순응하는 독창적인 적용, 우리가 오늘날 문명의 최종적 표현이라는 말로 극찬하는 재료, 힘, 수단의 적용을 발견할 수 있다는 것을 지각하지 못한다는 점에서 일관되지 못합니다.

우리의 르네상스 건축가들은 고대 로마 세계의 형태들을 복원하려고 애쓰면서도 그들의 개성을 유지하는 데 성공했습니다. 이에 대해서는 그들을 아무리 칭송해도 지나치지 않죠. 우리가 자신에 충실할 때 우리에게서 두드러지게 나타나는 실용적 정신 덕분에 그들은 그들의 재량에 놓인 물질적 수단들에, 동시대 풍속의 요청에, 전통에, 기후의 영향에, 그들이 짓는 건물을 사용하게 될 사람들의 편의에 계속해서 큰 중요성을 부여했습니다. 그들이 우리에게 남긴 건물들뿐 아니라 저작들도 그들이 얼마나 성실하게 원리를 고수했는지 입증합니다. 특히 필리베르 들로름의 『건축론』(*Traité sur l'Architecture*)이 대표적인 경우입니다. 사실 이 저자가 이 책*에서 무엇보다 중요하게 다룬 것은 작업의 올바른 감독, 건물을 짓는 사람들에게 적용할 수 있는 조언들, 방위, 위생, 건축가에게 필요한 지식, 그에게 주어져야 하는 자유, 재료의 적용과 선택, 분포와 편의 등입니다. 그는 말합니다. "그러므로 나는 건축가가 원주의 장식이나 비례, 파사드(혹은 건물을 짓는 것과 관련된 직종에 종사하는 모든 사람이 가장 많이 연구하는 것)를 무시하는 편이 아름다운 자연법칙들을 간과하는 것보다 훨씬 낫다고 본다. 그것은 거주자의 편의, 사용, 이익을 고려하지만, 눈에만 즐거울 뿐 인간의 건강이나 삶에 어떠한 도움도 가져다주지 않는 장식이나 미, 풍성함 등을 따지는 것이 아니다. 우리는 주거지가 제대로 적합하게 마련되고 올바로 자리 잡고 잘 정비되지 않은 탓에 그곳에 사는 사람들이 슬프고, 우울해 하며, 대개는 원인을 추적할 수도 눈으로 볼 수도 없는 온갖 종류의 불편함에 시달려 불쾌감을 느끼는 것을 관찰하게 되지 않는가?" 이보다 더 잘 설명할 수는 없습니다.

---

* *L'Architecture* de Philibert de l'Orme, Paris, 1576.

필리베르 들로름은, 건축 예술에 종사한 그의 선배들과 마찬가지로 건물의 방향을 잘 고려하는 것이 설계의 첫 번째 조건에 속한다고 여겼습니다. 이러한 원리를 충실히 관찰하다 보면 중세의 성과 궁들에서 나타나는 불규칙성 대부분이 설명됩니다. 나아가 그것은 고전 고대의 전통과도 일치하는데, 우리가 대칭의 규칙에 대한 체계적 무시를 당연하게 여긴다면 이는 실수로 남게 될 것이기 때문입니다. 대칭은 우리의 시각적 본능의 욕구입니다. 보다 더 실증적인 필요에 위배되지 않는 한 충족시켜야 할 욕구이죠. 중세의 건축가들이 대칭에 대해 고대인들과 같은 관념을 갖지 않았다는 것은 확실합니다. 그들이 추구했던 것은 전체 덩어리와 세부들의 균형을 맞추는 일이었지 그것들의 정밀한 유사성은 아니었습니다.

저는 각기 장단점을 지닌 이 두 체계들을 명료하게 드러낼 필요가 있다고 생각합니다. 왜냐하면 그 적용이 문제가 될 때 그것들에 관한 약간의 오해가 있어 보이기 때문입니다. 우리는 그리스 인들이 모든 건물을 대칭의 법칙에 합치시킬 필요가 있다고 느꼈지만 서로 다른 목적을 가진 몇 개의 건물들을 대칭적 질서에 따라 조직해야 한다고 느끼지는 않았다는 것을 이미 살펴보았습니다(그리고 이 주제로 다시 되돌아갈 필요는 없습니다). 이런 관점에서 그들은 사적 거주지를 자유롭게 지었고 그들의 집들은 다양한 입면들의 덩어리로 이루어져 있으나 전체적으로 대칭의 법칙에 따르지는 않았습니다. 로마 인들은 이 현명한 원리를 받아들였고, 그들의 궁들과 주택들은 그 각각은 대칭적일지 몰라도 그것들이 집합적으로 대칭적 설계를 따르고 있는 것은 아닙니다. 그들은 건물에 주어진 대지를 가장 잘 이용하는 법을 알았으며, 솜씨 좋게 서로 연결된 평면 배치들로 그 대지를 채우는 법을 알았습니다. 그러나 그들은 서로 무관한 시설들을 통일된 외관으로 포장하여 아우르는 것은 꿈꾸지 않았죠.

예컨대 로마의 팔라티누스 언덕은 근대적 의미에서의 궁이 아니라 그 내부와 외부 모두에서 기념비적 도시, 궁들의 모음으로 보여야만 했습니다. 우리는 스팔라트로, 팔미라 등에 지어진 제국의 구축물에 대해서도 같은 이야기를 할 수 있습니다. 고대 회화에서 보게 되는 원근법적 풍경에는 늘 그 자체로는 규칙적이지만 전체적으로 매우 불규칙하게 배치된 건물들의 조합이 나타납니다. 또 고대 로마의 모든 경우에, 그리고 그리스 건축에서는 더구나 베르사유에서와 같은 건축적 배치를 발견할 수는 없을 것입니다. 예컨대 방돔 광장이나 근대의 루브르, 가르데-뫼블, 루아얄가, 마들렌의 건물들을 위시한 루이 15세 광장[현재의 콩코드 광장] 같은 건축 배치들을 말이죠. 고대 로마의 이런 평면도는 그 어느 구역에서도 공공 시설물들에 그런 식의 [엄격한] 대칭을 선보이지 않습니다. 그 건물들은 단지 각각의 경우 내에서, 그 프로그램과 대지의 특성이 허용하는 범위 안에서만 대칭일 뿐입니다. 건물의 형태 자체에서도 이런 원리를 고수했던 로마 인들은 특수한 건물에 각 시설을 배분했습니다. 그 건물이 완성되면 그것은 고유한 공간 구성을 가지며, 독립된 지붕과 그에 적당한 높이를 부여받습니다. 로마 인들의 건축에서 우리는 결코 중요한 복수의 홀들이 외부적으로는 통일된 공간으로 나타나면서 한 지붕 아래 모여 있는 것을 볼 수 없습니다.

그러므로 우리가 큰 홀, 개인의 방, 계단, 현관, 연회장, 예배실, 갤러리, 사무실, 도서관, 박물관 등의 다양한 시설들에 대칭적인 외피를 입혔다고 해서 고전 고대의 전통을 따르고 있는 것은 아닙니다. 오히려 우리는 중세의 건축가들보다도 그런 전통들로부터 멀리 떨어져 나왔음을 인정해야 합니다. 저는 지금 주장을 하고 있는 것이 아니라, 우리가 날마다 그 확실성을 검증할 수 있는 사실들을 진술하고 있을 뿐입니다. 현대의 궁과 마찬가지로 로마의 궁은—즉 회합을 위한 매우 큰 홀들과 용이한 소통 수단, 주거용 방들, 공적·사적 시설들, 의식용 방, 그리고 일상에 필요한 것들을 갖추어야 하는 왕궁은—건축가에게 너무 다양한 성격을 가져서 합리적으로 전체에 동일한 외관을 부여할 수 없는 부분들로 이루어진 프로그램을 강요합니다. 이런 것이 17세기부터 현재까지 시도되어 왔다는 사실을 인정합니다만 그렇다고 해서 그것이 고대 전통에 일치하는 것은 확실히 아닙니다. 또한 그것을 혁신이라고, 그리고 우리의 건축가들이 그것을 전 시대 예술로부터의 진보라고 자부한다면 그것은 착각이라고 저는 생각합니다. 그럼에도 로마 인들은 그리스 인들과 마찬가지로 대칭을 사랑했습니다. 따라서 그들이 신전을 지으면 그 건물은 완벽하게 대칭을 이루었으며, 홀을 지으면 안팎이 모두 대칭으로 만들어졌고, 중정이나 포르티코식 실내 경기장, 바실리카를 지어도 중심축이 그 구성을 가능한 한 유사한 두 부분으로 나누도록 되어 있었습니다. 세부에도 같은 원리가 적용되었죠. 동일한 주범의 모든 주두는 유사했으며, 코니스의 모든 모딜리온들도 유사했습니다. 14세기의 성과 고대의 빌라에서 모두 다양한 시설들이 그 목적이 부합하는 형태들을 선보였다고 해도, 빌라의 경우 각각의 중심적 특징들에서 통일성이 추구된 반면 성에서 그러한 특징들은 서로 무한히 달랐습니다.

그러나 우리는 이 대목에서 착각에 빠지면 안 됩니다. 고전 고대의 건물들의 세부에서 드러나는 통일성은 생각보다 훨씬 적다는 점에 대해서 말이죠. 고전 건물들의 복원도는 너무 신뢰하지 않는 편이 좋습니다. 이런 사변적 재현들은 확실하지 않을 경우에는 무조건 대칭을 만들어 버리려는 경향이 있기 때문입니다.

제가 이탈리아와 프랑스의 고대 건축물들을 검토했던 경우를 말하자면, 복원도를 보고 완벽한 대칭을 기대했던 곳에서 뚜렷한 불규칙성을 발견하고 놀라는 일이 종종 있었습니다. 그러한 불규칙성이 늘 장소의 특성 때문에 생겨난 것만은 아니며, 그보다는 프로그램의 세부를 수용하거나 예술가의 마음이 끌리는 대로 이루어진 경우들이 있습니다. 사실 오늘날 생각하는 것과 같은 완벽한 대칭이라는 것은 로마의 건축 **집합체**(ensembles)에는 존재하지 않았습니다. 세부에 대칭이 있기는 했지만 오늘날 우리의 그것만큼 절대적이지 않았으며, 관학적 유파들이라면 허용하지 않을 자유를 수반하고 있었습니다. 게다가 그런 절대적 대칭은 건축가들에게 크나큰 위안임에 틀림없습니다. 주두나 약간의 프리즈를 디자인한 다음 조각가들에게 이 하루치 일거리의 디자인을 천이백 번 정도 똑같이 복제하도록 한다는 것은 달콤한 꿈 같은 일일 테니까요. 조각가들이 그 일을 해내려면 석 달쯤 걸릴 겁니다. 그와 같은 상태를 변화시키려고 하는 불안한 정신은 크게 잘못된 것입니다. 너무나 분명하지요. 나태하게 판에 박힌 과정을 되풀이하는 주체가 많기 때문에 그것은 강력한 지배자가 되어 모든 곳에서 그 수호자들을 만나게 됩니다. 그에 반한 싸움이란 미친 짓이죠.

로마 인들에게서 초기에 특별하게 다루어졌던 것은 각각의 부류의 구조였습니다. 건축가는 궁륭으로 설계된 구조와 목재로 덮인 건물을 지을 때 각기 다른 방법을 사용했습니다. 평면도에서부터 이런저런 건물이나 홀이 궁륭으로 띄워질 것인지 목재로 덮일 것인지가 나타났습니다. 안토니누스 카라칼라나 디오클레티아누스 대욕장의 평면도들을 검토하면서 우리는 이 건물들이 궁륭으로 덮인 크고 작은 방들의 조합으로 구성되었다는 것을 깨달을 뿐 아니라, 이 각각의 궁륭의 형태와 구조도 인식할 수 있습니다. 울피아나 바실리카의 평면도를 힐끗 보기만 해도 우리는 이 건물에 열린 목재 지붕이 올라가 있는 것을 알 수 있습니다. 나아가 각각의 건물이나 한 건물의 각 부분의 목적에 따라 로마의 건축가는 면적이나 높이를 적당한 규모로 계산합니다. 이것은 대욕장의 경우든 궁의 경우든, 또 가장 단순하고 일상적인 주거지에서도 모두 분명합니다. 중세의 건물들에서도 건축 형태와 시공 방법은 다를지언정 마찬가지로 진실된 경향들을 관찰할 수 있습니다. 제정 로마에서처럼 중세에도 한 건물의 구조와 목적은 평면도에서부터 드러납니다. 평면도가 모든 것을 결정하죠. 설계를 하는 건축가의 힘이 온전히 드러나는 곳은 평면도입니다. 평면도를 그리면서 건축가는 실제로 그의 정신의 눈으로 견고한 건물을 보고 있으니까요. 그리고 이 첫 번째 노동이 완수되었을 때 세부의 배치는 지적 유희에 지나지 않습니다. 로마 건축에서 마음에 드는 점, 마음에 들어야만 하는 점은 그 단호한 솔직함, 세부를 전체에 종속시키는 명료함입니다. 형태는 다르지만 동일한 탁월함들이 중세의 좋은 건축들에서 나타납니다. 그것은 엄격하게 프로그램을 따르고 구축의 조건에 종속되는 평면도입니다. 잉여적인 것은 아무것도 없습니다. 기초부터 명료하고 체계적으로 수행된 개념이 있습니다. 천재적 충동이 종종 드러나지만 언제나 실용적인 시공자의 이성과 지식으로 통제됩니다.

그러나 15세기 초에 이미 체계적 지식이 예술가 개인의 천재성을 대신하려는 경향을 보입니다. 전체와 세부의 설계 방법은 모두 기하학적 공식들로 제한되고 있었습니다. 그러한 공식들은 매우 독창적이었지만 예술가를 한낱 실무자로 묶어 놓기 위해 계산된 것이었습니다. 루아르 강변에서 발루아가의 막강한 오를레앙 공이 새로운 유파의 수호자가 된 것은 이때였죠. 그 새로운 유파는 고딕의 낡은 형식을 점차 깨려 하고 있었습니다. 결국 1440년에 우리는 르네상스가 출현하고 건물들이 새 옷으로 갈아입는 광경을 보게 됩니다. 원리는 동일하게 남아 있고, 전체적인 설계도 변화하지 않았습니다. 그것은 계속해서 당대의 풍습과 전통의 표현이었지만 외적 형태는 변화되었습니다. 이런 운동은 발루아 가문의 유명한 일족인 루이 12세가 왕위에 올랐을 때 활발하게 전개되었습니다. 그러나 당시에는 설령 건축이 새로운 장식 스타일, 고전 고대로부터 자유롭게 모방한 형태들을 도입하고 있었다고 해도 구조와 전체 설계는 프랑스적인 것으로 남아 있었고, 시대의 관습을 계속해서 따르고 있었습니다. 프랑수아 1세 치하에 서조차도, 고딕적 형태는 소멸되어 갔지만 그 원리만은 거의 변화하지 않았죠. 샹보르의 평면도는 프랑스 중세 성의 그것입니다. 라블레가 기술한 텔레므 수도원 교회는[5] 평면도로 보면 고딕 양식이죠. 또한 일명 마드리드 성이라 불리는 불로뉴의 성은 당시로서는 대담한 혁신으로 나타난 건축으로 고전기의 건축과도 16세기 이탈리아의 성과도 닮지 않았습니다. 마드리드 성은 혼합 장르의 첫 번째 시도로 보아도 좋을 것입니다. 한편으로 그 것은 중세의 전통을 반영하고 있지만 다른 한편으로는 과거의 풍습을 깨고자 하는 궁정의 요구 또한 보여 줍니다. 그러나 우리의 르네상스 건물들이 이탈리아로부터 왔다고 하는 편견이 어찌나 강한지 르네상스 미술 연구에 정통한 박식한 저술가 라보르드 백작(Léon de Laborde, 1807-1869)은 불로뉴 성의 개념이 유명한 이탈리아 인 파양스 도자기 디자이너 델라 롭 비아의 작품에서 비롯한 것으로 믿는 듯합니다. 그러나 양심적인 역사가 로서 라보르드 백작은 조적 공장 피에르 가디에의 이름을 전적으로 무시하지는 않습니다. 다만 늘 그렇듯 프랑스 예술가들은 이류로 분류됩니다. 제가 보기에는 충분한 이유도 없이 말이죠. 그는 문제의 이 성 건물에 관해 다음과 같이 말합니다.

---

5) 텔레므 수도원 교회는 프랑수아 라블레(François Rabelais, c.1495-1553)의 『가르강튀아』 (*Gargantua*)(1534)의 제1서에서 다루어진다.

"제롬 델라 롭비아는 창조적인 예술가였고 재능이 있으며 취미를 가진 사람이었다."(우리는 곧 이것이 쓸데없는 추정임을 보게 될 것입니다) "조적 공장 피에르 가디에는 종속된 노동자였지만"(왜 종속되었다는 것입니까?) "사실상 실제 시공자였다. 매우 다양한 재능을 가진 이 두 사람의 연합에서 우리는 한편의 예술과 다른 편의 수공예를 본다. 그러나 양자 사이에 수립된 일종의 절충을 지각하고 그것을 규정할 수 있다. 제롬 델라 롭비아는 상상력에 이끌려 그의 2층짜리 아케이드에 중단 없는 선을 부여했을 것이고, 방들은 넓은 계단부로 연결했을 것이다. 반면 피에르 가디에는 파빌리온들을 만들어 80m 길이의 이 건물 파사드를 세 부분으로 분할했다. 이 파빌리온들은 지층으로부터 올라가 평평하게 보이는 건물 표면을 분절하면서 눈이 머무를 곳을 제공한다. 아울러 화려한 부분을 부각시키는 동시에 그 안에 생질의 나선형 계단이라 불리는 것[6]들을 놓아 계단실 역할을 하도록 되어 있다."*

이 구절을 읽어 보면 피에르 가디에에게 주어진 조적 공장이라는 명칭 때문에 라보르드 백작은 그의 지위를 청부인이나 하급 대리자 정도로 보고 있는 것이 분명합니다. 그러나 조적 공장이라는 명칭은 최근까지도 건축가들에게 주어졌습니다. 샹보르 성의 건축가 피에르 트랭크는 드 라 소세이가 충분히 입증했다시피** 조적 공장의 명칭을 가지고 있었고, 그에게 위탁된 바대로 '건축을 이끌'었습니다. 델라 롭비아에 관해 말하자면 파양스 도기 제작자이자 장식 조각가로서 자신의 가치를 훼손시키지 않고서도

---

* *La Renaissance des arts à la cour de France.*

** L. de la Saussaye, *Le Château de Chambord*, Lyon, 1859.

6) 프랑스 남부 생질에 12세기에 지어진 생질 수도원 교회에 있는 유명한 계단이다. 돌로 만든 단순한 나선 형태이다.

피에르 가디에를 훌륭히 보조할 수 있었을 것이고, 그러면서도 건축가로서 가디에의 자유를 존중할 수 있었을 것입니다. 이 이탈리아 예술가가, 라보르드 백작이 구축가의 일*이라고 불렀던 것, 필시 그가 전혀 무지했을 그 일을 맡았다면 어떤 설계가 나왔을지 모르겠습니다. 그러나 불로뉴 성의 평면도와 입면도로 미루어 볼 때 이탈리아 건축의 기억들은 이 건물의 설계에 큰 영향을 미치지 않았습니다. 하지만 누군가가 외관상 마드리드 성과 관련되어 있는 것으로 보이는 이탈리아의 궁을 단 하나라도 집어낼 수 있다면 저는 기꺼이 인정할 준비가 되어 있습니다. 확실히 불로뉴 성에는 포르티코들이 있었고, 이탈리아의 궁들에도 그랬습니다. 그러나 14세기와 15세기의 우리 성들에서 그것은 두드러지게 많이 나타납니다. 모든 시대에 모든 나라에서 포르티코를 만들었습니다만 [불로뉴 성의] 파사드 전체 외면을 치장한 파양스 장식은 이탈리아에서 같은 방식으로 사용되지 않습니다. 사실 이것은 외국의 공예를 새롭게 적용한 사례로서, 그 영예는 프랑수아 1세 혹은 그의 겸손한 조적 공장에게 돌아가야 할 것입니다. 피에르 가디에는 1531년에 사망했고, 그의 뒤를 이은 것은 그라티앙 프랑수아와 그의 아들 장이었습니다. 어느 쪽도 이탈리아 인은 아니었죠. 건물은 리모주의 피에르 쿠르투아가 파양스 작업을 완성하기 위해 고용한 들로름이 이어갔습니다.** 중세의 **장난감**들에서 비롯한 것으로 여겨지는 나선형 계단으로 말하자면 저는 그것들이 우리가 작은 공간에서 상층으로 올라가는 길

---

* 프랑스 예술에 대해 가장 해박했던 아마추어 연구자 중 한 사람이 만든 "창조적 예술가"와 "건축가" 사이의 이 구분은 오늘날에도 사람들이 건축 예술에 대해 얼마나 무지하고, 그것을 평가 절하하는지 잘 보여 줍니다.

** A. Berty의 탁월한 저작, *La Renaissance monumentale en France*에서 마드리드 성에 관한 부분 참조.

을 만들고자 할 때 매우 유용한 장난감이라고 생각합니다. 반면에 우리의 건물들에서 불필요한 공간을 차지하는 이중 계단들을 위대한 **장난감**이라고 부르려면 좀 더 합리적인 이유가 있어야 하지 않을까요. 그것들의 과장된 기념비적 특성을 볼 때면 저는 늘 서두부터 과시적인 방식으로 전대미문의 훌륭한 것에 대해 떠벌이는 시인들이 생각나곤 합니다. 사람들이 너무도 기꺼이 본받아야 할 것으로 칭송하는 로마 건축에서 계단은 결코 부차적인 것 이상의 중요성을 가진 특징으로 여겨진 적이 없습니다. 반면 이 시대의 건축에서는 생질의 그것보다 훨씬 이른 시기에 나선형 계단들이 사용되었습니다. 프리마티초에게 불로뉴 성의 완공이 의뢰된 것은 사실이며, 그는 자연스럽게 자신의 동향인인 파양스 제작자 델라 롭비아를 다시 불러들였습니다. 그러나 어찌되었든, 그리고 파양스와는 무관하게, 불로뉴 성은 그 평면도와 입면도, 구축, 건축적 세부, 내부 요소들의 분포에 이르기까지 프랑스의 것입니다.

그러므로 이 성의 설계는 특별히 주목해 볼 만한 가치가 있습니다. 그것은 16세기와 17세기의 우리의 모든 아름다운 별장의 원형으로서, 건축의 스타일과 평면도의 관점에서 너무도 두드러지는 건물이니까요. 도판 15에서 지층 평면도를 볼 수 있는 불로뉴 성은 궁륭을 올린 반지하층, 1층, 2, 3, 4 층과 망사르 지붕으로 된 보꾹층으로 이루어져 있습니다. 파리에서 북향은 쾌적하지 못하기 때문에 건축가는 성의 위치를 결정하는 데 주의를 기울여 모든 방향이 고루 태양 광선을 받아 따뜻해질 수 있도록 했습니다. 당시에 영주의 저택에 특히 필요했던 것은 넓은 방이었습니다. 홀 또는 회합의 장소인 그 방은 중앙에 위치하여 누구나 쉽게 접근할 수 있어야 했으며, 연단 혹은 귀족과 인척들을 위한 묫이 딸려 있어야 했습니다. 다음으로 일련의 방들은 각기 독립적인 용도를 위한 것들로 각각이 큰 방과

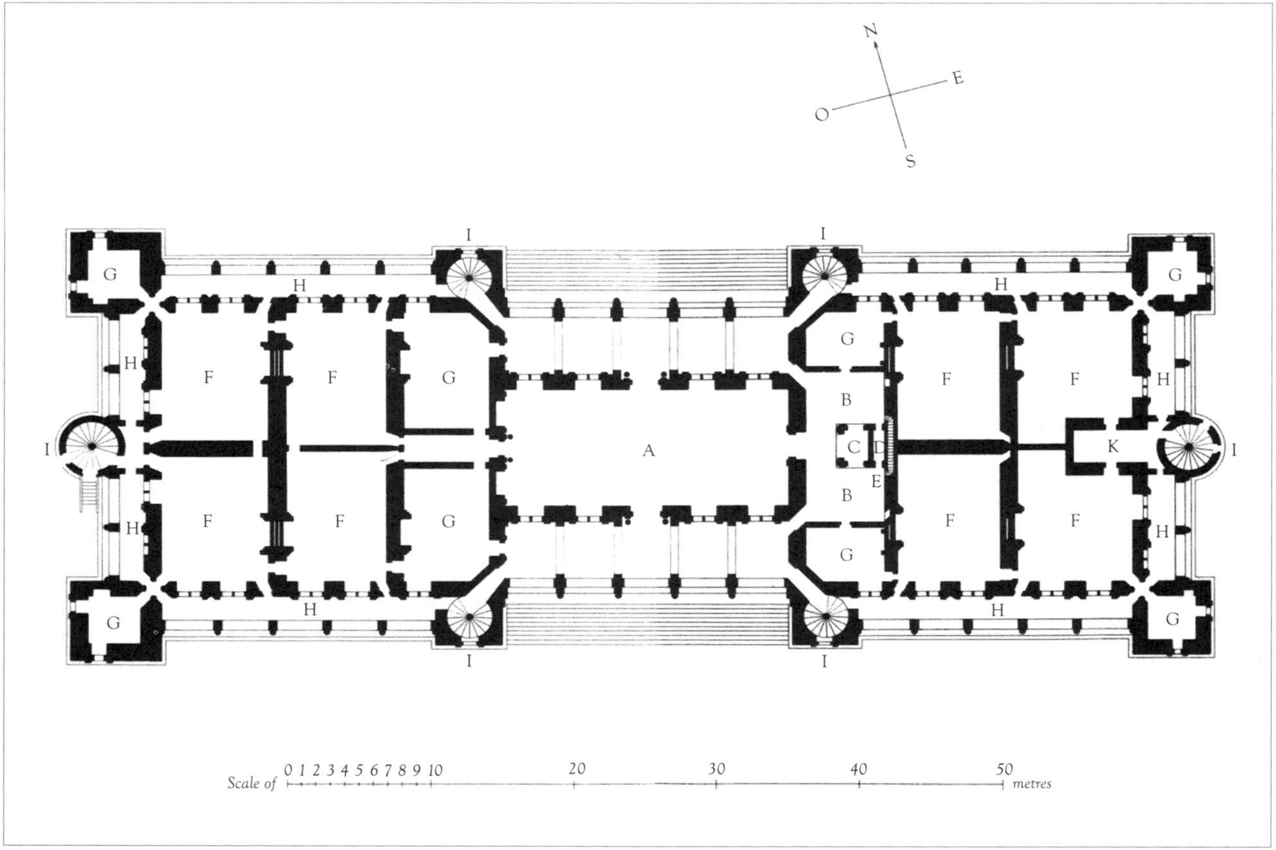

도판 15 마드리드 성(불로뉴 성)

Scale of 0 1 2 3 4 5 6 7 8 9 10   metres

부속실—오늘날로 따지면 탈의실이나 내실—로 이루어져 있었습니다. 여러 개의 독립된 계단도 필요했죠. **장난감들**이라고 말해도 되겠지만 그것은 각각의 거주자들이 자신의 구역을 떠나거나 은밀히 다시 들어갈 수 있게 해 주는 **장난감**이었습니다. 여기에는 아직 봉건적 주거의 전통이 남아 있습니다.

마드리드 성의 평면도는 이러한 요구에 정확하게 일치합니다. 사실 우리는 처음으로 큰 중앙홀 A를 보게 됩니다. 그 안에는 안쪽 홀 B가 있죠. B의 중앙에는 거대한 벽난로 C가 있어 그 주변으로 상당히 많은 사람들이 오가거나 앉을 수 있습니다. 건축가는 심지어 벽난로 뒤편에 통로 D를 만들어 안쪽 홀의 이편에서 저편으로 이동하는 사람이 불가에 앉아 난로와 큰 문 사이 공간을 차지하고 있는 이들을 방해하지 않고 움직일 수 있게 했습니다. 나아가 작은 비밀 계단 E는 이 안쪽 홀을 2층으로 연결합니다. F와 F′에는 여덟 개의 큰 방들과 그 각각의 부속실 G가 있습니다. 이것들 모두는 분리되어 있지만 포르티코 H와 큰 홀을 통해 연결됩니다. I에서는 여섯 개의 계단이 바닥으로부터 올라가면서 여러 방들과 포르티코 또는 테라스들을 이어 줍니다. F′의 방들에는 또한 공통의 준비실 K가 있습니다. 이 방들 앞쪽으로 설계된 포르티코들은 깊이가 얕고 매우 개방적인 구조여서 태양 광선이 방 안으로 들어가게 해 주고, 방들을 가로지르지 않으면서도 지붕 아래서 각 방들을 오갈 수 있게 해 줍니다. 반면 큰 홀 앞쪽으로 세워진 포르티코들은 매우 넓어서 회합 장소 바깥으로 나가서도 지붕 아래를 걸을 수 있는 즐거움을 더해 줍니다. 더구나 건축가는 건물의 전체 매스에 완벽한 대칭을 부여하려고 애쓰는 반면 문들과 창들을 방의 배치에 따라 배열하고, 포르티코의 기둥들과 피어들의 축을 맞추는 데는 전혀 신경을 쓰지 않았습니다. 그는 망설임 없이 이 굽은 통로를 만들어 포르티코와 방들이 계단과 모서리 부속실로 이어지게 만들어 이동에 편리하고 하인들이 임무를 수행하기 좋게 했죠. 여기서도 봉건 영주의 성의 전통을 감지할 수 있습니다. 문들, 창들, 복도들이 거주자의 욕구에 따라 자리 잡습니다. 방이 정사각형이 아니라든지, 개구부가 비스듬하다든지, 축선이 맞지 않는 등의 것들은 거의 문제가 되지 않습니다. 입면도에서 건축가는 이러한 결점들을 (결점이라고 한다면 말이죠) 세부의 배치로 보상합니다. 그것은 그에게 예기치 못한 매력적인 모티프들을 제공합니다. 물론 이른바 관학파적 평면에 헌신하는 건축가들의 마음에 들지는 않겠지만요. 두 개의 큰 계단(이것 역시 봉건 영주의 성의 전통인)이 큰 홀의 두 면으로부터 성의 중앙을 차지하는 테라스로 내려옵니다. 이처럼 개구부가 뚫려 있는 벽 앞에 튀르모의 축과 무관하게 포르티코를 놓는 평면도는 그리스 인들이 많이 실천했던 고전적 방법임을 알 수 있습니다. 양편 포르티코들에는 궁륭이 씌워지지 않고 석재와 유광 테라코타로 이루어진 판으로 천장을 덮었다는 데 주목합시다. 그렇게 해서 건축가는 벽기둥들을 포르티코의 피어들의 축에 맞추어 방들의 벽을 따라 놓을 필요가 전혀 없어집니다. 한편 큰 홀에 붙은 두 개의 포르티코는 보다 크고, 그 기둥들은 더 두꺼워서 그 위로 교차 아치를 올려 칸으로 분할된 천장을 떠받치게 됩니다. 또한 여기서 건축가는 교차 아치의 시작점으로 필요한 벽기둥을 놓기 위해 이 포르티코들의 기둥들을 피어들의 축 선상에 놓습니다. 또한 모서리 누대들은 영주의 성의 고딕 전통의 영향을 보여 줍니다. 그것들은 파사드의 옆쪽에서 건물의 전체 덩어리에 가벼움과 활기를 부여합니다.

프로그램만을 고려할 때 우리는 그것이 마드리드 성의 설계에서 정확하게 성취된 것을 보게 됩니다. 1. 잘 고려된 방향, 2. 회합 장소인 큰 홀에 가능한 한 가깝게 모여 있는 여러 개의 방들, 3. 이동과 시설의 편리함, 4. 방들이 서로 연결되면서 독립적일 수 있게 만드는 수단, 5. 여름에 시원하고 겨울에 따뜻하게 해 주는 깊은 건물, 6. 모서리 누대들의 배치로 바람을 막아 주고, 넓고 얕아서 창문으로 어두운 그늘이 드리워지지 않게 해 주는 포르티코들, 7. 궁륭을 올려 채광이 잘 되는, 부엌과 찬방(饌房)이 들어가기에 적합한 베이스먼트(basement/soubassement)층. 이것은 프랑수아 1세와 같은 군주에게 퐁텐블로나 샹보르와 같은 왕궁은 아니었습니다. 그가 측근들과 머무를 수 있는 작은 저택이었죠. 그러나 이곳은 둘레가 적어도 8km에 이르는 공원으로 둘러싸인 매력적인 은신처였습니다. 또한 오늘날 우리의 관습에 비추어 보아도 여전히, 거의 아무것도 바꾸지 않은 상태로도 훌륭한 성으로, 공간이 매우 잘 짜여 있어 살기에 쾌적합니다. 1층의 평면도는 2층에서 거의 동일하게 반복됩니다.

도판 16에서 보듯 불로뉴 성의 입면도는 1층 평면도에 못지않습니다.* 모든 부분이 솔직하게 표현되어 있죠. 내부의 배치가 그대로 외부에 드러납니다. 심지어 방의 숫자까지 알 수 있습니다. 실루엣은 탁월하고, 프리즈와 아치들의 사이 공간, 꼭대기 장식, 상층 피어들을 장식하고 있는 유광 테라코타로 멋지게 만들어진 활기찬 건축은 모서리를 강조하는 누대들의 도움으로 강화됩니다. 이 성은 고대 로마 건축과 어떤 유사성도 갖고 있지 않습니다. 그것은 어떤 경우에도 15, 16세기에 피렌체나 로마, 베니스, 시에나, 브레시아, 베로나, 파도바에 지어진 이탈리아의 성들을 떠올리게 하지 않으며, 봉건제의 정점에서 지어진 영주의 저택과도 닮지 않았습니다. 이 성이 여전히 과거와 어떤 관련을 갖는다면 옛 프랑스의 주거와 관계가 있습니다. 후자가 지은 사람들의 욕구에 너무도 놀랍게 맞추어져

---

* 입면도의 크기가 너무 작아지지 않도록 파사드의 절반 정도만 도판에 실었습니다.

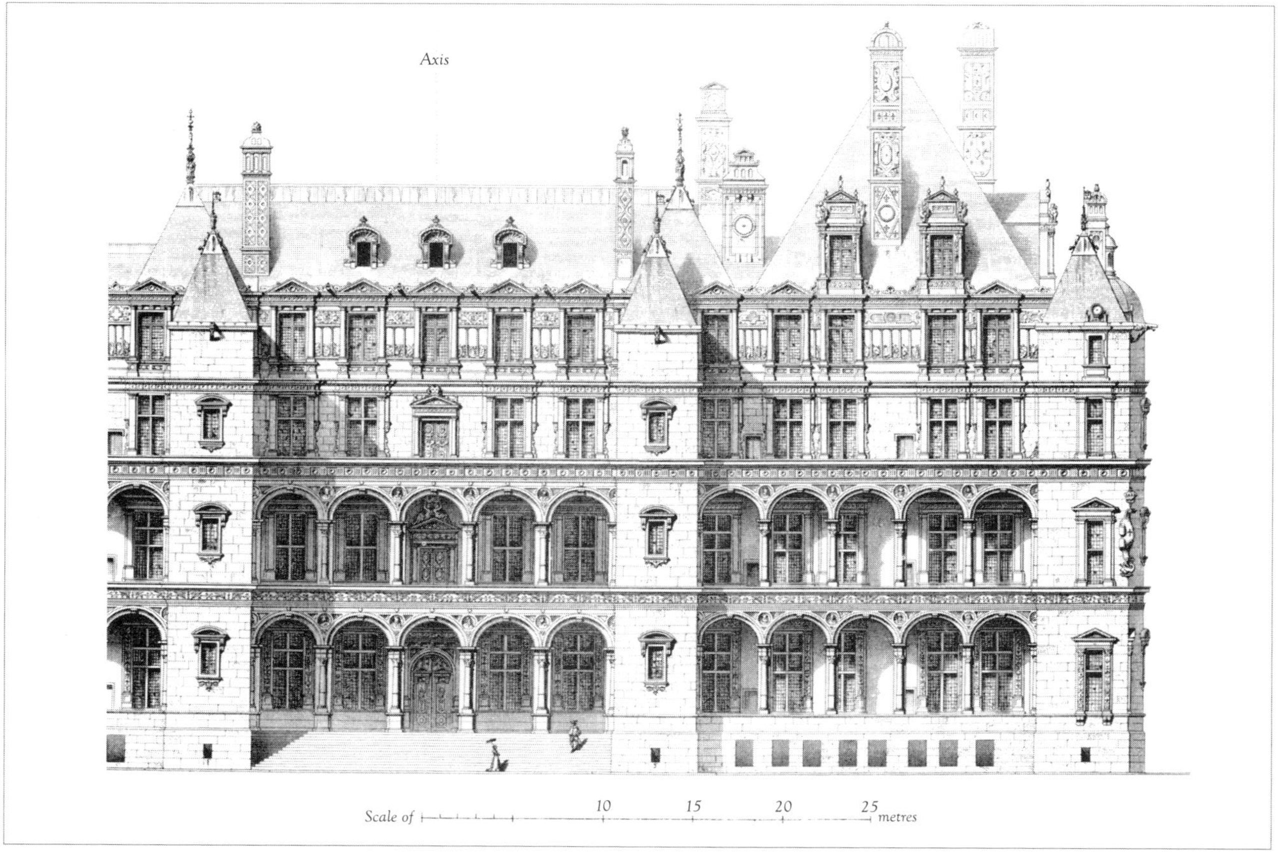

Axis

Scale of ├──┼──┼──┼──┼──┼──┼──┼──┼──┼──┼──┼──┤ metres
10   15   20   25

도판 16 마드리드 성 입면도

있음에도 불구하고 현재에는 거의 알려져 있지도, 평가받고 있지도 않은 이유는 우리가 그 유적을 거의 연구하지 않은 채 갖고만 있기 때문입니다.

왕의 친지들에 한정해 볼 때 프랑수아 1세의 궁정이 어떤 모습이었을 것인지 정확히 알아보려고 한다면 불로뉴 성이 그 관습과 취미를 완벽하게 충족시켰음에 틀림없다는 것을 알아야 합니다. 그것은 선별된 사람들의 화려한 모임에 맞추어진 건물이었으며, 모든 구성원이 완전한 독립을 누릴 수 있게 해 주었습니다. 각각의 손님은 눈에 띄지 않게 자신의 방을 떠나 정원으로 나갈 수 있었습니다. 2층에 1층과 똑같은 모양으로 자리한 큰 홀에서도 이러한 프라이버시가 존중되었습니다. 군주가 주변에 몇 명의 조신들만을 두고 싶을 때면 안쪽 홀로 들어가고, 궁정의 나머지 사람들은 큰 홀에서 대화를 나누었습니다. 날이 더울 때는 북-동쪽의 포르티코에서 시원하게 산책을 즐길 수 있었고, 반대로 날이 추울 때는 남-서쪽 포르티코에서 햇볕을 받을 수 있었습니다. 그 밖에도 이 두 개의 포르티코들은 건물의 돌출부들 사이 공간에 들어가 그곳을 걷는 사람들을 외풍으로부터 보호해 주었습니다. 이 포르티코들로부터 눈에 띄지 않게 각 층의 개인 방으로 들어갈 수 있었고, 큰 홀을 거치지 않고 안쪽 홀로 들어갈 수도 있었습니다. 특수한 관습을 보여 주는 매우 독창적인 이런 평면 배치는 건축가에게 주어진 프로그램에 지시되어 있었음이 분명합니다.

우리가 주로 연구해야 할 것은 건축가가 이 프로그램을 따른 조심스러운 방식입니다. 그는 어떻게 모든 것이 그 계획에 종속되도록 했으며, 그의 손 안에서 건축은 어떻게 순응하게 되었는지, 요약하자면 그 예술가가 어떻게 규정된 욕구를 세심하게 존중하면서 자신의 독립성을 유지했는지 하는 것들을 살펴보아야 합니다.

규모가 훨씬 더 크고, 기념비적 성격이 더 강하지만 샹보르(그림 1)*는 유

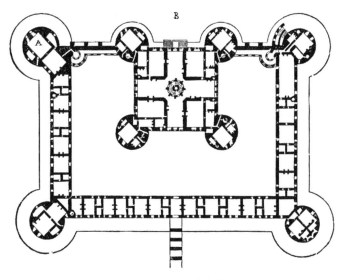

그림 1 샹보르 성 평면

사한 평면도를 보여 줍니다. 십자가 형태의 큰 중앙홀 가운데에 거대한 이중의 나선형 계단이 있어 각 층으로 이동할 수 있게 되어 있습니다. 그 위로는 몇 개의 좀 더 작은 방들이 중이층을 이루고 있는데, 모든 방에는 각기 따로 계단이 있고 큰 홀로 통하게 되어 있습니다. 샹보르는 불로뉴 성보다 몇 년 앞서 세워졌습니다. 반면 라 뮈에트 성은 마드리드 성보다 좀 더 작은 규모로 동일한 계획에 부합하는 평면도를 선보입니다.

라 뮈에트 성(그림 2)[**] 역시 프랑수아 1세가 세우도록 하였습니다. 세르보는 이렇게 말합니다. "생제르맹앙레 성을 짓고, 인접한 숲과 가깝다는

---

* 1m를 1/2mm로 표현한.

** 1/500 축도.

점에서 그것이 마음에 들었던 그[프랑수아 1세]는, 그 숲에서 이 성에서 2리 [8km] 정도 떨어진 작은 습지 근처에 장소를 정했다. 그곳은 추격에 지친 사슴이 쫓겨 가는 곳이었다. 그는 그곳에 이 집을 지어 사슴들의 최후를 구경하는 즐거움을 누렸고, 나무로 사방이 가려진 고립된 은거지인 그곳을 라 뮈에트[사냥꾼의 오두막]라고 이름 지었다. 그러나 왕실 스타일로 지어진 그 집은 크기 때문에 숲 속에 숨겨져 있지는 않았다." 여기서 프로그램은 필히 소수의 친지들과 하루의 사냥을 마무리하기 위해 숲 속 깊은 곳에 은신처를 원했던 왕이 부여한 것입니다. 그리고 이 낯선 설계는 그러한 프로그램의 조건을 정확하게 충족시킨 것으로 보입니다.

1층 바닥은 하인들의 방들이 있는 베이스먼트층 위로 올려져 있었습니다(그림 2). 성으로 들어가는 입구인 A에는 작은 다리로 접근하게 됩니다. 통로 B의 양편으로는 두 개의 계단실이 마련되어 있는데, 그 목적을 이제 설명해 봅시다. 통로 B로부터 반대편으로 약간 비스듬하게 난 입구(당시에는 입구가 이렇게 비스듬하게 나는 것이 불편하다고 여기지 않았습니다)로 큰 홀 C로 들어가게 됩니다. 이 홀은 세 면으로 바깥을 조망할 수 있으며, 두 개의 발코니, 두 개의 벽난로, 커다란 침실들로 통하는 두 개의 입구가 있습니다. 또한 한 개의 문은 예배실 D로 이어집니다. 두 개의 열린 갤러리들인 E는 통로 B로부터 두 개의 나선형 계단으로 이어지며, 바닥으로부터 올라오는 이 계단을 통해 1층의 방들인 F로 갈 수 있습니다. F는 각각 침실과 부속실 G, 반침(半寢; closet) H를 갖추고 있습니다. 부속실과 침실은 벽난로로 덥혀집니다. 이 방들 중 하나로부터, 그리고 큰 홀로부터 연결되는 방 I에도 역시 부속실 K와 반침 L이 딸려 있습니다. 두 개의 또 다른 방들인 M도 마찬가지 별실들이 딸려 있고, 큰 홀이나 방 N 혹은 외부로 갈 수 있도록 나선형 계단이 마련되어 있습니다. 이 계단은 베이스먼트층까지 내

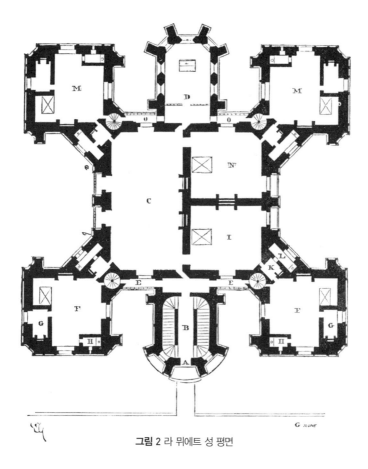

그림 2 라 뮈에트 성 평면

려가며, 이를 통해 큰 방들을 가로지르지 않고 드나들 수 있습니다. 끝 부분에 네 개의 원형 계단들이 설치된 열린 갤러리들인 E와 O는 필수적이었습니다. 왜냐하면 큰 홀은 두 개 층 높이를 차지하고 있었기 때문입니다. 달리 말하면 성이 베이스먼트층 위로 다섯 층으로 이루어져 있었는데, 큰 홀은 연달아 세 층에만 있었고, 그리하여 방들의 처음 네 층 가운데 두 층은 두 개의 큰 홀들 사이의 중간층을 이루고 있었습니다. 이렇듯 방들을 중간층에 배치한 것은 샹보르와 마찬가지입니다. 그것은 나아가 매우 자연스러운 선택이었죠. 폭 10m, 길이 20m에 달하는 방들의 높이를 8m²짜리 방에 적용할 수는 없었을 테니까요. 외부적으로, 큰 홀을 두 개 층 높이로 배치한 것은 정면 아케이드 ab에서 그대로 드러납니다. 라 뮈에트 성의 구축이 (옛) 생제르맹앙레 성의 그것과 유사하다는 것을 보지 않을 수 없습니다. 그것은 상당 부분이 벽돌로 지어졌고, 중심 부분을 위해서 창문과 발코니들에 댄 버팀벽들 위로 아치들이 올라갔습니다. 또한 생제르맹에서 그랬던 것처럼 상층 전체에 궁륭이 올려졌고(그래서 벽들과 버팀벽들이 두꺼워진 것이죠) 그 위로 숲의 전경을 감상할 수 있도록 테라스를 냈습니다. 커다란 계단실의 두 개의 계단은 그러므로 세 층의 큰 홀들로 이어지고, 또한 중간의 층계참들과 중앙 통로를 통해 다섯 층의 침실로 연결되었습니다. 이 평면도의 설계에서는 또한 중세의 예술가들이 요새이면서 쾌적한 주거지였던 성들을 짓도록 요청받았을 때 선보였던 섬세함이 드러납니다. 그러나 우리는 이미 대칭적 배치와 절대적 관념들로의 경향을 관찰할 수 있으며, 특히 전통의 억압으로부터 벗어나고자 애쓰는 새로운 의지를 볼 수 있습니다.

그러나 동요가 심했고, 활발했으며, 찬란했던 16세기에 시작된 사업들은 많았지만 그중 완성된 것은 적었습니다. 그리고 미완성의 개념, 전체 설계의 일부만을 보고 건축을 판단하는 것은 종종 매우 불공평한 일일 것입니다. 결국 우리는 프랑수아 1세와 앙리 2세의 루브르가 어떤 건축이 되었을 것인지에 대해 알 수 없습니다. 이 르네상스 성의 전체 설계의 원안은 존재하지 않습니다. 어쩌면 존재한 적이 없는지도 모르지요. 왜냐하면 그 건물은 필립 오귀스트와 샤를 5세의 루브르가 파손됨에 따라 단편적으로 세워진 것이니까요.

블로아, 앙부아, 퐁텐블로와 같은 다른 궁들은 새로운 욕구에 맞춘 고대의 성들일 뿐으로, 그 원래의 평면도는 변화될 수 없었습니다. 생제르맹 앙레 성의 경우, 13세기에 지어진 예배실을 제외하고 전체적으로 개축되었음에도 사실상 봉건 영주의 성의 기초와 베이스먼트층 위에 세워진 저택일 뿐이었죠. 이것들은 배치의 관점에서 르네상스 시기에 속하는 개념들이 아닙니다.

1564년에 앙리 2세가 사망한 투르넬 궁에 더 이상 살고 싶지 않았던 카트린 드 메디시스는 당시에 이미 살기 좋은 곳으로 알려져 있던 곳에 거처를 정합니다. 도시 외곽의 센 강변에 있던 그곳은, 프랑수아 1세의 모친이었던 앙굴렘 공작 부인이 건강을 회복했던 곳이기도 했죠. 이 집은 그 주변에 많이 있던 기와 가마들에서 명칭을 따 튈르리라고 불렸고, 1372년에 이미 그곳에 세워져 있었습니다. 카트린은 그 집과 주변의 땅을 사들이고, 필리베르 들로름에게 왕대비의 거처로 쓰일 거대한 궁전을 위탁했습니다. 이 궁전의 1층 평면도는 뒤 세르소(Jacques Androuet du Cerceau, 1510-1584)에 의해 남아 있습니다.* 그것은 실로 매우 특이한 기획으로, 거창하게 구성되었습니다. 여기서 고전적 영향은 가장 분명하게 드러나는 반면

---

* *Des plus excellens bastimens de France.*

프랑스의 전통은 자취를 감추고 있습니다. 필리베르 들로름은 정원 쪽으로 문자 A와 B 사이를 차지한 건물(도판 17) 이상의 것은 세울 수 없었습니다. 나아가 그의 설계는 그때 이후로 너무 많이 바뀌어서 오늘날 우리가 보는 이 건물에 그의 작업의 흔적은 거의 남아 있지 않습니다. 1층 평면도는 프랑스의 성보다는 아시아의 궁전을 닮아 있습니다. 우리는 거처를 거대한 갤러리들인 C 위로 놓은 것이 건축가의 의도였다고 믿어야만 합니다. 어찌 됐든 신구 동맹의 문제들로 인해 카트린은 물러나게 되고, 튈르리에는 한번도 머물지 못했습니다. 필리베르 들로름의 평면도가 주거의 관점에서 아무리 잘못된 것이라 해도, 그의 설계에 따른 경우가 현재의 튈르리보다는 살기에 나은 궁전이었으리라는 것을 인정하지 않을 수 없습니다. 현재의 튈르리는 일종의 끝없는 갤러리가 구획용 벽들로 나뉘어 있고, 정원도 찬방도, 사적 통로도, 편리한 계단도 없습니다.

잠시 필리베르 들로름의 설계를 살펴봅시다. 궁전의 주 출입구는 자연스럽게 파리를 향한 쪽인 D로 나 있습니다. 오늘날 페르티에와 퐁텐이 세운 개선문에서 가까운 곳이죠. 거기에는 거대한 궁전 뜰인 E가 있습니다. 이 뜰은 지면에서 두 개의 포르티코 혹은 열린 갤러리들로 경계 지어져 있죠. 네 개의 보다 작은 뜰은 두 개의 원형 극장들을 중심으로 분리되어 있으며, 아마도 그 시설을 위해 마련되었을 것입니다. 이 두 개의 원형 극장들의 목적은 무엇이었을까요? 저로서는 말할 수 없습니다. 당시에 크게 유행하던 축연이나 발레를 위한 것이었을 수도 있습니다. 둘 중 하나는 아마도 승마 연습을 위해 만들어졌을 것입니다. 큰 홀은 F에 있고, 그 배치는 매우 훌륭합니다. 정원 쪽으로 위치한 왕의 거처는 17세기 중반까지 남아 있던 웅장한 계단을 통해 도달하게 되어 있었습니다. 정원 옆의 포르티코 H는 테라스를 받치고 있는데, 그 배치가 변형되기는 했지만 오늘날에도 그것을 볼

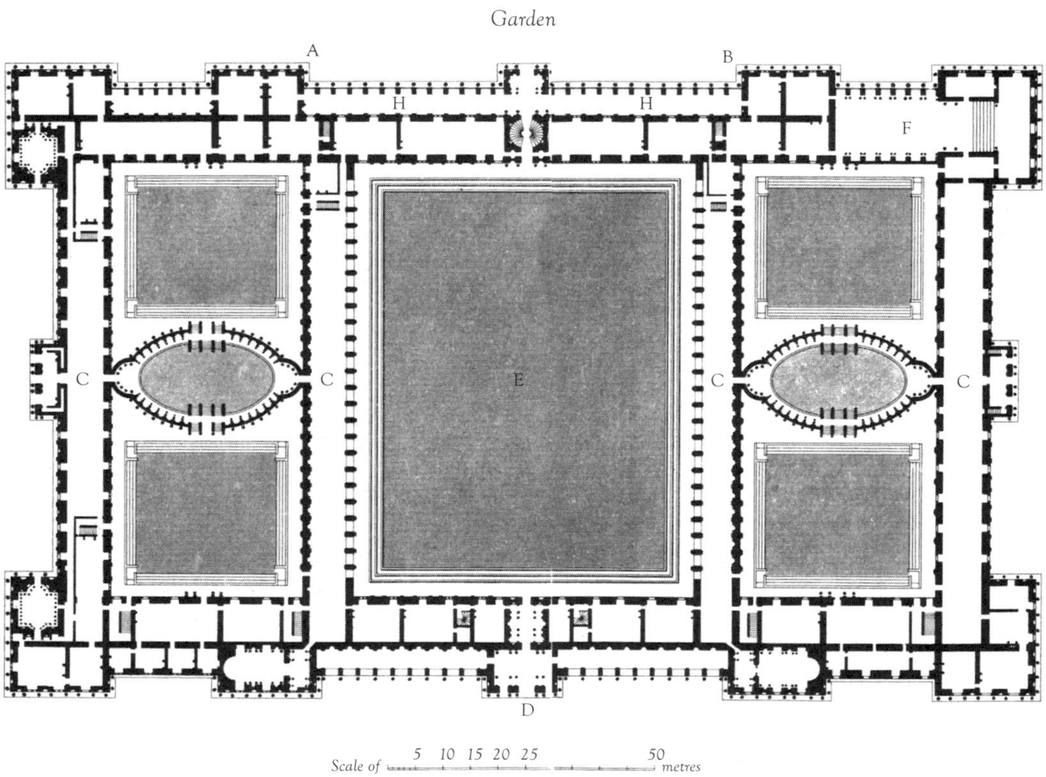

Garden

A B H H

F

C

C

C

C

C

E

D

Scale of 5 10 15 20 25 50 metres

도판 17 팔리베르도 둘로름, 튈러리 궁 평면도

수 있습니다. 그러나 (저는 전적으로 실용적인 사람이었던 필리베르 들로름이 시공 과정에서 그것을 상당히 변형시켰을 것이라고 생각하는 편이기 때문에) 뒤 세르소가 남긴 평면도의 가치나 독창성을 논하는 대신 그가 정원 쪽에 세운 건물의 일부분을 택해 그 건축적 구성을 세부적으로 검토해 보도록 하겠습니다(도판 18).

예술의 영역에서 우리는 과장에 너무 익숙해져 있어서, 거대한 것을 웅장한 것으로, 눈에 띄게 호화로운 것을 효과의 풍부함으로, 잡음을 조화로 받아들이곤 합니다. 그래서 우리는 어떤 것이 섬세하고 절제되어 있고 정교하며 좋은 취미라는 평가를 받은 것인지에 대해 무엇에 근거해서 올바른 관점을 회복할 수 있을지 알기 어렵습니다. 필리베르 들로름은 아마도 동시대인 가운데 전적으로 타당한 취미, 참된 예술적 감정, 원리에 대한 엄격성을 고루 갖춘 가장 뛰어난 인물이었을 것입니다. 이것은 그가 실제 건축가의 과업을 수행할 때뿐 아니라 그의 저작을 통해서도 드러납니다. 그가 남긴 저작은 예술이 길을 잃고 기이하기 짝이 없는 변덕스러움에 편승하거나 당대 과학의 진보된 입장에서 조금도 정당화될 수 없는 판에 박힌 경로를 쳇바퀴 돌 듯하는 우리 시대에 부지런히 찾아볼수록 좋은 내용들을 담고 있습니다. 필리베르 들로름의 저작들에서 우리는 비례와 조화로운 관계들에 대한 주의 깊은 연구를 알아볼 수 있습니다. 그러한 관계들은 그의 예술과 그가 이용할 수 있었던 수단에 대한 완벽한 지식의 결과물은 아니지만, 가장 단순한 질서로 나타납니다. 우리는 정원으로 향하는 튈르리의 1층 포르티코 구성에서 이 프랑스 인 천재의 장점을 봅니다. 그에게 새로운 관념들은 거의 없고, 심지어 과거의 관념들을 도입하고 있지만, 그는 특별한 개성과 미묘하고 섬세한 추론을 갖고 있죠.

이 갤러리의 구성은 전체적으로 그저 고대 로마 미술을 도입한 것입니다.

Scale of 0 1 2 3 4 5 metres

도판 18 필리베르 들로름, 튈르리 궁

그러나 이 프랑스 인 예술가가 자신의 개성을 드러내는 지점은 포르티코의 구조에서입니다. 그것은 솔직하게 표현되어 있을 뿐 아니라 하나의 장식적 모티프가 되어 있습니다. 건물을 층층이 올리는 과정에서 필리베르 들로름은 특별한 장식으로 각 층의 틀받이, 그리고 무엇보다 이오니아식 원주를 강조했습니다. 이 원주들에서 홈이 파인 각각의 원통형 석재들은 섬세하게 깎아 낸 얇은 대리석 띠로 구분되어 있습니다. 원통형 석재는 깊고 날카롭게 깎아 낸 반면 대리석 띠는 재료에 따라 평평하고 섬세하게 깎여 있죠. 또한 대리석 원통 위에는 카트린의 고통을 기념하는 상징들이 새겨져 있습니다. 예술가의 섬세한 감정을 가지고 그는 내구력 있는 재료 위에, 오직 그 위에만 앙리 2세의 미망인의 회한을 재현하기로 결심한 듯합니다. 깨진 거울과 부러진 깃털, 곤봉(힘을 나타내는 문장)이 매듭지어진 끈(미망인을 뜻하는 문장)과 월계수와 엉켜 있습니다.* 나아가 아치 형태를 마무리하는 높은 좌대와 난간에 의해 먼저 올려진 섬세한 엔타블라처를 갖춘 주범의 비례는 가장 절묘합니다. 포르티코의 안쪽 벽에는 하나 건너 두 번째 아치마다 중간 틀받이가 달린 창이 뚫려 있습니다. 창이 뚫리지 않은 아치들 안쪽의 벽면은 창의 위치에 상응하여 그만큼 안쪽으로 들어가 있으며 받침 위쪽으로 올라가며 일정하게 반복되는 띠들이 나타납니다. 뒤쪽으로 물러나 포르티코의 뒤쪽으로 정렬된 2층은 망사르 보꾹을 형성하고 그 위로 지붕이 올라갑니다.

---

* 이에 관하여 우리의 독자들은 이 장식들 가운데 2층의 트뤼모들과 창문들에서 왕관 아래쪽에 앙리 2세와 디안 드 푸아티에[앙리 2세의 애첩]를 의미하는 H와 D가 결합된 것으로 알려진 암호를 볼 수 있을 것입니다. 그러나 앙리 2세의 사후에 왕비 카트린이 지은 궁전에 이 두 이니셜이 조각되었다는 것은 있을 법한 일이 아님을 인정해야 할 것입니다. 앙리 2세 때 지어진 건물들에서 너무 자주 반복된 이 암호들은 H와 C, 즉 앙리2세와 카트린의 이니셜 결합으로 보는 편이 더 개연성이 있습니다.

우리의 도판에서는 더 이상 길게 기술할 필요가 없습니다. 이 보꿈층의 선은 풍성한 머리 장식을 이루는 지붕의 어두운 전체 덩어리 앞쪽으로 튀어나옵니다. 이것은 진정한 궁전 건축으로서, 전체 덩어리는 풍부하고 세부는 정교하며, 장대하고 고귀합니다. 이 두 갤러리들 사이에—르네상스의 경이 중 하나로 여겨지는—넓은 이중의 나선형 계단이 올라갑니다. 계단 위로는 우아한 원개가 덮여 있고, 옆쪽으로는 네 개의 작은 탑들이 세워져 있습니다. 양편 끝에는 평면도에서 나타나는 것처럼 주거용으로 마련된 두 개의 파빌리온이 각각 붙어 있습니다. 이 파빌리온들은 적절한 비례로 계획되어서, 들로름 사후에 장 뷜랑이 만든 것들처럼 중앙 부분의 섬세한 건축을 압도하지 않았습니다. 저는 장 뷜랑의 (다른 관점들에서도 매우 흠이 많은) 작업이 필리베르 들로름의, 대대적으로 훼손되어 얼마 남지 않은 하층 갤러리의 편린들에 비할 바가 못 된다고 생각합니다.

16, 17세기에 루브르와 튈르리 건설의 역사로 인해 우리는 르네상스 건축가들의 설계에 대한 판단을 내릴 때 조심스러워질 것 같습니다. 몇 년 간격으로 설계와 설계자를 갈아치운 무수한 음모와 성가신 혼란의 와중에 한 건축가의 원래 개념이 부각된다는 것은 지극히 어려운 일입니다. 우리가 이 성들(의 가장 오래된 부분들)에서 지금 보는 것은 개별 예술가의 작업을 추적할 수 없고 다만 몇몇 흩어져 있는 부분들에서 정교한 취향을 볼 수 있을 뿐인 그런 다양한 개념들과 중첩된 낯선 개념들입니다. 이를테면 튈르리의 갤러리라든지, 루브르 궁의 남서쪽 내부 모서리, 아폴로 갤러리의 1층 등이죠. 따라서 우리의 르네상스 건축가들을 이끌었던 감정은 차라리 그들이 남긴 설계 도안이나 저작들에서 찾아보아야 합니다. 저는 이 주제에 관해 필리베르 들로름이 쓴 글을 좀 더 인용하는 즐거움을 마다할 수가 없습니다. 이 구절은 건물의 외형과 적당한 장식에 대해 다루고 있는데

저자의 민감한 정신이 가진 성향을 매우 명료하게 보여 줍니다. 게다가 우리의 형제 건축가가 3세기 전에 말한 더 없이 진실한 내용은 오늘날의 상황에 더 부합합니다.

 "나는 언제나 건축가가 벽이나 다른 부분을 장식하고 꾸미는 방법보다는 사람과 그들의 소유물들을 보존하고 건강을 유지하는 데 필요한 것에 대해 잘 아는 편이 더 좋다고 생각해 왔다. 오늘날의 현실은 그 반대이다. 건물을 짓는 것을 직업으로 하며 스스로를 건축가이자 작업 감독이라 칭하는 많은 사람들은 이러한 필요를 연구하지 않는데, 어쩌면 아마도 그들이 그것을 하는 방법에 무지한 탓일지도 모르겠다. 그리고 이 주제가 거론된다면 그들에게는 꽤나 새로운 것이리라. 설상가상으로 나는 많은 경우에 건물을 짓는 우리의 귀족들이 벽기둥이니 원주니 하는 것, 코니스며 몰딩, 저부조, 대리석 상감 따위의 것들로 웅장한 장식을 만들어 내는 일을 그들의 주거가 지어질 장소의 위치와 성격보다 중요하게 생각하는 것을 본다. 왕이나 군주, 귀족들이 원한다면 매우 멋진 장식과 화려한 파사드를 만드는 일이 부당하다는 이야기가 아니다. 이런 것들은 시각적으로 큰 즐거움과 만족을 주니까. 특히 그런 파사드들이 대칭적으로 올바른 비례에 입각해 설계되고 장식이 적절하고 합리적으로 잘 자리 잡았을 때는 더 그렇다. 예컨대 섬세한 장식이 필요한 곳은 작은 방이나 한증실, 욕실, 갤러리 등 도서관과 귀족들이 가장 자주 드나드는 장소들과 그들이 주로 유유자적한 생활을 즐기는 곳에 한정된다. 그런 장식은 건물 바깥의 파사드나 현관, 포르티코, 열주랑과 같은 장소에 쓰이는 것이 아니다. 그런 장식들이 부엌이나 하인들의 처소에 있다면 잘못된 장소에 쓰인 것이라는 점을 인정하지 않을 사람은 없을 것이다. 하지만 그와 같은 장식은 위대한 건축 예술과 존엄으로 구성되어야 하지, 먼지와 그을음이 쌓이고 새집이나 벌레, 해충이 들끓는 잎 모양 장식이나 저부조로 해서는 안 된다. 나아가 그런 장식은 너무 약하고 부서지기 쉬워서 망가지기 시작하면 보기에 좋기는커녕 불쾌감만 주고 황량해 보이므로 기쁨 대신 권태감을 준다. 나는 이 모든 것이 그토록 많은 돈을 헛되이 쓰고 나중에 가서는 우울하고 혐오스러운 기분만 남길 뿐인 일이라고 여긴다. 그러므로 나는 건축가들과 건물을 짓는 것을 직업으로 삼는 모든 이에게 거대한 장식물들을 만들어 내기보다는 장소의 성격을 연구할 것을 권유한다. 치장물이라는 것은 대개 사람들을 유혹하는 덫일 뿐이거나 그들의 돈을 낭비하게 하는 것이다. 진실로, 집을 어떻게 잘 계획하고 건강하게 지을 것인지를 아는 것이 추론도 없고 비례나 척도도 안 맞는—대부분은 그저 변덕에 의해 **별다른 이유 없이** 만들어진 치장물로 그것을 뒤덮는 것보다 영예롭고 유용하다. 그러나 나는 두 가지 모두를 이해해야 한다고 생각하며, 모든 것이 편리함과 좋은 취미에 따라 제자리에 놓임으로 해서 주거가 건강한 동시에 아름다울 수 있어야 한다고 믿는다 … 그러나 원래의 주제로 되돌아가서 파사드의 장식은 적절해야 하고 **건물의 내부에 상응해야** 한다. 홀들과 방들, 창문과 여닫이창의 개구부들의 분할은 건물 바깥에서 보기에 나쁜 효과를 내서는 안 된다. 동시에 나는 위에서 말한 외부 또는 치장물들로 인해 홀이나 방, 문, 창, 벽난로 등에 올바른 규모를 부여하거나, 예술과 자연이 제시하는 … 수단에 의해 **서로 거스르지 않으면서** 가장 편리하고 필연적인 장소들에 놓이게 되는 것을 막기를 바라지 않을 것이다."[*]

이 사람은 진정 아네 성을 지은 사람, 튈르리 궁에 자신의 표식을 남긴 사람, 리옹에 많은 매혹적인 저택들을 지었고 생 드니에 프랑수아 1세의

---

[*] L'Architecture de Philibert de l'Orme, liv. I, ch. viii. Paris, 1576.

기념비를 설계한 사람입니다. 그러나 가장 규모가 큰 일거리들을 위탁받는 사람들은 보통 이렇게 분별이 있고 비판적이면서 겸손한 정신을 가진 이들이 아닙니다.* 그럼에도 불구하고 필리베르 들로름이 기초를 놓은 원리들은 결실을 맺은 것으로 보입니다. 그가 활동하던 시기 이후로 프랑스의 건축은, 16세기 전반기에 우리 건축 대부분을 거의 절대적으로 지배했던 변덕에 점차 휘둘리지 않게 되었고, 점점 더 엄격하게 원리를 준수하는 모습을 보이게 됩니다. 16세기 후반이라는 시기가 불필요하게 사치한 경향이 조성될 상황이 아니었고, 상당수가 신교도였던 프랑스의 고위 귀족들은 자신들의 문제를 고민하느라 호화로운 저택을 지을 상황이 아니었던 것이 사실입니다.[7] 그런 이유로 뒤 세르소(자크 앙드루에)가 펴낸 목록에서 우리는 필리베르 들로름이 정초한 매우 합리적인 원리들이 세심하게 관찰되고 있는 것을 보게 됩니다.** 이 저작은 가장 검소한 것에서부터 작은 성에 이르기까지 전원 주거지의 사례들을 모아 놓고 있으며, 그중에는 설계가 매력적인 평면도들과, 들로름이 주장한 것처럼 '외부와 내부의 합치'가 완벽한 것이 주된 장점인 입면도들이 있습니다.

장식이 없는 파사드들의 장점은 1층 평면도에서 볼 수 있는 선들의 특

＊ Ad. Berty, *Les Grands Architectes française de la Renaissance*, 1860 참조. 이 탁월한 저작에서 16세기의 우리 건축가들에 관한 값진 정보를 담은 엄청나게 많은 기록들을 볼 수 있습니다.

＊＊ *Livre d'archit. de Jac. Androuet Du Cerceau ⋯ pour seigneurs, gentilshommes et autres qui voudront bastir aux champs, etc.* Paris, 1615 참조.

7) 당시에 프랑스는 재정적으로 파탄 상태에 이르러 있었을 뿐 아니라 루터의 등장 이후 유럽 전체를 휩쓸고 있던 구교도와 신교도 간의 분쟁에 휘말려 있었다. 1572년에 벌어진 성 바르톨로메오 축일의 학살에서 보듯 프랑스 국내의 종교적 갈등은 심각했다. 본문의 앞에서 카트린 드 메디시스가 신구 동맹 문제로 물러나야 했다고 기술한 대목은 이런 배경을 가리킨 것이다.

정한 운동, 지붕의 신중한 평면 배치, 비례의 엄청난 섬세함 등에 있습니다. 나아가 도판들에 딸린 문헌에서 뒤 세르소는 실용적인 건축가답게 그 주거들 각각의 견적가와 그 구축물에 필요한 설명을 덧붙이고 있습니다. 이들 평면도 중 다수는 또 한 번 마드리드 성과 라 뮈에트 성의 전체 배치를 떠올리게 합니다. 그것은 거대한 중앙의 홀과 그것을 둘러싼 일련의 개인용 방들로 이루어져 있죠. 왕이 온종일 모여 있을 장소, 나아가 연회실의 기능까지 할 수 있는 하나의 거대한 방에 만족했다면, 상류층 신사들은 그러한 배치가 그들의 욕구를 충족시켜 준다고 여길 만한 더 큰 이유가 있었습니다. 홀은 사실상 거실이었습니다. 그것은 연회장이자 식당이었죠. 그 홀 덕분에 날씨가 궂은 날은 밤낮으로 대화를 나누며 시간을 보냈습니다. 잠을 자거나 옷을 입을 때가 아니면 혹은 병이 난 것이 아니라면 아무도 자신의 방에 머물지 않았습니다.

그림 3은 뒤 세르소의 모음집에 있는 평면도 중 하나입니다. 장원이 당대의 관행에 따라 평지 위에 세워져 있습니다. 주변으로는 물이 채워진 해자가 있어 방어에 용이해 보입니다. 건축가가 성벽과 보루의 흉벽 위에 격자형 보도를 마련하는 데 신경을 썼고, 그렇게 해서 주거를 둘러싸고 나무가 심어져 있는 그늘진 산책로를 형성했다는 것을 언급해야 합니다. A는 계단 위쪽으로 올라가 있는 작은 뜰입니다. 여기서 우리는 여전히 중세의 전통을 발견합니다. 이것은 영주의 뜰입니다. 큰 홀 B는 전망이 내려다보이도록 배치되어 있습니다. 이 홀은 사면(四面)에서 채광이 되며, 1층에 마련된 네 개의 방들과, 2층의 유사한 방들로 올라가는 두 개의 계단들로 통하게 되어 있습니다. 각각의 방에는 부속실과 개별 입구가 딸려 있습니다. 계단들의 아래쪽 층계참은 두 개의 주요한 방들은 물론 큰 홀로 들어가기 전에 현관 구실을 하고 있는 것을 관찰하게 됩니다. 확실히 당시의 관습을

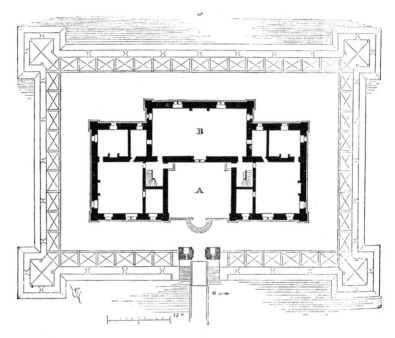

그림 3 르네상스 장원 평면, 16세기 말

고려할 때 이보다 편리하거나 단순한 배치는 찾을 수 없으며, 이보다 영리하게 입면도를 마련한 설계도 없습니다. 실제로 이 입면도를 검토해 보면 내부의 배치가 외부에서 완벽하게 드러나는 매력적인 장원(그림 4)을 보게 됩니다. 건물의 각 부분마다 지붕을 따로 올리는 것은 고전기와 중세에 그랬듯 당시에도 변치 않는 규칙이었습니다. 이 과정을 통해 건축가는 주거의 몇 부분들의 위치를 매우 자유롭게 정할 수 있었고, 또한 이로부터 상당한 픽처레스크 효과들을 얻을 수 있었습니다. 후일에는 이런 식으로 구축하는 것은 위엄 있게 보이지 않는다고 여겨져서 크고 작은 방들, 건물의 모든 시설을 통합된 하나의 지붕 아래로 들여놓게 됩니다. 반대로 별도의

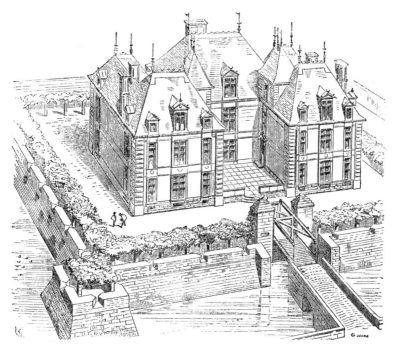

그림 4 르네상스 장원 전경, 16세기 말

지붕들로 구별되는 주거의 다른 부분들은, 건물이 아무리 검소해도 일련의 건축물들에 기념비적인 모습을 연출한다는 점이 인정됩니다. 19세기 부르주아의 별장들 다수는 이 장원보다 크기는 크지만 이만큼 당당한 외양을 가진 경우가 드뭅니다.

르네상스—15세기 중반에서 루이 13세 치세까지—건축의 가장 주요한 특성은 그 이후로 세워진 건물에서만 나타나는 어떤 '변별성'(distinction)에 있습니다. '변별성'은 사회의 관습적 상태에 비추어진 취미의 반영으로 이해할 수 있습니다. 고대 그리스는 언제나 이런 드문 예술적 미덕의 정점을 보여 줍니다. 저는 그것이 16세기의 프랑스 건축가들에게는 자연스러운 반면 로마 인들이 하기에는 너무 섬세한 일이었다고 말하고 싶습니다. 사실 그것은 천부적인 재능입니다. '변별성'을 추구하게 된다면, 즉 그것을 지적 노력만으로 만들어 낸다면 곧장 매너리즘과 겉멋으로 이어질 테니까요. 건축에서 화려함을 과시하는 일은 아무것도 아닙니다. 사실 돈만 있다면 그보다 쉬운 것도 없죠. 어려운 일은 가장 평범하고 가장 단순한 것들에 예술의 향기를 부여하는 것입니다. 그것은 찬란함 가운데서 절제할 줄 아는 것입니다. 르네상스의 건축가들은 오늘날의 건축가들과 마찬가지로 귀하신 몸은 아니었습니다만, 그렇다고 현학적이고 배타적인 집단을 만들어 거기에 속하지 않는 외부 사람들은 모조리 야만족으로 여기려고 하지도 않았습니다. 그들이 귀족적인 분위기를 풍기지 않고 당시 사회 속에서 주어진 지위에 만족했다고 해도 적어도 그들은 귀족들이 어떻게 사는지, 그들이 어떤지, 그들이 원하는 것이 무엇인지를 알고 있었습니다. 그들은 자신들에게 맞지 않는 공식들을 꺼내들지 않고서, 그러나 또한 어떤 욕구나 환상을 따라야 할 경우에는 원리를 조금도 훼손하지 않고서 고객들을 만족시킬 줄 알았죠. 아카데미 조직과 연합한 건축가들이 원리를 가볍게 여기고 그 계획에 자의적인 예술적 관례들을 대립시키면서 순수하게 예술의 형태들을 외부 세계와 관련짓는 문제를 논의하기 시작했을 때, 건축은 점차 시대의 정신에서 멀어지는 길로 접어들었습니다. 사람들은 건축에 대해 신경 쓰지 않고 사는 법을 배웠습니다. 왜냐하면 건축이 편협해지고 타락하기 시작했으며 심지어 압제적이기까지 한 모습을 보이게 되었으니까요.

16세기 초의 처음 몇 년 동안 프랑스에서 고용된 이탈리아 예술가들이 종종 얼마나 심오한 분위기를 풍기며 당도했는지, 그들이 우리의 자생적 예술을 얼마나 업신여겼는지, 그러한 태도 때문에 되돌려 보내진 사정, 그래서 건물에 대해 전문적인 지식이 없는 귀족들이 다시 프랑스 건축가들에게로 되돌아온 과정 등은 흥미롭습니다. 그것은 사실 당시의 우리 건축가들이 자신들이 살고 있던 사회의 취미를 정확히 어떻게 해석해야 할지 알고 있었기 때문입니다. 어떤 예술 형태를 강제하려고 생각하는 대신 그들은 사용된 형태들이 취미와 관습을 만족시키도록 했습니다.

루이 14세와 그의 각료들은, 따라서 건축가들과 순수하게 미적인 문제들에 대해 논하며 즐거운 시간을 보내곤 했습니다. 이처럼 이른 시기의 건축가들이 이런저런 형태를 도입할 것인지 말 것인지를 결정한 이유들을 살펴보면 신기합니다. 어느 쪽도 적합성, 시대의 요구, 건물들의 배열 혹은 건물을 쾌적하게 혹은 심지어 살 수 있을 만하게 만드는 것이 무엇인지 등을 고민하지 않았습니다. 이 주제에 관한 매우 진귀한 책이 한 권 있습니다. 예술가들에게 필히 읽어 볼 것을 권할 만한 책이죠. 그것은 샤를 페로(Charles Perrault, 1628-1703)의 회고록인데, 그는 루브르의 포르티코와 천문대를 지은 건축가[클로드 페로]의 아우입니다.*

샤를 페로는 **왕의 건설 부대신**, 즉 오늘날의 국립 건설국장이었습니다. 그는 매우 당연하게도 예술에 관련된 문제에 고견을 가지고 있었고, 기사(騎士) 베르니니의 감독하에 루브르 궁을 마무리하기 위한 기획과 관련해 루이 14세의 궁정에서 벌어진 일들에 관해 귀중한 정보를 남겨 주었습니다. 그 기획은 왕이 원하는 바와 맞지 않은 데다가 유명한 이탈리아 건축가의 잘난 척 때문에 다행히도 무산되었죠. 이 기획의 시공이 자신의 형에게 위탁되기를 원했고, 잘 알려진 것처럼 부분적으로 이를 성공시킨 샤를 페로는 그 기사가 극도로 괴상한 사람이라고 생각했고, 또 그 생각이 틀린

---

* *Mémoire de Ch. Perrault de l'Academie française, et premier commis des bâtiments du Roi*, Avignon, 1659.

것도 아니어서 결국 그를 해고하도록 만들었습니다. 그러나 이 문제에 관해 중요한 것은 왕의 건설 부대신이 베르니니의 계획에 반대하는 근거로 내세운 이유들의 목록입니다. 그의 주장을 들어 봅시다. "기사는 세부적인 것에 들어가지 않았다. 그는 단지 코미디와 연회를 위한 거대한 방들이 있는 건물을 생각했을 뿐이었고, 편의, 독립성, 다양한 방들에서 고려되어야 할 배열 등에 대해서는 고민하지 않았다. 이런 사안은 무수히 많고, 기사의 재기발랄하고 기민한 재능으로는 불가능한 적용을 필요로 하는 것들이다. 왜냐하면 나는 건축적 관점에서 그의 재능이 극장 장식과 장치들을 다루는 데 필요한 정도에 지나지 않는다고 확신하고 있기 때문이다. 반면 콜베르(Jean-Baptiste Colbert, 1619-1683)는 정확한 정보를 원했고, 왕께서 어떻게 그 건물에서 머무르게 될지, 시설들이 편리하게 마련되는지를 알고 싶어 했다. 그는 군주 자신과 왕실의 인사들은 물론 모든 각료, 고위 각료뿐 아니라 하찮은 업무를 맡은 하위 계급에 이르기까지 모든 신하에게도 좋은 거처가 보장되어야 한다고 생각했고, 이는 합당했다. 그는 몇몇 방의 배열에서 고려되어야 할 모든 것을 쉴 새 없이 준비하고 적었는데 이것은 저 이탈리아 예술가에게 매우 거슬리는 일이었다. 기사는 이 모든 세부 사항을 이해하지 못했고, 이해할 생각도 없었다. 그는 그저 이런 사소한 것들을 살피는 것은 자신과 같은 위대한 예술가에게 걸맞은 값진 일이 아니라는 환상에 빠져 있었다."

이것은 멋진 비판입니다. 그러나 페로의 설계와 그중 시공된 부분을 검토해 볼 때 우리는 베르니니의 설계에 제기되었던 탁월한 반대 주장들이 페로의 작업에도 공평하게 적용되지는 않은 것이 아닌지 자문해 보게 됩니다. 사실 콜베르의 올바른 관점과 정신, 그리고 샤를 페로의 회고와 술책이 다행히도 우리를 베르니니의 루브르에서, 그대로 시공되었더라면 앙리

2세의 루브르는 아무것도 남아나지 않았을 그 기획에서 구해 준 반면, 물리학자 페로의 건축이 왕궁에 적합한 것이 아니었다는 것도 확실합니다. 그것은 주범들, 열주들, 열주랑들을 다루고 있을 뿐 정말 잘 배치된 궁전을 만들어 내려는 시도가 아니었죠. 시달리다 못한 왕은 그가 보기에 "더 아름답고 위풍당당하다"는 이유로 페로의 설계를 선택했습니다. 물론 그가 정말 그렇게 생각했던 것은 아닙니다. "이 결정을 두고 불가피하게 파리의 다른 건축가들 사이에 시기심이 일었고 물리학자의 손에 맡겨진 건물이 슬퍼하고 있다는 유감스러운 농담이 오갔다"고 건설 부대신은 덧붙여 쓰고 있습니다. 그러나 우리의 건축 예술은 강건한 생명력을 가지고 있었습니다. 예술의 공식들을 예술로 착각하고 그에 열광하는 사람들에도 불구하고 이성, 양식이 모습을 나타낼 기회를 발견했습니다. 17세기 말과 18세기에 몇 개의 매우 놀라운 건축 작업들이 이루어졌습니다. 그 건축들에서 우리는 장엄함, 잘 고안된 배치, 우리가 수년간 본적 없는 절제된 우아함을 발견합니다.

예술에서 이성의 건전한 가르침들, 진실을 원천으로 하는 순수한 흐름이 부차적인 자리로 밀려나고 공식들이 우위를 차지할 때 우리는 급속도로 몰락에 이릅니다. 르네상스는 원래 평면도와 입면도의 전체 배치를 새로운 관습에 맞추는 데 필요한 이상으로 변화시키지 않았습니다. 중세 건축가들이 도입한 설계의 방법들에 충실하게 머물렀죠. 르네상스는 고전 고대 예술로부터, 그리고 15세기 공공과 민간의 건물들에 적용할 때 이탈리아로부터 빌려 온 장식 스타일을 혁신했습니다. 그래서 이를테면 그들의 건물들에서 연속되는 각 층은 일련의 특징들에 의해 구별되었습니다. 고전적 주범을 그들의 건축에 적용하기로 결정하면서 최초의 르네상스 건축가들은 건물의 각 층마다 하나씩 기둥 모티프를 쌓아 올렸습니다. 이런 방법은 샹보르, 마드리드, 루브르, 앙시르프랑, 탕레, 아네 등 여러 군데 성에서 볼 수 있습니다. 이러한 방법이 성찰을 거쳐 제시된 것이었고 논리적인 것이었다고 해도, 그것은 어떤 건물을 막론하고 단조롭고 보잘것없어 보이게 하는 단점이 있었습니다. 층층이 올라간 이 기둥들은 화려한 것이든 수수한 것이든 건물을 체스판처럼 분할했습니다. 멀리서 보면 그것은 수평선들(엔타블라처들)과 수직선들(벽기둥이나 원주들)의 집합체로 나타났고, 그 획일성이 눈을 피로하게 했습니다. 특히 우리 나라처럼 다양성과 예기치 못한 효과가 특별히 사랑받는 곳에서는 더 그렇습니다.

필리베르 들로름은 이미 튈르리 궁을 위한 설계에서 이런 결점을 피하고자 노력했습니다. 그는 저층에만 기둥을 배치하고 1층의 건축적 분할 위로 일종의 높은 꼭대기 장식을 형성하면서 잘린 상층을 올렸습니다. 그는 그 외에도 매우 정직하게 드러낸 수평의 띠들로 벽기둥과 원주들의 수직선들을 깨면서 저층의 기둥에 특별한 인상을 부여하려고까지 했습니다. 같은 종류의 시도가 원래 (앙리 4세 때 층들을 올리기 전에) 아폴로 갤러리에서, 그리고 루브르 기슭에 직각을 이루고 있는 갤러리에서 이루어진 적이 있습니다. 그러나 이것은 파사드를 획일적으로 분할한 수직과 수평선들의 차가움과 획일성을 감추는 독창적인 방법에 지나지 않았습니다. 새로운 원리는 아니었던 것이죠.

16세기 후반에 지어진 공공건물들을 검토해 보면 우리는 건축가들이 새로운 조합을 찾고 있었음을 확신하게 됩니다. 즉 그들은 건물의 여러 층이 중첩되면서 야기된 조합의 시각적 효과들을 제거함으로써 그들의 건물들에 위엄 있는 모습을 부여하고자 합니다. 장 뷜랑은 에쿠앙 성의 특정한 부분들에서 이미 여러 층들의 중첩에서 만들어지는 건축적 분할에서 벗어나고자 했습니다. 그는 이 관저의 뜰에 일종의 코린토스식 화장 마감을 적용하여 건물 꼭대기까지 덮어 올라가게 했습니다. 하지만 이런 처리는 시공 면에서 주목할 만하지만 그 환경이나 향후에 이어지는 작업들과는 무관한 하나의 습작, 부속, **건축적 단편**에 지나지 않았습니다.

샹티 성의 고대풍 별채들은 두 개 층에 걸쳐 코린토스식 벽기둥을 올림으로써(그림 5) 건축적 배열에 장엄함을 주려는 욕망을 뚜렷이 드러냅니다. 이런 방법은 그것이 적용된 작은 건물을 매우 커 보이게 하는 장점이 있지만, 거기서 어떤 합리적인 의미를 발견하기는 매우 어려울 것입니다. 그래도 16세기의 건축가들은 선배들의 엄격하게 논리적인 방법을 갑자기 버릴 수는 없었을 것입니다. 옛 프랑스 유파의 영향은 그들 사이에 여전히 살아 있었습니다. 그들은 취미를 가진 사람들로서 조심스럽게 통속성을 배제하는 가운데 사실상 가장 평범한 것들에까지 매력을 부여하는 특별함을 목적으로 했습니다. 16세기 후반 건축가들이 자신의 이성과 중첩된 주범 체계가 그들에게 강요하는 단조로운 노선을 버리고자 하는 욕구를 동시에 만족시키고자 했을 때 그들의 정신이 벌인 투쟁의 흔적들은 쉽게 발견할 수 있습니다. 우리는 그들이 카리아티드, 문양이 새겨진 피어, 장식 패널, 아라베스크 문양이 있는 벽기둥 등으로 이루어진 배열을 도입한 것을 봅니다. 이런 방편들에는 장엄함이 결여되어 있고, 건축가의 솜씨는 좋지만 중첩된 주범의 오랜 주제를 변주한 것뿐입니다.

뒤 세르소는 『프랑스의 가장 훌륭한 건물들』(*Des plus excellens bastimens*)이라는 제목의 저작에서 레장들리 인근 샤를르발 성의 구축을 위해 마련된 설계들을 보여 줍니다. 샤를 9세가 짓기 시작한 이 성은 "프랑스 최고의 건물이 될 뻔했다"고 뒤 세르소는 말합니다. 그 기초는 거의 완성되지 않았지만 현존하는 설계는 평면도의 전체 배치와 입면도의 스타일 양쪽 다 매우 흥미롭습니다. 입면도에서 우리는 선배 건축가들의 논리적 원리들을

그림 5 2층 건물의 처리―샹티 성, 16세기

버리지 않고서 절대적으로 장엄한 배치를 발견하기 원한 건축가가 초유의 시도를 하고 있는 것을 봅니다. 마당(첫 번째 뜰)의 건물들의 외부 입면도에 서(그림 6) 우리는 거대한 도리스식 벽기둥이 정확하게 버팀벽, 석재로 이루어진 묶음줄(tie/chaîne) 역할을 하고 있음을 관찰합니다. 이러한 기능을 보다 분명하게 나타내기 위해서 설계자는 벽기둥에 홈을 내기까지 했습니다. 주범이 버팀벽을 제공한다고 볼 때 그 주범의 중간에서 층이 나뉜다고 해도 합리성에 크게 반하는 것은 아닙니다. 우리는 코니스가 연속적이고 각각의 벽기둥 부분에서 돌출하지 않음을—프리즈가 빗물 끊기의 돌출부 아래서 끊어진다는 것을 관찰하게 됩니다. 이러한 세부들을 제외하면 이것 역시 중세 민간 건축 체계에 전적으로 속하는 방식을 보여 줍니다. 그러나 어느 정도 높이로 올려진 듯한 동일한 건물의 내부 파사드에서 샤를르발 성의 건축가는 큰 기둥을 좀 더 부각시킬 뿐 아니라 1층 위층의 존재를 완전히 가리기로 결심합니다. 그리고 중세 건축의 논리적 원리들에 반하는 이러한 방법을 사용하는 것으로 그는 놀라운 솜씨로 건물을 마무리합니다. 실제로 (그림 7) A쯤에 위치하는 것이 자연스러울 1층의 위층은 아치형의 벽감으로 끊겨 있으며, 따라서 우리는 시각적으로 위층이 존재하리라는 생각을 갖지 않은 채 2층짜리 건물의 이 파사드를 아래서 위까지 한 층인 것처럼 여기게 됩니다. 건축가는 포르티코의 아케이드들을 중단하고 그 사이에 작은 사각형 창문들을 내기까지 (자신의 원리를 인정하면서) 자신의 기술을 밀어붙입니다. 그 창문들은 모든 라인 가운데 부각되며 베이 하나 걸러 하나씩 남아 있는 피어들에 놀라운 장엄함을 부여합니다. 그럴 때 포르티코들은 완벽하게 비바람을 피하게 되고, 지하실은 이 작은 사각형 베이들의 문틀 아래로 용케 낸 창으로 채광이 됩니다. 이것은 능숙한 예술가의 작품이었으며, 제가 아는 이탈리아 르네상스의 성 가운데 이 파사드의 고

그림 6 샤를르발 성 외관

그림 7 샤를르발 성 뜰 쪽 정면

귀한 모습에 근접하는 것은 없습니다.

이렇듯 16세기 말에 일부 건축가들은 건물의 층간 구별에 상응하는 구성을 거부하고, 몇 개의 층들로 이루어진 건물의 외부에 기초 벽(basement)으로부터 상층 코니스에 이르기까지 단일한 평면 구성을 도입할 만큼 대담했습니다. 이것이 거대 **주범**(colossal order)이라 불리는 스타일입니다. 이런 방책은 엄청난 성공을 거두었습니다. 이를 적용한 건축은 어떤 장엄함과 위풍당당함을 가진 것으로 여겨졌고, 그것은 16세기 전반에 이루어진 모든 것을 하찮게 보이도록 만들었습니다. 그러나 이러한 설계는 처음에 매우 큰 건물들, 아주 넓은 파사드에만 적용되었습니다. 그러다가 17세기가 되면서 통상적으로 인정되는 방법이 되었죠.* 우리는 이미 이러한 **장엄한**(majestic) 건축 스타일이 루이 14세에 의해 크게 찬사를 받았음을 알고 있습니다. 예술에 관한 그의 개념은 외적으로 드러나는 장엄함을 넘어서지 않았습니다. 이런 관념도 장점이 있고, 또 루이 14세의 보호 아래 지어진 모든 것에서 변함없이 그것이 드러난다는 것을 저는 기꺼이 인정합니다. 나아가 중세 미술이 소진되었을 때 그 자리를 대신한 르네상스는 궁극의 표현에 도달했습니다. 그러나 평판이 완전히 떨어진 고딕으로 되돌아갈 수는 없었고, 새로운 어떤 것이 절대적으로 필요했습니다. 그때 이후로 건축은 독재적이었고, 그것을 위해서라면 편의도 최대한 희생해야만 하는 예술이 되었습니다. 거대 주범이 [스타일을] 지배하고, 공공 건축과 사적 주거 모두에 법칙을 부여하게 됩니다. 때때로 우리는, 예컨대 앵발리드 기념관 같은 건물에서 이러한 전제적 유행에 대한 반발을 발견합니다. 그러나 그것은 예외적인 경우일 뿐, 지난 세기 말까지도 모든 것에서 거대 주범은 끊임없이 위세

---

* 재무대신 푸케를 위해 건축가 르보가 지은 보(Vaux) 성이 그 한 예입니다.

를 떨쳤습니다. 왕실 가구 보존관과 파리 조폐국은 여전히 거대 주범을 보존하고 있으며, 가장 최근 사례들인 이 건물들은 이 스타일의 최악의 경우도 아닙니다. 거대 주범 스타일이 모든 것에서 균형이 잡히지 않는 단점을 갖고 있지 않았다면, 그리고 [건물을 사용하는 사람들의] 편의에 도움을 주려고 하지 않는 단점이 없었다면 그것대로 해롭지는 않았을 것입니다.

저는 12m 또는 15m 높이의 벽기둥이나 원주들 사이에 두세 층의 창문들이 줄지어 올라가는 모습은 보기에 좋지 않다고 생각합니다. 이 건물들은 마치 난쟁이들을 위해 거인들이 지은 것처럼 보일 것입니다. 이것이 근대에 전용된 특정한 고대 건물들이 산출한 효과이죠. 이를테면 로마의 안토니누스 피우스 신전의 원주들 사이에 몇 층짜리 세관 건물을 지은 경우가 그런 예입니다. 건축 스타일과 편의 사이의 이런 부조화에 크게 당혹해진 최근의 건축가들은 점차 창문들과 거대 주범 사이의 비례 관계를 찾기에 이르렀으며, 결국은 창문들도 같이 크게 만들게 되었습니다. 그러자니 층간이나 벽들의 경계가 창문에 걸쳐 지나가는 모양이 되었지만 말이죠. 이런 경우에 행인들은 이 위풍당당한 파사드들을 바라보며 만족하지만 건물 안에 있는 사람은 그럴 수가 없습니다. 그들이 그 건축이나 건축가를 축복할 일은 결코 없겠죠. 그러나 그것은 참된 원리들을 무시한 결과입니다. 하지만 중세 예술이 몰락할 때 어떤 오류와 과장이 있었다고 해도, 그것이 이처럼 일상의 관습과 전적으로 부조화했던 적은 한번도 없었습니다. 15세기의 고딕 건물들은 대부분 지나치게 조각이나 장식이 많고, 각기둥이며 몰딩 등으로 표면이 복잡했지만 우리는 언제나 프로그램에 대한 엄격한 관찰을 발견할 수 있습니다. 그것은 대저택일 경우 거주자의 편의를, 시청이나 구빈원일 경우 공공의 편의를 늘 고려하고 있었죠. 르네상스 최초의 건축가들은 새로운 형태를 도입하면서 이 형태가 우리의 근대 문명과 관습에 관련이 있는지의 여부를 고민하지 않고 그저 낡은 옷을 새롭고 우아한 의상으로 바꿔 입는다고 생각했으며, 신체와 영혼은 그 아래서 완벽한 자유를 보존하게 될 것이라고 여겼습니다. 그들은 이것을 믿었고, 사실 처음에는 그들의 기대가 충족되기도 했습니다. 그러나 곧 옷이 주된 관심사가 되었고 몸, 아울러 정신은 이에 당혹해 하게 되었습니다. 오랫동안 특권을 누린 단체가 형성되어 몸이 무엇을 걸치든 단 한 가지 스타일의 옷이 아니면 궁극적으로 모두 금지했습니다. 그렇게 새로운 조합을 발견하는 일이 어려워지고, 이전 시대로부터 도입한 다양한 형태들을 연구하고 필요할 때 거기에 의존하는 것도 어렵게 되었습니다.

그러나 루이 14세 치세 말기에 거짓 원리들로부터 출발한 건축이 길을 잃기는 했지만 적어도 그것은 존엄을 간직한 채로 종말을 맞이했습니다. 이 시기의 건물들은 여전히 영향력이 있는 예술을 소유하고 있었던, 고유한 특성을 가지고 있던 사람들에게 속합니다.

외부 건축이 위협적으로 몰락을 가리키고, 그것이 모든 경우에 **장엄한** 효과를 목적으로 하며, 사회의 욕구들과 점차 더 부조화하게 되었다 해도, 적어도 내부 장식에서는 유익한 특성을 보존하고 있었으며, 종종 당시 사회의 풍습과 관습을 보기 드물게 잘 표현했습니다. 지난 세기 말까지 궁전과 공공건물, 대저택, 성의 실내는 미술의 타당한 전통을 얼마간 간직하고 있던 예술가들에 의해 디자인되고 시공되었습니다. 그래서 루이 15세 때 지어진 살롱에 들어간 사람이라면 누구나 자신이 당대의 사회 중심으로와 있음을 발견할 수 있습니다.

우리는 백 년 후에 우리의 궁전과 대저택의 실내를 보게 될 사람들도 그와 같을 것인가에 대해 회의를 가지게 됨을 인정할 수밖에 없습니다. 그들이 우리의 풍습, 관념, 일상의 인상을 발견하기는 어려울 것입니다. 하지만 우리 근대 예술의 기이한 혼돈을 풀어내고, 도금된 매스와 온갖 곳에서 훔쳐 온 장식 아래 숨겨진 가식적인 장엄, 창의력의 결핍을 설명하는 과업은 후손들에게 맡겨 두기로 합시다. 이것은 그들이 할 일이지 우리 일이 아니니까요.

16세기 초에 이탈리아는 공공건물과 민간 건물들의 내부 장식에서 특이한 찬란함을 획득했습니다. 시에나 대성당의 서고, 피렌체 베키오 궁의 일부 실내, 바티칸의 서명실들, 빌라 마다마, 산타 마리아 델 포폴로의 성소 궁륭, 바티칸 도서관, 로마의 파르네시아, 그 밖에 베네치아와 제노바의 몇몇 궁전의 사례는 그 신중한 구성과 경탄스러운 시공에서 무궁한 연구의 소재이고, 앞으로도 그럴 것입니다. 그런데 이처럼 결코 밀려나지 않는 작품들을 만들어 낸 예술가들이 따른 원리는 어떤 것입니까? 한마디로 말하면 이런 겁니다. 이 실내들에서 건축의, 즉 구조의 형태는 결코 다양성이나 크기, 규모, 혹은 장식적 세부들의 과도함으로 감추어지거나 상실되지 않습니다. 이것은 고전 고대의 전통에 속하는 것으로, 그 시대는 우리가 아는 한 그 사원이나 궁전, 주택의 실내를 과잉적인 찬란함이나, 건물의 척도에 조화를 이루지 않는 장식의 규모나, 그 화려한 풍성함으로 뒤덮지 않았습니다. 프랑스에서 우리는 건축 교육을 주재하는 단체를 갖는 특권을 누리고 있고, 그곳에서는 그리스와 로마의 고대에 대한 연구를 유일하게 바람직한 것으로 여기는 마당에, 어째서 학생들과 신봉자들에게 그처럼 전적으로 신중한 원리를 환기시키지 않는 것입니까? 어째서 예술에 관한 문제들에서 너무도 흔히 관찰할 수 있는 모순되는 성향 중 하나를 따르면서, 그러한 원리를 엄격하게 따라 온 근대 예술에 대한 연구를 거부하는 것입니까? 그런데도 고전적 사례들, 즉 고대가 우리에게 남긴 사례들은 무시하면서 우리가 **고전적** 이상을 따르고 있다고 주장하고 있는 것입니까? 그렇다면 우리는 프랑스에서 건축 학파라고 불리는 예술의 중심부에서 원리들의 선호에 관한 이 모든 문제를 개인적인 고려 사항이 장악하고 있으며 예술에 대한 관심은 완전히 시야에서 사라져 버렸다고 정당하게 주장할 수 있지 않을까요?

앞선 강의들에서 그리스 건축의 외부 장식은 다만 구조에 주어진 아름답고 잘 연구된 형태일 뿐이지만, 마치 인체의 근육 아래서 언제나 뼈대가 나타나듯 항상 구조가 드러났음을 명료하게 보였습니다. 그리스 미술의 전성기에 만들어져 우리에게 전해진 장식의 편린들은 결코 이 원리를 벗어나지 않습니다. 제정기 로마에서 장식은 건물 자체의 구조와 얼마간 이질적이었다고 하지만 그럼에도 그 구조는 솔직하게 나타납니다. 자갈이나 벽돌로 지어진 로마의 건물은 건물과 절대적으로 필연적인 관계를 가졌다고는 볼 수 없는 대리석으로 장식됩니다. 하지만 그 장식은 일종의 두 번째 구조로서 그 풍부함이 사용된 재료나 그것이 사용된 방식을 착각하게 만들지는 않습니다. 저는 이미 이야기한 것을 지금 다시 한 번 되풀이하여 말하겠습니다(그러나 이 말은 제대로 인식될 때까지 지겹도록 반복해야 할 진실을 전합니다). 그리스 건축은 옷을 입지 않은 신체와 같아서 그 가시적 형태들이 반드시 구조를 따르고, 이 형태들은 오늘날까지 아름답습니다. 반면 로마의 건축은 옷 입은 신체입니다. 옷을 제대로 입혔을 경우에 그것은 인체의 형태를 왜곡하지 않습니다. 그러나 그것이 몸에 잘 맞든 그렇지 못하든 그것은 언제나 옷입니다. 그것이 옷으로서 합리적이고 적절한 것이죠. 부자에게는 화려한 옷, 가난한 사람에게는 수수한 옷이 주어지며 그 장식이 스타일이나 형태를 망가뜨리지 않습니다. 중세에, 적어도 프랑스에서는 여전히 구조가 장식되었으며, 매력적인 형태를 벗은 몸에 씌우려고 했습니다. 이 시기의 건축이 그리스 미술과 그토록 밀접한 연관을 갖는 것은 특히 이런 점에 있어서입니다.

르네상스는 두 개의 원리들을 화해시키려고 애씁니다. 인체와 의복은 동일한 것으로 취급됩니다. 왜냐하면 이 시기의 건축가들은—그들이 연구할 수 있었던 유일한 미술인—고대 로마 미술의 외양에만 끌렸을 뿐, 그 형태는 실제 구조가 아니라 겉포장일 뿐이라는 것을 지각하지 못했고, 그러면서 다시 한 번 말하지만 구조와 장식을 분리하지 않았던 중세의 전통을 계속 따랐으니까요.

어떤 여행가들은 열대의 태양 아래 알몸으로 살아가는 야만족들이 있으며, 그들은 유럽 인들을 처음 보게 되면 우리의 옷이 몸의 일부라고 상상하고 있다가 백인들이 옷 벗는 장면을 보고는 놀라서 기겁을 한다고 이야기합니다(저는 이것이 사실임을 보증할 수는 없습니다). 17세기의 건축가들(제가 이들을 야만인들과 비교하려는 것은 전혀 아님을 이해해 주십시오)은 자갈들로 이루어진 매스에 석재나 대리석, 스투코 등으로 외장을 한 로마 건축에서 하나의 등질적인 전체를 보았고, 그것을 중세에 도입된 구축 수단으로 모방하고자 했습니다. 그 결과로 고대인들을 닮고자 하는 그들의 소망에도 불구하고 그들은 이 대립하는 원리들을 화해시키고자 애쓰는 가운데 독창적인 건축을 창안했습니다. 그러나 이러한 혼란은 오래 가지 않았습니다. 그리고 필리베르 들로름의 시대에조차, 건축가들 사이에서 건축은 명백히 고대의 구조를 향하고 있었습니다.* 로마의 형태가 절대적으로 주장되었기 때문에 구조를 형태에 종속시키는 것이 논리적으로 일관성 있는 일이었습니다. 그럼에도 불구하고 예술의 전통들이 상실된다는 것은 매우 어려운 일이고, 그 흔적이 너무도 깊이 각인되어 있어서 16세기 말에도 우

---

* 아네 성의 예배실과 생 드리에 있는 발로의 무덤을 보십시오(Marot).

리는 두 가지 원리들이 같은 건물에서 상충하는 것을 발견하게 됩니다. 우리는 여전히 구조가 있은 다음에 그것이 장식되는 것을, 벗은 몸이 그에 어울리는 형태를 갖춘 것을 봄과 동시에 나란히 로마 미술에서 빌려 온 의복 조각도 봅니다. 야만인은 외투를 걸쳤지만 바지를 입지 않은 것이죠. 나아가 우선 건물의 매스—하나의 블록처럼 만들어진 구조—를 세우고, 후에 거기에 옷을 입힌다는 관념, 혹은 심지어 그것이 안정성에 절대적으로 필요한 것은 아닌 석재와 대리석 장식과 더불어 세워지고 있다는 관념은 중세 유파 이후 시기에 건축가들의 머리에 떠오를 수 없었습니다. 그리고 이 방법은 결코 당시에 사용 가능했던, 로마 시대의 것과 비교해서 매우 비효율적인 기기들과 조화를 이루지 못했습니다. 그들은 자신들의 창안에 대한 보증을 반영해 줄 건물을 세울 필요를 느꼈습니다. 반면 그들은 로마의 건축을 축소된 규모로 만들어야만 했는데, 그것을 고대 방식으로 시공했다면 몇 달 안에 16세기에 어떤 개인 또는 군주의 재산이라도 집어삼켰을 터이기 때문입니다. 앙리 2세가 자신의 왕궁 건설을 명할 때 마련된 자금은 10년이 걸려도 아그리파 대욕장이나 안토니누스 카라칼라 대욕장과 같은 시설을 짓는 데는 부족한 액수였습니다.

사실 우리에게 평면도가 있는 것 가운데 카라칼라 욕장과 같은 건물 혹은 건물군을 로마식의 웅장함으로 장식한다고 하면 오늘날에는 3억 2000만 프랑쯤 비용이 들어갑니다. 이 구조들은 4만m² 정도 면적을 차지하고, 화강석과 대리석 원주들, 대리석으로 만들어진 엔타블라처와 외장재들, 청동 울타리, 모자이크, 그림이 그려진 스투코, 지하 작업, 굴착, 납 지붕, 장식 조각, 조상들, 부조 등을 고려한다면 확실히 m²당 평균 8000프랑쯤 비용이 듭니다. 비록 르네상스의 건축가들이 로마 인들이 사용했던 엄청난 양의 자갈들이나 값비싼 재료들을 사용하지는 않지만, 또 그들이 외관에 만족하고 그들의 건물들이 로마 건물들에 비해 규모도 작긴 해도, 그들은 그 중 어느 것도 끝마칠 수 없었습니다.

이 건축가들이 중세 방식에서 멀리 떨어져 나갈수록, 또한 그들이 제정 로마의 건축가들에 비슷해지려고 노력할수록 그들이 소생시키려고 하는 건축 스타일의 요구에 대처할 만한 재정적 뒷받침은 불가능해져 갔습니다. 이것이 종교 전쟁 후, 17세기 초에 이미 중세적 구축 방법을 지지하여 나타나기 시작한 반응을 설명해 줄 것입니다. 이 시대에 민간 건물과 사적 주거 중에 개구부를 뚫은 단순한 벽과 목재로 만든 바닥과 천장이 다시 나타납니다. 거대한 아치를 이용한 포르티코들은 사라지고, 아치가 뚫린 두 꺼운 벽으로 받쳐지는 궁륭 위에 테라스 지붕을 덮은, 생제르맹이나 라 뮈에트, 샬뤼외 등과 같은 성들은 더 이상 설계되지 않습니다. 내부에 목재 징두리 벽판이 다시 등장하고, 예술가들이 제정기 로마 건축의 거대한 대리석 장식을 모방하고자 했던 장식된 스투코 작업은 피하게 되죠. 외부에서는 16세기에 중반으로 가면서 매우 명성이 높았던, 벽기둥이든 원주든 기둥을 층층이 쌓아 올리는 방식이 중단되었습니다. 그들은 석재 띠와 중간의 벽돌 외장으로 만족했고, 돌림띠와 코니스는 덜 튀어나오게 되었으며, 아라베스크 문양으로 뒤덮인 벽기둥으로 장식된 개구부들도 없어졌습니다. 내부에서 건축은 보다 엄격하고 보다 평온한 모습을 취했으며, 구축 방법을 명료하게 드러내 보이게 됩니다. 고전기 유적을 모방하려는 시도 이후에, 그리고 이탈리아 르네상스의 영향을 거치고 나서 건축은 당대 사회와의 완벽한 조화 속에 그 프랑스적 인상을 회복했습니다. 회복하지 못한 것은 시공의 탁월함이었죠.

기능이 퇴보하게 된 이유는 많습니다. 중세에는 단순히 구축, 장식, 외적 형태의 분리가 불가능했기 때문에 작업을 맡은 장인들이 구축을 위한 실치

수의 도면을 장식과 몰딩을 덧붙여 제작하는 데 익숙했습니다. 각각의 석재는 건물에 놓이기 전에 마무리되고, 새겨지고, 조각되어 있었습니다. 이런 방법은 매우 솜씨 좋고 현명한 조적공, 탁월한 마무리 조적공을 만들어 내고 조각가들이 각각의 돌에 맞는 장식을 하도록 만드는 이점이 있었으며, 이 방법을 도입하지 않는 한 고딕 건물을 세우는 것은 불가능합니다. 관습은 여러 세기를 거쳐 성장했고, 이러한 과정들은 새롭게 도입된 형태에는 필요하지 않았음에도 르네상스가 시작되고도 한동안 지켜졌습니다. 그러나 새로운 몰딩과 조각은 보다 정확하고 보다 싼 비용으로 현장에서 시공될 수 있었습니다. 그리하여 노동자들은 석재를 단순히 장방형으로 잘라 올리기 시작했죠. 그때 이후로 건축의 다양한 부재들에 따라 줄눈 마무리를 해야 할 필요성이 더 이상 긴급하게 여겨지지 않게 되었습니다. 원리를 관찰해야 하는 즉각적 필요성이 존재하지 않게 되면, 그 원리는 아무리 값진 것이라고 해도 사라지게 된다는 사실에 주목해야 합니다. 16세기 중반에조차도 우리는 솜씨가 뛰어난 건축가들, 지적이고 꼼꼼하며 좋은 방법을 존중하는 필리베르 들로름과 같은 이들이 조적 작업을 건축의 형태에 일치시키는 것을 봅니다. 그러나 이것은 예외적인 경우였습니다. 필리베르 들로름의 시대에 많은 건축가들은 파사드의 석재 줄눈 마무리를 인부들에게 맡겼고, 그 후로는 몰딩과 장식들을 대충 모양 잡은 석재에 새기는 일이 이미 벌어지게 됩니다. 이러한 태만함은 종종 석재의 줄눈 마무리와 외적 형태 사이의 심각한 부조화를 야기했습니다. 조적공의 기능이 더 이상 접합되는 부분들에 대한 완전한 이해를 요구하지 않게 되었기 때문에 그것은 퇴행했고, 무지한 노동자들의 손에 떨어졌으며, 16세기 말 이후로 세워진 대부분의 우리 건물들은 상식에 반하여, 심지어는 안정성의 조건에조차 반하여 배열되었습니다. 이런 사실은 파리의 성 외스타슈 교회의 거대한 규모에서 관찰할 수 있습니다. 같은 이유로 건물에 장식을 새겨야만 했던 조각가들은 결과적으로 덜 엄격하게 감독되었고 종종 그들의 장식이 거의 눈에 띄지도 않는다는 것을 알고 있었기 때문에 부주의한 작업 스타일을 취하게 되었습니다. 게다가 그들은 비계를 빨리 치우고 거기서 내려오고 싶어 했습니다. 그들은 서둘렀고, 작품을 성급하게 끝내려 했으며, 끝났다는 것으로 만족했습니다. 그러다 보니 조각은 불완전한 채로 남겨져 있거나 거칠게 이루어졌습니다. 게다가 이제는 더 이상 접합면 사이에 정질을 할 필요가 없었습니다. 그것은 접합부에 신경 쓸 필요가 없는 연속적인 작업으로, 건물 자체를 그냥 한 덩어리로 보고 깎아 내면 되었습니다.

중세와 16세기 전반에 그토록 유명했던 조각가들의 유파는 점차 쇠퇴하여 기념비적 예술에 대한 감각을 잃고 한낱 직무로 전락했습니다. 고대의 미술과 프랑스 전통의 영감 아래 그토록 우아하고 종종 순수하기까지 했던 유형들은 르네상스가 시작되면서 가치가 떨어지게 되었고, 불분명하고 스타일도 성격도 없는 평범한 작품들에 지나지 않게 되었습니다. 앙리 4세의 치세 말기와 루이 13세 치하에서 어느 정도 활력과 새로운 젊음을 회복하면서 건축은 그 노동자들, 조적공들, 마감 석공들, 조각가들에게 예술에 관하여 좀 더 연구하고 조심성과 존경을 기울일 것을 요구하게 되었습니다. 그러나 이 시기에 건축가들이 가장 노력을 기울인 것은 내부 장식을 지휘하는 일이었죠.

사실 르네상스는 세속 건축의 내부에 잘 특성화된 인상을 부여하지 않았습니다. 전 세기의 악습을 계속해서 따르거나 뒤섞인 구성들을 탐닉했죠. 거기에는 솜씨 좋은 예술가들, 취미를 가진 사람들이 조금 있기는 했지만 그 결과물은 전체적인 효과와 특히 위엄을 결여하고 있었습니다. 르네상스의 최고 전성기는 너무 짧게 지속되었고, 그 뒤로 너무나 많은 동요와 재앙들이 뒤따르는 바람에 군주든 개인이든 그들이 시작한 주거를 완공시킬 수가 없었습니다. 내부 장식을 마무리하는 경우는 더 드물었습니다. 또한 그토록 많은 문제와 개입 사이에서 예술가는 홀이나 방, 회합 장소에 적용할 수 있는 완전한 예술을 도입하는 데 크나큰 어려움을 겪었습니다. 우리가 외부에서, 즉 파사드에서 건축 체계를 변형시키면 공공건물이나 주거의 내부를 배치하고 장식하는 새로운 방식을 수년 안에 획득하는 일은 더욱 어려워진다는 것을 인정해야 할 것입니다. 그것은 습관, 일상의 취미, 사회적 요소 전체를 바꾸는 일이니까요. 어떤 귀족이 건축가에게 자신의 저택의 파사드에 고전적 특성을 부여할 것을 요구했다고 해도 많은 경우에 그는 자신의 침실과 홀의 배치로 인해 생활 방식을 바꾸어야 하는 것을 좋아하지 않았을 것입니다. 이런 자연스러운 감정 덕분에 우리는 르네상스 성의 평면도가 그 내부에 15세기 성의 모든 배치를 그대로 보존한 까닭을 이해할 수 있습니다.

그러나 종교 전쟁 이후에 왕국에 평화가 거의 회복되자 귀족들은 활력을 되찾았습니다. 전쟁과 궁핍의 시기를 보내고 그들의 영주로서의 관습에 공백이 생겼습니다. 그 결과로 그들은 자신들의 성을 재건하거나 복원하자마자 내부 장식에서 검소함과 평온함을 선호하게 되는 것을 볼 수 있습니다. 그것은 위엄과 통일의 인상을 간직한 것으로, 제 의견으로는 프랑수아 1세와 앙리 2세 치하의 모호한 스타일, 세부가 지나치게 많거나 적은 불확실하고 혼란스러운 스타일에 비해 우월했습니다.* 퐁텐블로에 오스트

---

* 르네상스의 내부 장식에 대해 제가 여기서 표명하고자 했던 판단을 오해하지 마시기 바랍니다. 이 시기에도 퐁텐블로의 앙리 2세의 갤러리와 같은 매우 훌륭한 실내가 있었습니다. 그러나 이것은 프랑스 중세 성의 큰 홀이라는 전통에 이탈리아 미술에 대한 노골적인 모방을

리아의 안느의 이름을 딴 방들의 실내, 뤽상부르와 오늘날 국립 도서관이 된 마자랭 저택의 고대풍 방들 일부, 랑베르 저택의, 특히 갤러리를 비롯한 특정한 부분들, 아폴로 갤러리로 불리는 루브르의 익랑 1층은 궁전 실내에 전용된 17세기 초 프랑스 건축의 중요한 견본들입니다. 우리는 혼돈 없는 풍부한 효과, 조각과 회화 사이의 완벽한 조화, 전체 규모에 맞추어진 세부, 무엇보다 고딕과 르네상스 시기에 잘 보지 못했던 내부 장식들의 위엄 있는 분위기를 관찰하게 됩니다.

루이 14세 치하에서 예술은 전 시대의 아름다운 배치들을 보존합니다. 보 성이나 루브르의 아폴로 갤러리, 심지어 베르사유의 일부에서 그것을 아직도 볼 수 있습니다. 그러나 거대함에 대한 취미는 르 포트르의 작품에서 보듯 때때로 과장으로 전락합니다. 시공은 미미하고 조각과 회화도 기념비적 성격을 점점 잃고 과장으로 빠져듭니다. 프랑스에서 너무도 흔히 보는 급격한 변화에 의해, 우리는 만연한 과장과 웅장한 효과를 위한 노력으로부터 과도한 빈약함과 세부의 지나친 섬세함으로 옮겨 갑니다. 더 이상 훌륭한 윤곽선을 볼 수 없습니다. 모든 내부 장식은 대부분 실제 구조와 일관성을 갖지 않는 일종의 유연한 옷입니다. 그것은 우아함만이 살아남은 우리 민족성의 표현으로서 우리 예술의 전성기에 대한 마지막 그림자

적용하고 있습니다. 같은 건물의 프랑수아 1세의 갤러리에서 우리는 앞서 지적한 결함들을 발견하게 됩니다. 세부와 갤러리의 규모 사이에 조화가 완전히 결여되어 있습니다. 조각들은 매력적인 것도 사실이지만 그 돌출이나 외관상의 지지대로서의 중요성은 섬세한 목재 구획을 가진 천장에 의해 결코 정당화될 수 없습니다. 제가 여기서 말하고 있는 프랑수아 1세의 갤러리는 복원 이전의 상태임을 밝혀 둡니다. 현재 이러한 결함들은 한층 더 확연히 드러납니다. 같은 성의 프랑수아 1세의 반침의 경우 분명한 성격과 효과가 결여된 것이 매우 분명히 드러납니다. 이 패널들과 작은 목재 벽기둥들이 아무리 우아하다고 해도 내부 전체에 통일성이 없습니다. 그것은 루이 2세의 징두리판을 댄 방들을 떠올리게 하지만 효과적인 조합이 결여되어 지루함을 줄 뿐입니다.

처럼 계속되고 있죠.

궁전과 성, 주택을 설계할 때 17세기 후반의 건축가들은 내부의 배치, 주거자들의 편의와 안락함에 대해서 거의 고려하지 않습니다. 그들은 실내에서, 길게 늘어선 방들에서 거대한 효과를 추구합니다. 그들은 편의를 희생시켜 광휘를 얻었고 그 결과 사실상 16세기 거주지의 실내가 루이 14세 시대의 관저들보다 우리의 관행과 안락함에 대한 관습에 훨씬 더 적합한 결과를 낳게 되었습니다. 베르사유에서 왕을 제외한 모든 사람은 불편하게 지내야 했습니다. 그곳에는 개인적으로 사용할 수 있는 출입구도, 계단도 없습니다. 칙칙한 방들은 많이 있지만 부속실은 없죠. 의전용 방들조차도 시설들의 배치가 불편했고, 많은 방이 다른 방으로 열렸습니다. 그러나 내부의 이러한 불편함은 궁전의 거대한 대칭적 파사드 뒤에 감추어져 있었으며, 아마도 이것이 이 건물의 주된 관심사였을 것입니다. 17세기 말의 개인 건물들에서 야기되는 내부 배치의 불편함으로부터 전 시대의 방들은 그보다 더 불편했을 것이라는 결론을 내릴 수도 있습니다. 그러나 이런 추론은 정당하지 않습니다. 15세기와 16세기에 건축가들은 내부의 배치에 주의를 기울였을 뿐 아니라 그에 따라 외부를 설계했습니다. 관습에 따라 배치가 결정되었고 배치는 건물의 형태를 제시했습니다. 이것은 고전 고대와 중세의 모든 건축을 지배하는 원리입니다. 관학적 교의들이 예술의 방향을 독점할 때 이 원리는 사실상 무시당했지만 그 진실과 중요성을 감히 부정할 사람은 아무도 없습니다.

9강

건축가들에게 필요한 원리들과 지식들에 대해서

오늘날 파리와 일부 대도시에서 잘 시공된, 상당한 지식을 가지고 미술의 특정한 문제들을 성공적으로 해결한 공공건물들과 민간 건물들을 볼 수 있습니다만, 지방과 소도시들에는 건축의 가장 기본적인 원리들조차도 무시하고 세워진 건물들이 많다는 것을 인정하지 않을 수 없습니다. 파리의 공공 건축물들과 지방 공동체의 관청들 사이에는 사치스러움과 빈곤함의 격차뿐 아니라 세련된 문명과 저급한 야만성 사이의 심연이 있습니다―이 야만성이라는 것은 불완전한 사회적 상태를 드러내는 조야함이 아니라 해체를 보여 주는 것입니다. 지방에서 시공될 건물들의 다양한 설계를 검토할 의무를 지게 되는 건축가들은 제가 이렇게 말하는 것이 과장이 아니라는 것을 목격하게 될 것입니다. 그러한 설계안이 스무 개가 있다고 치면 그중 참을 만한 것은 하나 정도이고 절반가량은 평범한 수준 이하의 것들이며, 나머지 절반은 전적으로 무지한 사람의 작업입니다. 이것은 예술적인 관점에서 하는 이야기가 아니라 평범한 건설 방법의 관점에서 그렇다는 것입니다. 프랑스에서 이 세기가 시작되기 이전에 사태가 이렇게 악화되었던 적은 한번도 없습니다.

고대에 대해서는 차치하고라도, 프랑스에서 중세 때 지어진 가장 수수한 집들과 교회들은 영주의 성과 주교 감독하의 대성당에 못지않게 분명히 예술적인 건물들이었습니다. 이 [건축] 작품들은 크든 작든, 사치스럽든 검소하든, 말하자면 동일하게 능숙한 솜씨로 만들어졌으며 동일한 지식의 결과물이었습니다. 그러나 건축 예술은 점차 변방으로부터 물러나 오직 인구가 집중되는 지역에만 활기를 불어넣게 되었습니다. 건축이 축적하는 자원이 풍부해질수록, 그리고 건축이 대도시들에서 점점 더 호화롭게 될수록, 그 나머지 지역의 건축은 점차 하찮은 것이 되어 갔습니다.

이것은 몇 가지 이유에서 생겨나 깊이 뿌리내리게 된 악입니다. 그 이유들 중 첫 번째로는 행정 기관을 들 수 있습니다. 이 기관이 일반 사람들에게 미술에 대한 취미를 널리 전파하는 일을 거의 하지 않았기 때문이죠. 두 번째로는 [예술에 대한] 교육이 전적으로 부재하다는 것, 세 번째로는 상류층들의 취미가 질적으로 저하되었다는 것을 이유로 꼽을 수 있습니다. 지방 행정제가 존속하는 동안은 그 정부의 수만큼의 수도들이 있었고, 그 각각의 수도들이 건축 유파의 중심이었습니다. 오를레앙, 푸아티에, 루앙, 트루아, 리모주, 보르도, 툴루즈, 리옹, 디종 등에는 파리와 마찬가지로 그 각각의 유파와 예술가들이 있었습니다. 그리고 이 유파들은 그 나름의 독창성을 가지고 있었죠. 그것들을 부차적인 것으로 여기는 가운데서도 그 유파들은 지역에 생명력을 불어넣었으며, 그 가지를 가장 작은 지역 단위까지 뻗었습니다. 이 지역의 장들은 막강한 귀족들로서, 그들이 받은 교육과 사회적 위상 덕분에 자신들의 통치하에 세워진 건물들에 독특한 특징을 부여하는 데 자부심을 느꼈습니다. 직인 조합의 정신은 특히 예술가들과 건축 장인들 사이에서 존속되었으며, 조합을 통해 지역의 전통들이 가장 유능한 이들에 의해 유지되었습니다. 그들은 서로 친교하고, 도움과 비판을 주고받았습니다.

이러한 지방 유파들의 자유가 처음으로 제약을 받게 된 것은 루이 14세 치하에서였습니다. 루이 14세는 정부는 물론 예술에서도 일반 감독 체계를 수립했습니다. 지방에서의 모든 독립적 행위는 사전에 차단되었고, 자유는 완전히 억압되었습니다. 르브룅(Charles Le Brun, 1619-1690)(개인의 이름이 중요한 것은 아닙니다만)이 프랑스에서 모든 미술 제작의 총감독이 되었습니다. 이러한 체계는 한동안 건축 사업에 큰 자극을 주고, 이 치세의 정신에 부합하는 통일성을 부여하는 효과를 보았습니다. 더구나 그것은 로마 제국에서 수립된 체계의 부활이었죠. 그러나 로마 제국의 경우에서와 마찬가지로 그처럼 공식적으로 제시된 방향을 따르면서 행정 기구의 일부가 된 건축은 곧 스타일의 활력을 모두 잃어버리고 맙니다.

우리는 콘스탄티누스 치하에서 제국의 공식 예술이 어떤 결과물을 낳게 되는지 볼 수 있습니다. 루이 14세 말기에 세워진 공공건물들은 미술적인 관점에서 17세기 전반에 지어진 것들에 견줄 수 없습니다. 모든 지적 산물은—물론 저는 미술의 문제에서 지성의 역할에 이론의 여지가 있다고는 꿈에도 생각하지 않습니다—그것에 허용된 자유에 비례하여 발전합니다. 손의 노동보다는 정신의 산물인 **예술**은 독립성의 공기를 차단당하는 순간 시들어 버리며, 온실에 옮겨 심으면 건강한 색조를 잃고, 사실상 꽃과 열매가 점차 줄어들게 됩니다.

오늘날 건축은 일종의 지적 정부에 종속되어 있으며, 그 정부는 루이 14세 때 수립된 것보다 훨씬 더 많은 것을 제약하고 있습니다. 그것은 1789년의 혁명과 같은 것을 결코 경험하지 못했습니다. 고립되고, 거의 이해받지 못한 채 잘못 정의되어 있는 오늘날의 건축은 르브룅의 멍에—적어도 어느 정도의 장엄함과 독창성을 특징으로 했던 [그의] 지배—를 저속하고 편협한, 우리 시대의 재능에도, 심지어 우리 나라의 재능에도 합치하지 않는 또 다른 멍에로 바꾸어 왔습니다. 이러저러한 길을 가는 것은 금지되어 있지만 어떤 것을 골라야 할지에 대해서는 아무런 지침도 얻을 수 없습니다. 배우지 말아야 할 것에 대한 지시만 있을 뿐 아무도 공공연히 알아야 할 만한 것이 무엇이라고 과감하게 설명하는 사람은 없습니다. 공식적이고 자족적이며 전제적이지만 그럼에도 불구하고 강력한 르브룅의 지휘에서 존속한 것은 그저 수많은, 무자격의 주인들에 대한 예속뿐입니다.

관계(官界), 애호가들, 아카데미 회원들, 어떤 것에도 정통하지 못한 미술 교수들, 고고학자들, 고전 고대 혹은 중세의 신봉자들, 과학자들, 경제 전문가들, 몽상가들 사이에서 이리저리 치인 건축은 존재하기 위해서, 이런 것을 양보하기 위해서, 저런 것과의 다툼을 피하기 위해서, 집단의 무언의 괴롭힘을 피하고자 모색하며, 모든 이의 조언에 다 귀 기울이고 모든 곳에서 적대와 시기를 봅니다. 그렇게 해서 건축 작업이 다 마무리되면 그것은 누구도 만족시키지 못한 채 온 도시로부터 이런 탄식을 듣게 되죠. "우리의 건축가들은 어째서 시대를 특징짓는 건축을 생산해 내지 못하는가? 이것은 조금도 아름답지 않은 또 하나의 괴상한 건물이다!"

사람들은 우리 나라, 우리 시대의 고유한 건축을 원하지만 우리의 젊은 이들이 배우도록 허용된 모든 스타일 가운데 고국의 토양에서 자라난 것들은 특별히 배제되어 있으며, 심지어 금지되어 있기까지 합니다. 시대를 특징짓는 건축가를 기대하면서도 우리는 우리의 젊은이들에게 전적으로 불충분한 예비적 교육을 시켜 놓고 고대 로마와 아티카의 **기념비**적 건축들을 연구하라고 보냅니다. 그 기념비들에 대한 연구는 그들이 엄중한 비평과 광범위한 지식의 기초를 단단하게 놓은 뒤에야 쓸모가 있게 될 텐데도 말이죠.

어떤 건축 작업이 새로운 관념들을 제시하도록 계획되면 그것은 확신에 따라 혹은 차라리 확신의 결여로 인해 어떠한 혁신에도 반대하고, 심지어 알려진 방법들의 새로운 적용에도 반대하는 이들의 비판을 받게 됩니다. 그리스의 예술이 영원한 아름다움의 유형들을 제시하고 있으며, 그 원리들은 영원히 참된 것이라는 점은 보편적으로 인정됩니다. 그러나 이 원리들이 발전되는 것을 허용하지 않고 제약하는 한이 있더라도 그것들이 지배적인 것이 되도록 해야 한다고 주장하는 이들은 그리스의 예술가들이 오직 자유의 수호 아래에 있을 때에만 걸작을 만들어 낼 수 있었으며, 로마 예술은 아우구스투스에서 콘스탄티누스에 이르기까지 지속적인 몰락 상태에 있었다는 점을 망각하고 있습니다.

오늘날 우리는 제조 기술과 증대하는 운송 수단을 갖춘 거대한 자원들을 가지고 있습니다. 그러나 이 수단들을 우리의 시대와 문명에 맞춘 건축 형식으로 도입하려는 관점 대신에 우리는 이 새로운 기기들을 다른 시대에서 빌려 온 건축으로 감추려고 애씁니다. 사람들은 예술가들이 생각이 없다고 불평하면서 자신의 생각을 예술가들에게 강제하려고 합니다. 과학자들에게 자문을 구하면 그들은 과학적 입장에서 미술의 문제들에 대해 조언할 것이고, 광산 기술자가 주두의 형태를 논하게 될 것입니다. 경영인에게 건축의 방식과 수단에 관해 자문을 구한다면 그는 자신이 벽기둥을 싫어한다든가, 무슨 일이 있어도 버팀벽은 허용할 수 없다는 등의 이야기를 하겠지요. 그는 평평한 벽들을 선호하지만 그럴 경우 비용이 올라갑니다. 그렇게 되면 건설이 마무리되었을 때 그는 건축가가 능력이 없어서 평평한 벽들이 판잣집처럼 보인다고 불평하면서 부착 기둥으로 벽면을 장식해야 겠다고 말하겠죠. 부착 기둥이라면 결국은 버팀벽과 다를 바 없는데 말입니다.

프랑스에 건축 학교는 있지만 그 학교에서 진행되는 건축 강좌는 없습니다. 혹은 어쩌다가 그런 강좌가 진행된다고 해도 미술의 한 시기에 관한 몇 가지 일반적 관념에 제한된 것들일 뿐입니다. 건축 작업의 수행, 노동의 조직과 행정, 프랑스 문명의 역사, 건축의 다양한 스타일들 혹은 스타일군들의 비교, 그것들과 문명의 관계, 그것들의 발전 혹은 쇠락, 그러한 흥망성쇠의 이유들, 다양한 지역들에 따른 고유한 재료들을 도입함으로써 재원을 절약하는 방법, 그러한 재료들을 채택된 형태들에 적절히 적용하는 법, 건축가에게 명료하고 논리적인 표현 형식으로 건전한 이성에 의해 자신의 설계를 설명하고 타당함을 입증할 능력의 중요성, 자유로운 기회를 얻었을 때 광범위한 원리들이 활기찬 지성을 전개하고 그러한 원리들에 새로운 옷을 입힐 필요성 등에 대해서는 전혀 가르치지 않습니다.

애호가들은 예술가들과의 접촉을 통해 건전한 취미(건축에서는 특히 건전한 추론과 동일한 것인)를 요청할 수 있을 뿐입니다. 그러나 그들이 영향력 있는 후원자들의 취미를 형성할 수 있으려면 건축가들은 그들에게 자신들이 이러저러한 방법을 채택하도록 한 이유들을 설명할 수 있어야 합니다. 이런 개념들이 인정되든 방어되든 그것들을 변호할 수 있어야 합니다. 그 의미와 이유에 대해 스스로도 알지 못하는, 하지만 배척당할지 모르는 고통 속에서 자신들에게 강제된 형태들을 사용하는 데 익숙한 건축가들이 갑자기 자신의 개념을 설명할 준비가 되어 있으리라고 어떻게 기대할 수 있겠습니까? 스스로도 왜 하필 이것을 채택했는지 알지 못한다면 이런저런 파사드 설계를 받아들이지 않겠다고 선언하는 귀족이나 소유주에게 무슨 대답을 할 수 있습니까? 더구나 이 건축가들은 어떠한 독립심도 억누르도록 강요받아 오지 않았습니까? 건축 학과가 속한 아카데미의 독재가 추론하거나 토론하는 것을 허용해 왔나요? 극히 평범한 취미와 오성을 가진 한 부르주아가 당신이 준비하고 있는 평면도를 보고 "나는 이런 종류의 것들을 좋아하지 않아요"라고 말해도 당신은 할 말이 없습니다. 왜냐하면 이런 '종류의 것들'은 당신도 이유를 모른 채로 종이 위에 그려 넣은 것들이기 때문이죠.

예술가가 점차 이렇게 침묵 속에 복종하는 데 익숙해지면 자문을 구하는 애호가는 변덕을 부리게 됩니다. 그는 이내 스스로를 방어할 방법을 모르는 건축가가 자신의 취미의 탁월함과 정확함을 인정하게 되었다고 착각하기 시작하죠. 사람이 폭군이 되는 것은 체념하여 전횡을 떠받들게 된 상대를 만나게 되었을 때뿐입니다. 견고하고 합리적인 가르침을 받지 못한 건축가는 애호가를 토론과 올바른 이성으로 바로잡아 주지 못한 채 그가 자기 머릿속의 온갖 기이한 것들에 몰두하도록 방치합니다. 계몽된 애호가들이 없는 탓에, 독립을 향해 어떤 식으로든 유도된 건축가는 처음부터 침묵을 강요당하고, 우리는 어디서도 도움이나 인도를 받을 수 없어 악순환을 거듭하게 됩니다. 프랑스에서 건축 학교가 우리 시대에 나날이 쌓여가는 욕구와 진보에 상응하는 수준에 있다고 가정하더라도, 그것은 조직된 원리로 인해 더도 덜도 아닌 일종의 관학적 도장에 머물 뿐입니다. 그곳에서 선택된 소수는 기다리기만 하면 저절로 고위직에 오르게 됩니다. 대다수의 학생들은 십 년 동안 불가능하고 설명할 수 없는 건물의 설계에 매달려 시간을 보내고 나면 지방에 자리를 얻거나 민간 공사를 맡는 것 외에 다른 전망이 없습니다. 게다가 그들은 이런 역할을 수행할 준비가 전혀 되어 있지 않다는 것을 인정하지 않을 수 없습니다. 실용적 관념은 거의 없고 편견은 많은 데다가 우리 나라에서 생산되는 건축 재료들이나 그것을 사용하는 방식에 관해 아무런 지식도 없고, **학교**가 금지한, 공부하고 알기 어려운 **예술들**에 대해서는 무지로 인한 깊은 경멸조차 가지고 있습니다. 또한 각각의 목적에 부합하도록 견고하고 적당한 건물을 짓기만 하면 되는 때에조차도 건설 작업의 지휘와 관리를 어떻게 할지 모르며, 기념비적 구조들을 짓는 방법도, 그에 대한 열정도 없습니다. 그래서 성실히 노력했지만 로마에 체류하게 해 주는 장학금을 딸 기회는 얻지 못한 학생들은 대도시에서 멀리 떨어진 지역에서 일자리를 얻게 되는 것에 대해 (그들의 입장에서는 당연하게도) 반감을 갖습니다. 그들은 파리에 남아 있는 편을 선호하여 그들이 실제 경험이 없을 때 지방 건축가로서의 경력을 시작하느니 책임질 일 없고 별로 중요하지 않은 일들을 도시에서 맡는 편을 택합니다. 결과적으로 파리에는 건축가들이 넘쳐 나지만 지방에는 턱없이 부족하게 됩니다.

건축 학교는 미술의 원리들을 가르치는 것으로 충분하지 않습니다(사실 그조차도 파리에서는 가르치지 않습니다만). 그러나 학생들의 정신에서는 개인적 책임감과 자신들의 직업적 임무들에 대한 지식, 건축가가 의지해야 하는 산업의 모든 분야에 대한 학습을 토대로 한 확고한 권위가 발전되어야 합니다. 얼마간 남부적인 기질로 인해 우리는 각자의 개인적 판단을 어떤 권위에 맞추기를 너무 좋아합니다. 다른 곳에서라면 능력을 발휘했을 재능 있는 많은 사람들이 유독 프랑스에서는 개인적 책임이 따르는 책무 앞에서 뒷걸음질치곤 합니다. 우리 사이에 늘 훌륭한 군인들이 있는 것은 이 때문이며, 우리의 풍속, 우리의 입법, 우리의 사회적 조건이 영원히 철폐한 것으로 보였던 종교 제도의 성공도 여기서 기인한 것으로 추정할 수 있을 것입니다. 그러나 우리의 혈관에는 지적 진보에 장애물이 되고, 우세해질 경우 곧 우리를 몰락으로 이끌게 될 이런 경향에 저항할 수 있기에 충분한 북부의 피도 흐르고 있습니다.

합리적으로 볼 때, 우리의 건축 교육의 결과라는 것이 매해 9월에 공식적으로 능력이 인정된 단 한 명의 건축가를 해외로 내보내는 데 그쳐서는 안 될 것입니다.[1] 대신 국가와 개인을 위해 종사할 수 있는 젊은이들 사이에 건축가라는 이 직업이 나타내는 임무에 대한 감각과 지식을 널리 알려야 합니다. 또한 그들이 예술의 존엄을 유지하면서 수호해야 할 이해에 대해 정확히 알고 있도록 해야 합니다.

이를테면 사관 학교가 프랑스의 장성들만을 육성하고 대위나 중위의 훈련은 되는 대로 방치하도록 조직되어 있다면 우리는 어떤 생각을 하겠습니까?

지방에서 능력 있는 건축가들이 점차 사라지고 있다면 이것은 상당 부분 에콜 데 보자르가 채택한 체계로 인한 것이라고 추정하지 않을 수 없습니다. 그 체계는 해마다 빌라 메디치[2]에서 수상자를 내지만 자신의 의무와, 그 미술을 실천하는 데 필요한 수많은 세부적 지식들을 잘 알고 있

1) 이어지는 단락들에서 저자는 로마 대상(Prix de Rome)에 대해 비판하고 있다. 루이 14세 치세였던 1663년에 창설된 로마 대상은 해마다 회화와 조각 분야의 수상자를 뽑아 왕실의 부담으로 로마 유학을 보내 주는 것으로 시작하여 곧 건축으로 대상 분야를 확대하게 되며, 결국에는 음악, 판화 등의 장르에서도 수상자를 선발했다. 이는 수상자들로 하여금 로마에 남아 있는 고대와 르네상스의 걸작들을 직접 체험할 기회를 제공하는 동시에 그에 근거한 아카데미의 보수적 취미를 고수하도록 하기 위한 장치였다.
2) 로마 대상 수상자들은 로마의 아카데미 드 프랑스에 체류하게 되어 있었는데, 1803년 이후로 이 기관은 빌라 메디치에 입주해 있었다.

는 일련의 유능한 예술가들을 키워 내는 데는 힘을 쏟지 않습니다. 우리는 고유의 건축을 갖기를 진지하게 원하는 것일까요? 건축가들을, 즉 개인과 국가는 물론 예술의 이해에도 필수적인 독립성을 매우 완전하고 매우 자유로운 지식에 의해 유지할 수 있는 사람들을 육성합시다. 우리의 사회적 조건하에서 학교가 그런 사람들을 키울 수 없고, 앞으로도 늘 그럴 것임을 인정한다면, 또 예술의 영역에서 개인적 고려들이 언제나 일반적 이해와 원리의 문제보다 우세하다면 차라리 학교를 닫고 위대한 나라가 필요로 하는 건축가들을 키우는 과업을 개인들에게 맡겨 놓읍시다. 이런 교과 과정은 어쨌든 대중의 정신에 계속해서 환상을 심어 주지 않고, 교습에 완전한 자유를 주며, 수동적인 평범한 이들에게 공식 후원자를 붙이지 않고, 자신의 연구를 선택하는 주도권과 책임을 모두에게 각자 맡기는 이점을 가질 테니까요.

지금까지의 이야기는 서론에 불과할 뿐, 19세기 중반의 건축가에게 주어진 진정한 위치를 보이기 위해서는 오늘날 건축가가 갖추고 있어야 하는 지식의 본성과 범위를 검토해 보아야 합니다. 이런 지식은 이론적 지식과 순수하게 실천적인 지식의 두 종류로 나뉩니다. 이론적 지식은 한 세기 전까지만 해도 매우 제한적이었지만 고고학적 탐구와 그 결과로 이루어진 발표들로 인해 놀랄 만큼 확장되었습니다. 이 발굴들이 그저 호기심을 만족시키는 데 그쳤다면 여기서 논할 이유가 없겠지만 우리 시대의 특징인 분석적 관점에서 다루어져 미술, 특히 건축에 상당한 영향을 미쳤음에 틀림없습니다. 과연 진정한 영향을 미쳤지요. 이를테면 기하학에 대한 폭넓은 지식이 모든 건축 노동의 기초라는 사실에 이의를 제기할 사람은 없습니다. 고고학 연구로 인해 오늘날 우리는 기하학의 적용이 외관상 매우 상이한 건축 스타일들에서 이루어져 왔다는 것을 증명할 수 있습니다. 이 연구는 이 스타일들의 공통점들을 보여 주고, 그것들이 동일한 원리들에서 출발한 것들임을 알려 줍니다. 좀 더 정확하게 말하자면 세계사에서 중요한 역할을 해 온 민족들의 건축이 하나의 지배적 원리의 다양한 결과들일 뿐이라는 것입니다. 우리는 조금 뒤에 이를 증명할 것입니다. 건축가는 화법 기하학에 대해 폭넓은 지식을 갖추고 있어야 할 뿐 아니라 하나의 설계도를 그리거나 한 설계도를 모든 측면에서 작성하기 위해 투시 도법에 대해서도 잘 알아야 합니다. 그는 기하학적 투시도들을 수립할 때 머릿속으로 돌출 면들, 각 층의 높이들, 지면의 평면 배치, 지붕의 경사, 벽의 두께 등이 어떤 효과를 산출하게 될지 그려 볼 수 있을 만큼 투시 도법을 실용적 과학으로서 파악하고 있어야 합니다. 과거에 건축가들은 수평면이 결정되고 나면 능숙하게 일련의 투시 도법적 입면도들을 작성했으며, 이를 통해 오류에 빠지지 않고 현명하게 일을 진행했습니다. 투시 도법이 유용한 만큼 그림자를 표시하는 것도 필요합니다. 관습적으로 적용되는 상투적인 그림자가 아니라 실제 건물이 세워지게 될 장소에서 태양이 비출 때 정말 생겨나게 될 것과 같은 그림자를 표현해야 하는 것이죠. 고대인들, 중세와 르네상스의 예술가들은 분명 이러한 효과들에 관심을 기울였습니다. 건축가들이 북향으로 파사드를 세우면서 섬세한 세부 표현으로 이루어진 저부조들로 그 면을 장식하는 것은 우리 시대에나 일어날 수 있는 일입니다. 북향의 저부조는 태양 광선을 받아 부각될 일이 없으니, 골칫거리이자 돈 낭비일 뿐인 것입니다. 첫 번째 강의에서 우리는 그리스 인들이 어떤 식으로 빛을 계산에 넣었으며 얼마나 섬세하게 그림자를 이용했는지 지적했습니다. 중세의 건축가들도 몰딩의 돌출부와 조각의 부조 면들을 빛의 방향에 따라 부각시키는 솜씨에서 뒤지지 않았습니다. 이런 정교함은 우리 시대에 거의 이해되지 못하고 있는 것이 사실이며, 누군가 남향으로 만들어진 덕분에 강렬한 효과를 얻을 수 있었던 파사드를 북향으로 재현해 달라고 요청한다고 해도 이를테면 다음과 같이 대답할 생각을 하는 건축가는 없을 것입니다. "방향이 달라지면 당신을 사로잡았던 효과는 얻을 수 없습니다." 그는 아무 소리도 하지 않을 것이고, 파사드를 요구대로 만들어 줄 것입니다. 그러면 그 재현을 원했던 애호가는 자신이 매료되었던 빛과 그림자의 찬란한 유희 대신 어둡고 단조로운 덩어리만 모습을 드러낸 것을 보고 놀라겠지요. 그는 건축가가 어중이떠중이라고 비난하겠지만 틀린 말도 아닙니다.

건축가는 포트폴리오에 소묘와 스케치들을 쟁여 놓는 것으로 만족해서는 안 됩니다. 그는 소묘를 하면서도 추론해야만 하죠. 그가 어떤 건물의 외관에 매료된다면 그는 그것을 조심스럽게 스케치하고 헤아려 볼 것입니다. 그것만큼 바람직한 것도 없습니다. 하지만 그는 그 건물이 [보는 이를] **매료시키는 방법**에 대해서도 명료한 관념을 얻어야 합니다. 나무나 중간 높이의 건물들에 둘러싸인 A라는 높은 장소의 양지바른 곳에 자리 잡은 아름다운 건물이 낮은 지대의 B 지점으로 내려와 높은 구조물들 사이에 파묻힌 채 다른 방향으로 놓이게 되면 매력을 잃게 될 것이기 때문입니다. 그리스 신전들의 방위는 중세 교회들의 경우와 마찬가지로 신중하게 결정되었습니다. 비례에 관해서는 지역과 규모가 보다 중요한 문제로 여겨집니다. 고대에 공공건물들은 개인 주택들에 비해 상대적으로 컸습니다. 이 건물들은 늘 무엇인가에 인접해 있었고, 결코 무작위로 지어지지 않았습니다. 그 크기의 효과를 강화시켜 주는 부속물들로 둘러싸여 있었던 것이죠. 중세의 우리 도시들의 경우도 마찬가지입니다. 집들은 작았던 반면 종교 또는 자치 목적으로 지어진 모든 건물은 상당한 상대적 위엄을 갖추고 있었습니다. 이런 좋은 조건하에서 (이런 표현을 쓸 수 있다면) '높이 솟은' 건물은 고유의 비례를 가지고 있었지만 그것이 [주변 건물들과] 조화를 이루지 않는다고 해서 못마땅한 인근 대중들이 당혹해 하는 일은 없었습니다. 우리의 대도시들에서 이런 조건은 생각할 수 없습니다. 공공건물을 세워야 하지만 그것이 세워질 장소는 하나같이 똑같은 높이로 지어진 집들로 둘러싸여 있어서 건축가는 이렇게 중얼거리죠. "아름다운 ○○ 궁과 같은 스타일로 파사드를 세운다고 하자. 문제의 궁전은 길이가 20m이지만 내게 주어진 공간은 40m야. 궁전은 단층의 낮은 포르티코들로 둘러싸인 제한된 넓이의 광장을 면하고 있지만 내가 지을 건물은 30m 폭의 대로변이나 부둣가에 자리하게 되지. 또 그 궁전의 창문들의 너비가 1.5m라면 내 건물에는 3m짜리를 내야 해." 이 모든 것은 헛수고일 뿐이고, 그는 포트폴리오에서 소묘들을 꺼내 그것들의 도움으로 영감을 얻기 시작합니다. 그렇게 그 건축가는 원래 있던 위치에서는 경탄스러웠던 그 불운한 본보기를 왜곡해 평범한 작품으로 만들어 버립니다. 바람직한 방법은 소재들을 풍부하게 그리고 모으되 여기저기서 조금씩 잘라 내어 합리적인 근거 없이 이어 붙이는 것이 아니라 거장 예술가들이 주어진 장소의 특수한 조건 속에서 특정한 효과를 산출하기 위해 도입한 수단들을 숙지하는 것입니다. 우리는 비트루비우스의 시대 이래로 혹은 어쩌면 그 이전에도 건축의 비례에 관해 거론되고 쓰인 것들을 모두 알고 있습니다. 그러나 그 모든 것은 다음과 같이 요약할 수 있을 것입니다. 즉 고대에 아름답다고 인정된 비례들이 있으며, 오늘날에도 그것들을 인정하는 것이 최선이라는 것이죠. 그렇지만 우선 고대라고 하면 정확히 고대의 어느 시대를 말하는 것입니까? 우리는 아테네 인들이 인정한 비례들을, 이를테면 그 **주범**들, 크기와 무관한 비례들을 확실히 알아봅니다. 그러나 한 세기 반 사이에 헬라스 인들이 (주범의) 이 비례들을 엄격하게 따르지 않게 되는 것도 보게 되죠. 매우 재능이 많앗던 이 민족의 예술가들은 조화로운 체계를 수립했던 것으로 보이지만, 그것이 진정한 '공학 기술자들'이었던 후대의 로마 인들이 확립했던 것과 같은 공식은 아니었습니다.

좀 더 오래전으로 거슬러 올라가서 고대 이집트의 건축물들을 살펴보면 거기서도 조화로운 방법의 영향을 발견할 수 있지만 테베의 예술가들이 한 가지 공식에 사로잡혀 있었던 것은 아닙니다. 그리고 고백하건대 예술적인 민족들에게서 그런 공식들의 존재를 증명하게 된다면 저는 매우 실망할 것입니다. 제 기준으로 보자면 그런 것은 그들을 크게 깎아내리는 일일 것입니다. 비례라는 것이 어떤 공식 모음으로 환원된다면 미술은 무엇이고 예술가의 가치는 무엇이 되겠습니까? 르네상스 시기의 이탈리아 건축가들은 적어도 그들의 저작들에서 드러나는 한은 주범의 절대적 비례를 수립했지만 그것은 오직 주범에 관해서만 그랬을 뿐입니다. **배열**(ordonnance)에서 그들은 자신들의 취미와 감정을 따랐고, 이성과 필연성의 요구를 따랐습니다.

그러나 중세에는 이론의 여지없이, 또 어쩌면 고대에도 그에 따라 건물들의 비례가 결정되는 어떤 방법들이 도입되었을 것입니다. 다만 이 주제에 관한 정보는 거의 없습니다. 전통이 상실되고 공인된 교육이 실추되어 직인 조합들이 이전에 그토록 잘 알았던 비의적 지식들의 미로에서 건축가들을 인도해 주던 실 꾸러미가 우리 손에서 사라져 버리게 되었습니다. 두 세기 동안 우리의 선임자들이 가져다 쓴 건축적 방법들, 그들이 걸작들을 만들 수 있게 해 준 방법들은 결코 존중받지 못했습니다. 우리는 자신이 갖지 못한 지식을 접하였을 때 그것을 경멸하는 것으로 앙갚음하려는 경향이 있습니다. 그러나 19세기에 경멸이 [논리적] 증명이라고는 할 수 없습니다. 우리는 오랜 경험에 의해 정교해지고 신성시되기에 이른 기하학적 방법론을 경험주의적 공식들로 대체해 버렸습니다. 그러나 그 공식들은 두세 다리를 거쳐서야 우리에게 전해진 것들이기 때문에 그 기원과 근거를 절대로 규명할 수 없습니다. 우리의 원로원 의원들이 다소 얕잡아 보아 온 저 검소한 **교회 재산 관리 위원**들은 고대 미술을 **모방**하려고 하지 않았습니다. 그러나 우리는 그들이 그럼에도 불구하고 오늘날의 우리보다 미술의 어떤 고귀한 원리들에 대해 훨씬 더 전적으로 잘 알았던 것이 아닐지, 심지어 그들이 그 원리들을 실천으로 환원시키기까지 한 것은 아닌지 의심해 보게 됩니다. 우리는 이것을 앞으로 입증하려 해 볼 것이지만, 우선 상당히 먼 과거로 거슬러 올라가 보아야 합니다. 그렇게 하는 것을 독자들께서 양해하시리라고 믿습니다. 그만큼 중요한 문제이니까요. 플루타르코스는 이렇게 말합니다.* "이집트 인들이 우주의 본성을 가장 아름다운 [형상인] 삼각형에 비유하려고 했다고 여길 만한 훌륭한 근거들이 있습니다. 플라톤 역시 그의 저서 『국가』에서 마찬가지 효과를 위해 삼각형을 사용하는 듯합니다. 이 삼각형은 수직으로 올라가는 변과 수평을 이루는 변, 빗변이 $3:4:5$를 이루며, 빗변의 제곱이 나머지 두 변의 제곱의 합과 같습니다. 그리하여 우리는 밑변에 수직으로 내려오는 변을 남성에, 밑변을 여성에 비할 수 있으며, 그 둘 사이에서 태어나는 것이 빗변이 됩니다."** 이 증명은 곧 살펴보게 되겠지만 매우 중요합니다.[3]

위대한 세기의 금언들은 절대적인 성격을 가짐에도 거의 이성에 근거하지 않은 것들로서 우리를 모호함에 **빠뜨리지만**, 오늘날 독일의 일부 학자들과 프랑스의 소수 공학 기술자들에 의해 간파되었습니다. 헨슬만(Imre

---

* *Traité sur Isis et Osiris*, Trad. d'Amyot.
** 밑변이 4이고 그 제곱이 16, 이에 수직으로 내려오는 변이 3이고 그 제곱이 9인 직각 삼각형에서 빗변은 5이므로 제곱이 $25=16+9$가 된다는 것은 자명합니다.

Henszlmann, 1813-1888)은 그의 저서 『건축에 적용된 비례론』(*Théorie des proportions appliquées dans l'architecture*)에서 이론의 여지없는 가치를 발견하는 길을 열었습니다. 비록 우리가 건축물 자체의 관점에서 그의 체계 전부를 수용할 수는 없다고 해도 그가 자신의 원리들을 따르고자 하는 이들에게 길을 제시하고 있다는 점은 확실합니다. 수석 토목 기사인 오레(Auguste Aurès, 1806-1894)는 최근에 출간한 『비트루비우스의 문헌에서 연역한 새로운 이론』(*Nouvelle théorie du module, déduite du texte même de Vitruve*)*4)에서 주범들의 상대적 비례에 관한 매우 독특한 결과를 발표했습니다. 저자는 그리스 인들이 원주의 표준 단위를 잡을 때 그때까지 사람들이 생각했던 것처럼 그 받침이 아니라 원주의 중심을 택했다는 점을 이론의 여지없이 밝힙니다. 그렇게 해서 그는 비트루비우스가 제시한 척도들의 정밀함을 수학적으로 입증하는 데 성공하죠. 그러나 이것이 지금 우리의 주된 관심사는 아닙니다. 고대인들이 주범에 부여한 비례들에 대해 아

---

* Nîmes, 1862.

3) 본문에 제시된 것은 물론 퓌타고라스의 정리이다. 플루타르코스는 이것을 플라톤의 『국가』 제8권의 546 b-c 부분과 관련해 언급하고 있다. 글라우콘과 대화를 나누던 소크라테스가 무사 여신의 말투를 흉내 내어 말하는 대목이다. "… 신적인 창조물을 위해서는 완전수가 포함하는 주기가 있느니라. 하나, 인간을 위한 주기를 포함하는 수로서 처음 것에는, 세 개의 길이와 네 개의 꼭짓점을 갖고 있으면서, 사물들을 같게도 하고 같지 않게도 하며, 키우기도 하고 쇠퇴케도 하는 것들의 근과 제곱의 곱들이, 또한 모든 것을 서로 맞도록, 그리고 서로에 대해 유리수적인 관계에 있도록 하는 것들이 있느니라. 이것들 가운데서 4와 3이 5와 짝을 지은 뒤에, 다시 세제곱됨으로써, 두 개의 하르모니아를 제공하느니라. …" 플라톤, 『국가·政體』, 천병희 역, 서광사, pp. 513-514. 플라톤이 이 저서에서 직접적으로 남녀와 혼인 관계의 비유를 직각 삼각형으로 들고 있지는 않지만 전체 맥락상 플라톤의 이 구절은 남녀가 만나 자녀를 낳는 관계에 대한 비유로 해석되곤 한다.
4) 이 책의 전체 제목은 '비트루비우스의 문헌에서 연역한 새로운 모듈 이론과 그리스 로마 고대 건축에의 그 적용' *Nouvelle théorie du module, déduite du texte même de Vitruve, et application de cette théorie à quelques monuments de l'antiquité grecque et romaine*이다.

는 것은 유용하지만, 중세에, 그리고 심지어 르네상스 시대에 고대 건축에서 도입된 비례들을 생성하는 원리들이 무엇이었는지를 발견한다면 아마도 보다 많은 것을 얻을 수 있을 것입니다. 르네상스 시대는 종종 순수한 전통을 제대로 보지 못하고 변덕에 휘말리기도 했지만 말이죠. 건축에서 비례라는 것이 본능에 따라 결정된 것이라고 생각한다면 자기기만이 될 것입니다. 절대적 규칙들과 기하학적 원리들이 있고, 이 원리들이 **시각적 감성**(occular instinct/sentiment des yeux)에 일치한다면 그것은 시각이, 문외한이라 할지라도 불협화음을 들으면 거슬린다고 느끼는 청각과 닮아 있기 때문일 것입니다. 불협화음은 귀에 거슬립니다. 저는 그 이유를 설명할 수 없지만, 대위법 선생이라면 귀에 거슬려야 **마땅하다는** 수학적 증명을 해 줄 수도 있을 것입니다.

기하학의 소산인 건축이, 어떤 건물의 결점이 눈에 거슬리는 이치를 증명할 수 없다면 그것은 확실히 이상한 일일 것입니다. 물론 저는 비뇰라(Giacomo Barozzi da Vignola, 1507-1573)와 그의 제자들의 경험론적 방법들이 증명이라고 보지는 않습니다.[5] 따라서 우리는 보다 높은 관점에서, 그리고 무엇보다 좀 더 잘 증명할 수 있는 관점에서 이 문제를 다루어야 합니다. 앞서 인용한 플루타르코스의 구절은 삼각형이 매우 훌륭한 기하학자들이었던 이집트 인들에 의해 완벽한 형태로 여겨졌다는 것을 보여 줍니다. 정삼각형은 특히 완벽하게 시각을 만족시킵니다. 그것은 세 개의 등

---

5) 비뇰라는 두 권의 이론서를 남겼다. 1562년에 로마에서 출판된 것으로 알려져 있는 첫 번째 책, 『건축의 다섯 가지 주범의 규범들』(*Regola delli cinque ordini d'architettura*)은 다섯 가지 종류의 고전적 주범들을 구축하는 방식에 관한 것으로 유명하다. 이 책은 특히 프랑스에서 매우 큰 영향력을 발휘하며 여러 판본으로 출간되었다. 1583년, 비뇰라 사후에 출간된 두 번째 저서는 『실용적 투시도법의 두 가지 규칙』(*Due regole della prospettiva pratica*)이다.

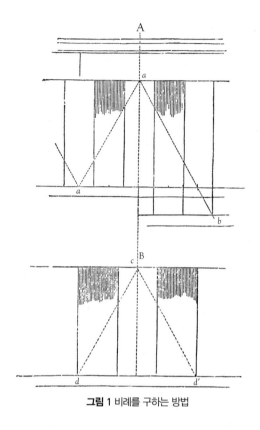

그림 1 비례를 구하는 방법

각, 세 개의 등변, 원의 삼등분할, 꼭짓점으로부터 내려와 밑변을 이등분하는 수직선, 원에 내접하며 그 원을 육등분하는 육각형 등을 보여 주죠. 이만큼 눈을 만족시키는 기하학적 형태는 없으며, 눈을 즐겁게 하는 조건들, 즉 규칙성과 안정성을 이만큼 충족하는 형태도 없습니다. 우리는 이집트 인들이 정삼각형을 도입해 건축의 중요한 부분에 눈을 즐겁게 하는 비례를 부여한 것을 압니다. 그들이 인방을 떠받치는 지주를 세워야 하는 경우, (가장 오래된 이집트 건물들에서 종종 볼 수 있는 것처럼) 솔리드만큼 많은

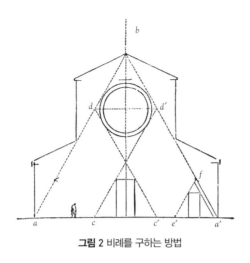

그림 2 비례를 구하는 방법

보이드를 남겨 두면서(그림 1) 이 지주들의 높이가 그 폭과 보이드들에 대해 갖는 비례들은 종종 일련의 정삼각형들에 의해 결정되었습니다(그림 1의 A). 이 지주들은, 그 각각의 축이 aa에서 보듯 삼각형의 정점과 만나거나 아니면—좀 더 날씬한 비례를 의도한 경우라 해도—최소한 정삼각형의 밑변이 b에 표시된 것처럼 지주들의 [바깥쪽] 측선을 넘어가는 경우는 없도록 분할되었기 때문입니다. B에서 보는 것처럼 이 원리를 위반하면 좋은 비례의 조건을 거스르게 됩니다. 이 경우 축 c가 삼각형 밑변 위에서 등거리로, 즉 dd′에서 양옆으로 두 개의 솔리드 지지점들을 발견하게 되므로 안정성이 결여된 것을 시각적으로 지각할 수 있습니다. 유사한 경우로(그림 2) 정삼각형이 내접하는 바실리카의 파사드, 즉 한 개의 신랑과 두 개의 측랑으로 이루어진 건물의 파사드는 전체로 보아 만족스러운 비례를 제공합니다. 박공에 개구부들이 있고, 이것들이 정삼각형에 내접하도록 배치된다면 이 빈 공간들은 파사드와의 관계 속에 적절한 비례를 부여받게 될 것입

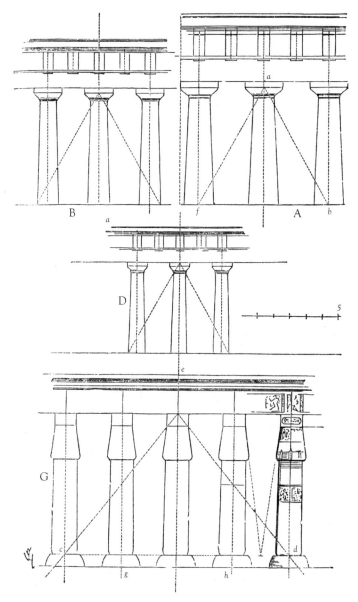

그림 3 비례를 구하는 방법

니다. 우리의 눈은 본능적으로 aa′b, ca′d′, ac′d, e′a′f의 선들을 연결해 볼 것이고, 그럴 때 보이드들은 이 선들을 가로지르는 대신 오히려 그것들을 부각시키게 될 것입니다. 시각의 이러한 욕구는 늘 그렇듯 안정성의 법칙들과 조화를 이룰 것입니다. 그리스 인들은 이러한 단순한 원리를 모르지 않았습니다. 그래서 (그림 3) 코린토스 신전의 주범(그림 3의 A)을 살펴보면 등변 삼각형의 꼭짓점이 아바쿠스의 축 아래 a에 놓이고, 나머지 두 모서리는 양옆 원주들의 축인 bf에 일치하고 있음을 보게 됩니다. 도리스 인들이 아그리겐툼의 콘코르디아 신전에서와 같이 좀 더 날씬한 비례(그림 3의 B)를 원했을 때도 등변 삼각형의 모서리들이 양옆 원주들의 바깥쪽 선보다 더 멀리 나아가지 않도록 했습니다. 또 에기나 신전의 주범과 같이(그림 3의 D) 원주들의 사이 공간을 좀 더 넓게 잡기로 했을 때는 아바쿠스의 아래쪽 대신 위쪽에 꼭짓점을 두었죠.

위의 등변 삼각형이 비례를 발생시키는 유일한 형태였던 것은 아닙니다. 바닥 부분이 사각형인 피라미드를 사각형의 한 변과 평행하게 꼭짓점으로부터 단면을 잘라 내면 등변 삼각형이 형성되는데, 이 형태 역시 사용되었습니다. 피라미드 단면을 아래쪽 사각형에 대각선으로 잘라 내면 (그림 3의 G와 같이) 삼각형 cde가 형성되며, 이 삼각형은 고대 이집트의 건물들에 도입된 일부 열주랑들에 적용되었습니다. 특히 카르나크의 콘스 신전(제20왕조)의 포르티코는 우리의 도판에서 보는 것과 같은 모습입니다.

이러한—피라미드의 바닥을 이루는 사각형의 대각선을 밑변으로 하고, 그 사각형의 한 변에 접하는 수직 입면도는 등변 삼각형인—삼각형은 시각적으로 쾌적한 사선들을 제공하는 것으로 보이는데, 그것은 이런 종류의 피라미드에서 사각형의 한 변에 접한 수직 입면보다는 대각선들에 의해 만들어지는 지배적 윤곽선입니다. 혹은 [사각형의 한 변에 접한] 등변 삼각형은 꼭짓점 부분이 너무 날카로워서 규모가 큰 건물의 비례를 결정하기에는 부족해 보였습니다.[6] 어떤 경우든 등변 삼각형으로부터 형성된 피라미드의 바닥 사각형에 사선으로 대어 수직 절단한 이 삼각형 cde를 예컨대 파르테논에 적용해 보면 흥미로운 사실을 관찰하게 되는 것은 분명합니다. 우리는 이 삼각형이 모서리 원주들의 바깥쪽 선들의 가운데 지점에서 시작되는 두 개의 수직선들 안쪽과 페디먼트의 정점에 정확히 포함되며(그림 4), 이 삼각형의 빗변들이 평방의 아래쪽 수평선과 만나는 지점에서 각각 왼편과 오른편으로부터 세 번째 원주들의 중심축에 일치한다는 것을 봅니다. 그런 다음 ab 사이의 경간을 3등분하고 그 분할된 한 칸만큼씩을 각각 [a와 b의] 오른쪽과 왼쪽으로 더 내어 표시하면 여섯 개의 원주들의 축을 얻을 수 있습니다. 삼각형의 모서리 A는 평방의 B로부터 수직으로 내려오는 위치가 되며, 삼각형의 빗변과 [바깥에서] 두 번째 기둥 중심축이 만나는 접점을 기준으로 그은 수평선 CD는 건물의 상대적 비례들을 결정하는 높이, 요컨대 모듈이 됩니다.

서로 고립된 지지점들이 인방을 떠받치는 건물의 경우 이러한 지지점들의 엄격성과 충분한 힘만으로는 시각적 만족을 얻을 수 없습니다. 그것은 지지점들 사이의 상호 의존적 통일성을—합리적으로 제시된 특정한 각도에 따라 사선 아래쪽 끝에 견고한 지점들을 만들려고 합니다. 이 각도를 넘어서게 되면 안정성의 조건을 더 이상 충족시킬 수 없기 때문입니다. 예컨대 그림 3의 G에서 예술가는 일련의 지지점들을 가깝게 접근시키고 날

---

6) 이 부분의 기술이 다소 복잡한데, 요는 피라미드의 바닥면 사각형을 기준으로 (1) 그 한 변을 밑변으로 삼은 등변 삼각형과 (2) 대각선을 밑변으로 삼은 등변 삼각형을 비교하고 있는 것이다. 후자의 경우가 상대적으로 밑변이 길어지기 때문에 삼각형의 빗변의 각도가 완만해지고, 따라서 전자에 비해 폭이 넓은 파사드에 적용하기에 보다 적합하다.

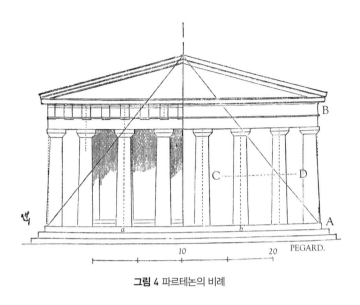

그림 4 파르테논의 비례

씬하게 만들기를 원한다고 해도 원주 g와 h의 축 위에서 등변 삼각형의 두 빗변이 끝나게 할 수는 없으며, 그 주신의 바깥쪽 선까지 밀어붙여도 그것은 안 된다는 것을 알았습니다. 따라서 그는 정삼각형에서 생겨난 피라미드의 사각 바닥을 대각선으로 지나가는 삼각형의 꼭짓점으로부터 두 번째 원주들의 축인 c와 d에 가능한 한 큰 각도를 주고자 합니다. 모든 건물에서 그 안정성을 보장하는 기준점을 본능적으로 찾아내는 눈은 정역학 법칙을 따르는 경향으로 인해 이를 만족시키는 특정한 사선을 따라가는 데 익숙한바, 실제로 기준점들이 잘 강조되어 있으면 만족합니다. 이런 점에서 아테네 인들은 파르테논의 전체 파사드를 두 빗면이 너무도 완전한 안정성의 관념을 구현하는 삼각형에 내접시킴으로써, 또한 이와 마찬가지로 중간 원주들의 축을 그 빗면들과 평방이 교차하는 지점에 놓음으로써 눈의 욕구를 경탄할 만한 방식으로 충족시켰습니다. 이것들은 안정성의 두 점들로서 삼각형의 꼭짓점과 밑변 사이 빗변들 위에 있어서 마치 시선을 이끄는 것과 같습니다. 고립되어 있는, 실용성보다는 절대적 미술로서의 성격이 큰 모든 건축적 기념비—예컨대 로마에 숱하게 세워진 개선문들—는 비례에 대한 세심한 연구의 결과로 얻어진 완벽한 조화를 보이는데 무엇보다 노력해야 할 것입니다. 사실 그 경우에 우리에게 높이와 폭의 관계를 규정하고 보이드의 크기를 확정하게 하는 어떤 명령적 필요가 있는 것은 아닙니다. 그 프로그램은 예술가에게 완전한 자유를 부여하며, 그가 성공하지 못한다면 그것은 온전히 그 예술가의 탓이 됩니다. 로마 인의 허영심으로 세워진 무수하게 많은 개선문들이 알려져 있습니다. 그중 다수가 외관의 장엄함, 당당한 조적술, 세부의 아름다움 등에서 탁월함을 보이지만 그 비례에서 완전한 만족을 주는 경우는 거의 없습니다. 콘스탄티누스 황제 때에 재건된 트라야누스 개선문은 잘못된 비례를 보여 주고, 셉티무스 세베루스 개선문은 지나치게 육중하며, 오랑주 개선문은 가느다란 밑둥 위에 육중한 매스를 올린 흉측한 윤곽선을 드러냅니다. 반면 로마의 티투스 개선문은 규모는 작지만 시각을 전적으로 만족시키는, 멋진 매스를 선보입니다. 그러면 이 건물의 구성에 어떠한 비례의 원리가 도입되었는지 검토해 봅시다(그림 5).

이 경우는 등변 삼각형이 출발점이었습니다. 아치의 종석은 두 개의 피어의 축들 사이의 거리인 ab를 밑변으로 하는 등변 삼각형의 꼭짓점 부분에 위치합니다. 개구부의 폭인 cd에서 아치의 도약 지점들인 ef까지의 공간은 완벽한 정사각형을 이룹니다. 코니스의 아래쪽 층은 [아치의] 직경 ef를 밑변으로 하는 등변 삼각형의 꼭짓점 위로 지나갑니다. 상층부 코니스의 아래쪽 층은 원주들의 주초 위쪽 접합면에서 전체 구조의 폭을 가로지르는 gh를 밑변으로 하는 등변 삼각형의 꼭짓점 위로 지나갑니다. 이 코

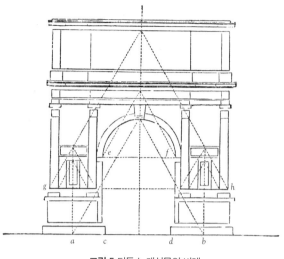

그림 5 티투스 개선문의 비례

니스의 아래쪽 층은 피어 위에서도 윤곽선을 유지하면서 두드러진 수평석을 형성합니다. 피어들의 정면, 원주들 사이에 배치된 사각형의 벽감들의 경우 그 인방은 두 원주의 경간을 밑변으로 하는 정삼각형의 꼭짓점 위로 놓입니다. 이 벽감 위쪽의 평판들 역시 원주들로 이루어진 피어의 폭을 받침으로 하는 정삼각형의 상단을 넘어가지 않습니다. 이러한 기하학적 조합들에 우연히 주어진 부분들은 좀처럼 찾아볼 수 없으며, 티투스 개선문의 건축가가 섬세한 미술적 본능으로 이러한 조합들을 위에서 설명한 과정 없이 얻어 낼 수 있었다고 가정할 수 있다 해도, 이러한 본능이 기하학적 분석에 유독 일치한다는 점은 인정해야 할 것입니다. 프로방스에는 마르세유 근교 생샤마에 피어 위에 세워진 작은 로마식 아치가 남아 있습니다. 제정 로마의 건축물들보다 미술의 매우 섬세한 향기를 많이 간직하고 있고, 그 비례도 훌륭한 이 구조는 완벽하게 등변 삼각형에 들어맞습니다

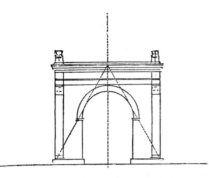

그림 6 프로방스, 생샤마의 로마식 아치

(그림 6). 여기서 아치의 곡선은 앞의 그림 2에서 보았던 법칙에 일치하여 삼각형의 두 빗변에 정접(正接)합니다. 이런 결과들은 우연히 나타날 수 없습니다.

그 외에도 중세나 르네상스 혹은 우리 시대의 구조들에 이러한 방법들을 적용할 때 우리는 비례라는 것이 유사한 자료들에 일치하는 정도에 따라 점차 완벽에 가까워진다는 것을 발견합니다. 예컨대 파리 노트르담 대성당의 파사드는 양 끝 버팀벽들의 축 사이 거리를 밑변으로 하는 등변 삼각형에 내접하며, 거대한 개방형 갤러리 아래의 코니스는 그 삼각형의 꼭짓점에 위치합니다.

다시 앞서 인용한 플루타르코스의 문헌으로 되돌아가 봅시다. 기자에 있는 케옵스(쿠푸)의 대피라미드는 이 저자가 제시한 방법에 따라 설계되었습니다. 다니엘 라메(Daniel Ramée, 1806-1887)는 『건축 통사』(*Histoire générale de l'Architecture*)에서 이를 명료하게 제시한 바 있으며, 조마르(Edme François Jomard, 1777-1862)는 『이집트지』(*Description de L'Égypte*)에서 이러한 사실을 입증했습니다. 우리도 여기서 이를 증명할 필요가 있겠지요(그림 7). 길이 4인 AB의 B에서 AB의 ¾ 길이로 수직선 BC를 올립니다. A와 C를 연결합니다. 선분 AC(빗변)는 밑변의 전체 길이에 밑변의 ¼을 더한 길이, 즉 5가 될 것입니다. 플루타르코스의 말처럼 이것이 전형적인 **이집트식** 삼각형입니다. AB의 중심점인 D로부터 수직선을 올리되 빗변 AC의 절반 길이를 부여하여 만들어진 선분 DE는 2½ 길이가 됩니다. A와 E, B와 E를 각각 연결하면 케옵스의 대피라미드와 같은 삼각형을 얻게 됩니다. 선분 DE가 그 높이가 되고, AB는 피라미드의 바닥 사각형의 한 변 길이가 되는 것입니다. 각 B에서 빗변[AC]으로 수직선을 그어도 마찬가지로 이 피라미드의 높이를 얻을 수 있는데, 선분 AF는 빗변 AE, BE와 같기 때문입니다. 삼각형 ABC가 내접하는 원의 원주까지 수직선 BF를 연장하면 현 HB를 얻게 됩니다. 점 F에서 삼각형의 빗변 BC로 수직선을 내리면 FK의 길이를 얻습니다. 밑변 AB의 사등분 값을 다시 각각 둘로 나누고, 이를 또 각각 여섯으로 나누면 48이라는 숫자가 나옵니다. 수직선 BC를 마찬가지 방식으로 나누면 36이라는 값을 얻게 되죠. 높이 DE의 2½

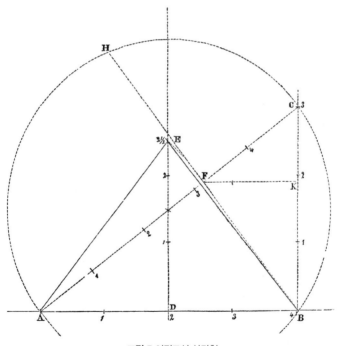

그림 7 이집트식 삼각형

을 나누면 30입니다. 마찬가지 방식으로 빗변을 나누면 60입니다. 이제 60=5×12, 30=2×12+6(12의 절반), 36=3×12, 48=4×12이므로, 우리는 각각 4, 3, 5, 2½로 측정 가능한 치수들을 가지게 됩니다. 밑변 AB의 각 부분을 100으로 나누면 400을 얻게 되고, BC에서는 300, DE에서는 250을 얻습니다. 현 BH는 480, 빗변의 일부인 AF는 320, FC는 180입니다. 수직 선 FK는 144, 또는 12×12입니다. 이 형태를 통해서 우리는 십진법과 십이 진법의 분할을 할 수 있습니다. 비례의 경우 12진법 체계가 1/2, 1/4, 1/3 로 분할하는 데 용이하다는 이점을 가지고 있습니다. 우리의 도형에 적용 된 두 체계의 결합은 유용한 결과를 낳습니다. 12진법 체계에 의해 48로 분 할된 밑변 AB는 10진법 체계로 분할해 480 또는 48이 되는 현 BH와 비례

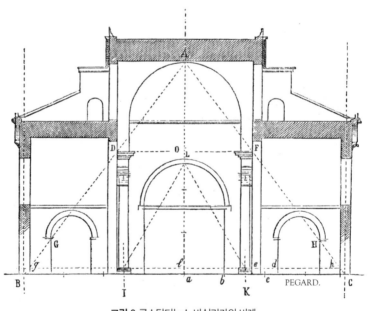

그림 8 콘스탄티누스 바실리카의 비례

관계를 이룹니다. 고대의 건축가들은 이 형태를 사용했을 것이고, 이제 곧 살펴보겠지만 중세의 대가들은 이로부터 위대한 건물들을 만들어 냈습니다.

예를 들어 로마의 콘스탄티누스 바실리카를 살펴보면 이 건물의 단면에는 위에서 살펴본 [그림 7의] 삼각형 ABE가 놓입니다(그림 8). AB와 AC가 외벽 B와 C의 축과 큰 주범의 코니스 높이를 결정합니다. AB와 AC는 D와 F에서 측랑들을 형성하는, 거대한 아치들이 뚫린 벽면들과 접하게 됩니다. 또한 이 AB와 AC는 측랑의 아치들에 도약점 G와 H를 부여합니다. 두 개의 원주 I와 K가 놓이고, 이 원주들의 축으로부터 주초들 위로 등변 삼각형 IKL이 형성되면 트리뷴의 아치 종석의 내륜 높이를 얻을 수 있습니다. 밑변을 사등분한 길이를 다시 절반으로 나눈 ab로는 트리뷴의 피어가 놓일 지점을 얻습니다. 이 입면도의 1/4 지점인 점 c는 피어 ed의 축에 일치합니다. 이 소묘에 의하면 DF선상에서 두 벽면의 간격 : 높이 OA=[원주의] 주초 높이에서 g와 h의 간격 : 높이 lA입니다. 이 경우에도 파르테논 신전이나 티투스 개선문에서와 같이 눈은 점 A, D, G, g들을 포착하며, 이것들은 고대인들이 완벽한 도형으로 여긴 삼각형의 한 빗면에서 취한 지표들입니다. 그러나 예술가가 개입했습니다. 어떤 적절한 비례들을 배열에 부여하기 위해 충족시켜야 하는 조건 중 하나는 비슷한 것들을 피하는 것입니다. 같은 길이나 면적이 직접 관계를 맺는 것을 피하는 것이죠. 예술가는 빗변 gA를 이등분하지 않으려고 신경을 썼습니다. gD : DA=29 : 21이며, 비례의 기본형으로 쓰인 이집트 삼각형은 밑변 : 높이=4 : 2½로서, 폭과 높이가 같아지는 가장 불쾌한 경우를 원칙적으로 배제하도록 해 주는 이점이 있습니다. 사실 눈은 대비를 통해서만 규모를 파악합니다. 교회의 신랑이 높아 보이는 것은 그 폭이 높이에 비해 좁기 때문이고, 넓게 보인다면 높이보다 폭이 넓은 경우인 것입니다. 그러나 높이와 폭에 완벽한 비율을 얻는다면 건물에 주어질 비례에 대한 열쇠를 얻은 것이나 마찬가지입니다. 고대인들은 이집트 삼각형을 완벽한 형태로 여겼고, 그래서 그것은 종종 비례의 표준으로 사용되었음이 분명합니다. 그 분할 덕분에 위에서 본 것과 같은 건축 설계가 용이해지죠. 불행하게도 오늘날 모든 부분이 온전하게 남아 있는 고대의 건물들은 너무 적어서 이러한 방법을 많은 건물들의 비례에 확신을 갖고 적용하는 것은 어렵습니다. 미술이 수도원에서 속인 예술가의 손으로 넘어가고 있던 시기인 중세에는 사정이 다릅니다. 당시에는, 건축가들이 특정한 고대의 저작들에 대해 잘 알고 있었기 때문이든, 특정한 전통이 그들 사이에 원래의 순수성을 보존한 채로 전해지고 있었기 때문이든, 그들 사이에 입문자들과 신봉자들만이 아는 비의에 속하는 원리가 있었던 것이든 간에, 건축에 적용된 그들의 비례 체계에 항상 고대의 특정한 원리들에서 도출된 것이 분명한 법칙들이 있음을 발견할 수 있습니다. 비록 그 예술가들은 고대 건축의 형태를 모방한다는 관념은 갖고 있지 않았을 것이고, 그들의 구축 체계의 출발점은, 저 자신 다른 글에서 입증했다고 스스로 여기는 바와 같이 그리스 인들이나 로마 인들이 도입했던 체계와는 절대적으로 다른 것이었지만 말이죠.

진정 프랑스의 것인 세속 유파의 가장 오래된 건물들, 12세기에 이미 고딕 형태가 나타난 건물 중 하나를 살펴보겠습니다. 파리 대성당[노트르담]의 신랑 단면(그림 9-1)을 봅시다. 교회의 전체 폭이 주어져 있으니 그 절반을 AB로 놓기로 하고, 이것은 다시 사등분됩니다. 축 A에서 시작해 첫 번째 1/4 지점에 원주들 위로 올린 거대한 신랑의 안쪽 벽면이 세워져 있습니다. 그 다음 1/4 지점에서는 이중 측랑의 원주 안쪽 면이 시작되고, 세 번째 지점에 외벽의 축이 창틀 위로 올라갑니다. 마지막 끝 부분으로는 버팀벽의 첫 번째 층 가장 바깥 면이 실내와 같은 높이에서 시작됩니다. 신

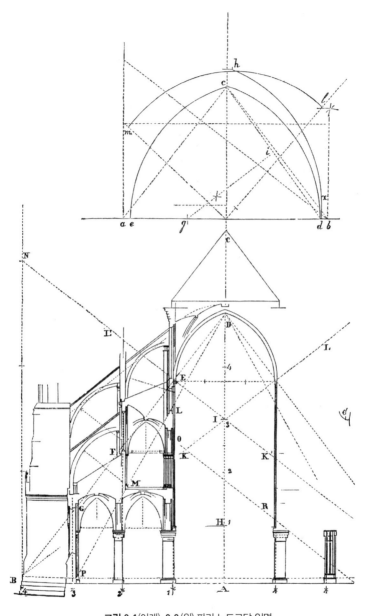

그림 9-1(아래), 9-2(위) 파리 노트르담 입면

랑 피어의 주초들 윗부분을 연산의 시작점으로 잡고 이 수평선 위의 A에서 수직선 AC를 올려 이를 밑변 AB의 사등분 값으로 오등분하면 이것이 신랑의 전체 높이입니다.[7] 밑변의 절반 길이에 대하여 4:5의 비례를 이루는 이 선분의 끝 D에 선분 BD를 연결합니다. 이렇게 전체의 절반인 ABD는 이집트식 삼각형이 됩니다. 빗변 BD가 밑변의 첫 번째 사등분 점에서 올린 수직선과 만나는 지점에 위쪽 궁륭의 도약점인 E가 위치하며, 두 번째 사등분 점에서 올라간 지점은 갤러리 창틀의 위쪽에 걸리는 F, 세 번째 지점에서 올라간 접점은 바깥쪽 측랑 창문의 종석 높이인 G에 위치합니다. A에서 올라가는 수직선의 첫 번째 분할 지점 H는 측랑 아치들의 도약점을 결정하며, 그 아치들의 정점은 주두로부터 0.32m 위에 형성됩니다.[8] 역시 동일한 수직선상에서 세 번째 분할 지점인 I는 갤러리 궁륭의 종석 높이를 결정합니다. 빗변 KI는(그림 7의 증명을 보시면) 1, 2를 축으로 하는 부벽의 갓돌 기울기를 결정합니다. AD를 이등변 삼각형의 높이로 상정하면 그 빗변인 PD가 부분적으로 결정된 구조의 단면 윤곽선들을 가로지르면서 L에 큰 창 아래 놓인 장미창의 하단 높이, M에 갤러리의 바닥 높이, P에 외벽의 안쪽 하단 높이를 나타내고 있음을 보게 됩니다. 끝으로 빗변 L′K′와 평행한 선분 RO는 갤러리 궁륭의 종석 높이를 지나가면서 이 궁륭들의 바깥쪽 삼각형에 고대에 적용되던 각도를 부여합니다. 페디먼트들과 지붕들의 각도는 당연히 ABD를 절반으로 하는 이집트식 삼각형을 정확하게 따릅니다. 이러한 결과들이 우연의 소산이라면 우리는 우연은 딱 한 번

---

7) 즉 선분 AC를 올리되 오등분하는 것은 아치의 정상부까지의 길이만이다. 바로 이어지는 문장의 D 지점까지인 것이다.
8) 이 부분의 수치는 원전에 0.32m, 이에 따라 영역본에 12in.로 기술되어 있으나 측랑 전체 높이가 10m가량임을 감안할 때 3.2m의 오기로 보는 것이 맞을 것이다.

만 발생한다는 점을 인정해야 할 것입니다. 상부의 궁륭들을 그리기 위해서(그림 9-2), abc가 이집트식 삼각형이므로 b에서 d, a에서 e의 거리를 횡단 아치의 홍예석들의 두께와 동일하게 주었습니다. 점 d를 c와 연결시키면서 이 선의 중심에서 수직으로 ig를 그으면 이 수직선과 밑변 ab의 접하는 점인 g는 아치 dc가 내호를 이루는 횡단 늑재의 [호를 그리는] 중점이 됩니다. 아치 ml은 대각선 늑재의 절반을, 아치 xh는 중간으로 지나가는 횡단 늑재를 제시합니다. 우리는 종석 아래로 중앙 신랑의 높이가 빗변의 절반, 즉 선분 IN과 같다는 것을 보게 될 것입니다(그림 9-1).

이제 아미앵 대성당의 신랑부 절단면을 분석해 봅시다. 로마의 성 베드로 대성당은 미켈란젤로가 콘스탄티누스 바실리카 위에 판테온을 얹은 것이라고들 말합니다. 미켈란젤로 자신이 이런 생각을 했는지는 알 수 없지만, 한 건물을 다른 건물에 포개 놓는다는 것이 천재의 표식은 아닐 것입니다. 그러나 전체적으로 이미 완벽한 비례를 가진 어떤 건물 위로 그보다 두 배는 높은 다른 건축물을 놓으면서 조화로운 비례를 부여했다면 그야말로 천재의 표식이겠지요. 아미앵 노트르담 대성당의 건축가가 보기 드문 솜씨로 해낸 작업이 바로 이러한 것입니다. 이 성당에 들어서는 사람은 누구나 전체 외관의 장대함과 각 부분의 비례의 완벽함에 충격을 받게 됩니다. 거대한 실내로 들어서는 순간 눈은 즉각 만족합니다. 우월한 정신이 단숨에 착상한 이 작품을 눈은 어렵지 않게 이해하는 것이죠. 이러한 조화가 일련의 암중모색의 결과일까요? 이것이 다양한 부분이 전체와의 관계 속에 잘 맞아떨어진 연구 결과일까요? 저는 특히 건축 설계와 관련해서 행운을 그리 믿지 않습니다. 잘 맞아떨어진다는 것에 대해서도 그렇습니다—즉 단순히 본능적으로 좋은 결과를 얻을 수 있다고 생각하지 않습니다. 어떤 작품이 훌륭하다면 그것은 적절한 원리를 체계적으로 수행한 결과인 것입니다. 아미앵 대성당의 신랑 절단면(그림 10)은 두 개의 이집트식 삼각형을 쌓은 비례의 조화를 선보입니다. 아래쪽 삼각형 ABC의 밑변 AB는 신랑 지주의 주초 윗부분을 지나갑니다. 이 경우에도 시작점의 높이는 동일한 것이죠. 이 밑변 AB는 양쪽 측랑의 외벽들의 바깥 면 사이의 거리에 일치합니다. 꼭짓점 C는 돌림띠 D의 아래쪽 수평석의 높이를 결정합니다. 이 돌림띠는 건물 내부를 빙 둘러 끊이지 않고 돌려진 넓은 장식으로 인해 눈에 잘 띕니다. 밑변 AB를 사등분하면 그 1과 3 지점에 거대한 피어의 바깥 면이 위치하게 됩니다—즉 이 a 지점들이 접선 hg에 의해 주어지는 것이죠(피어 P). 이 사분할은 각기 0, 1′, 2′, 3′에서 다시 이등분되며, 이렇게 다시 나눈 점 1′에서 선분 AC에 평행한 선을 그으면 E와 선분 BC의 접점이 결정되고, 이것이 부착 기둥인 x들의 주두 아스트라갈이 시작되는 높이가 됩니다. AC와 평행하게 점 1로부터 그려진 선은 측랑 궁륭의 늑재 종석의 높이를 결정합니다. 점 3′에서 그려진 평행선은 측랑 창틀의 기울기를 결정합니다. 점 2로부터 그려진 평행선은 점 F를 지나는 수평선과 만나는 지점에서 늑재 f의 종석 모서리를 표시합니다. 점 2′로부터 그은 평행선은 e에서 점 E를 지나는 수평선과 만나 부착 기둥의 앞쪽을 나타냅니다. 그림 P에서 세부를 볼 수 있는 이 피어의 두께는 그것이 지지하고 있는 하중에 맞추어 사전에 결정된 것입니다. 수직선 GC는 5등분되어 있으며, 그 한 칸은 이집트식 삼각형의 도식에 입각하여 밑변 AB의 1/8 길이에 해당합니다. 첫 번째 분할점 1은 측랑 창틀의 높이를 결정하고, 3은 P에 자세하게 표현된 피어의 중심 원통형 부분에서 주두의 아스트라갈의 위치를 결정합니다. 부착 기둥 x들과 중앙 피어의 주두들이 동일한 아바쿠스를 가진다면 [후자인] 큰 원통의 아스트라갈은 [부착] 원주의 아스트라갈들보다 낮게 위치한 것을 보게 될 것입니다.

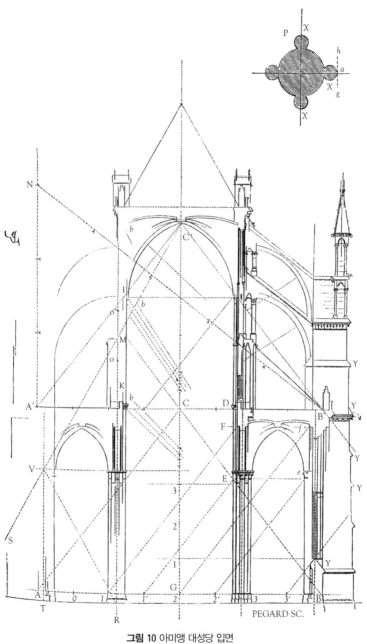

그림 10 아미앵 대성당 입면

첫 번째 배열이 끝나는 A′B′의 수평석 높이로, 즉 측랑들 위로 건축가는 아래편의 AB를 다시 되풀이하고, 버팀벽을 통해 지나가는 개구부들의 안쪽 문설주들로 이를 표시합니다. 이 밑변 A′B′로부터 그는 두 번째 이집트식 삼각형 A′B′C′를 올립니다. 이 삼각형의 빗변들인 A′C′와 B′C′가 벽들 또는 스팬드럴의 바깥 면 K와 만나면서 C′에 종석이 위치하는 아치들의 도약점 높이인 I가 주어집니다. 이 아치들을 그리면서 그는 파리의 노트르담 대성당에서 썼던 방법을 도입했습니다. 즉 그는 수평선 II 위에서 횡단 아치들의 홍예석 두께를 내부로 가져갔습니다. 피어의 축 R이 연장되었고, 부벽들의 중심인 OO′가 이 축 선상에 표시되었으며, C′는 C′S를 빗변으로 하는 등변 삼각형의 꼭짓점이 되었고, 이 C′S와 축 R이 만나 M에서 트리포리움의 위쪽 통로 높이를 결정했습니다. 또한 [C′S는] V에서 측랑 외벽의 바깥쪽 축인 T와 만나 이 측랑의 궁륭의 도약점 높이를 결정했습니다. 역시 등변 삼각형의 빗변인 선분 VR은 축 R과 만나 바닥의 높이, 따라서 주초의 높이를 결정합니다. 지붕의 기울기 역시 마찬가지로 등변 삼각형에 일치합니다. 여기서 빗변 B′N은 주초의 윗부분 G로부터 큰 궁륭의 종석 C′에 이르는 신랑의 높이를 제공합니다. b에 그려진 모든 프로필은 B를 시점으로 잡았을 때 완벽하게 전개되도록 배열되어 있습니다. 그러나 이 원리에 대해서는 뒤에서 다시 설명하기로 하겠습니다. 부벽의 갓돌의 사선들은 빗변 B′N과 평행을 이룹니다. 이 이집트식 삼각형은 건물 전체 설계의 기점이라는 역할에 너무도 완벽하게 기여해서 물흘림들인 Y가 모두 빗변 AC와 BC에 평행하게 깎여 있을 정도입니다. 마치 설계자가 그 경사를 결정하기 위해 도안의 각 부분들에 삼각자를 대고 기초부터 시작한 것처럼 보일 지경이죠.

이 단면도에 우리가 놓치고 지나온 세부적인 과정들이 많이 있는 것은 분명합니다. 또 모든 분할은, 가장 사소한 것에 이르기까지 빗변의 평행선들과 수직선들의 교차를 통해 얻어진 것도 확실합니다. 그러나 이 원리에 이론을 제기하지는 않는다고 해도, 이 기하학적 방법이 만족스러운 비례를 산출하는 이유에 대해서는 여전히 질문해 볼 수 있습니다. 그것은 단순히 이러한 방법이 길이와 폭 사이에 일관되고 조화로운 관계를 수립했기 때문입니다.

이집트 인들이 그랬던 것처럼 길이 4, 3, 5의 선분들로 이루어진, 또 그 중 3과 4의 선분들이 직교하는 삼각형이 완벽한 표준이라는 점을 인정해야 하는 것은 사실입니다. 또한 5:8의 높이와 폭의 관계가 눈을 만족시키는 것도 사실이죠. 그런데 어떤 시각적 감각이 쾌감을 주거나 불쾌감을 주는 이유를 **증명하는** 것은 어렵지만 적어도 이 감각을 규정하는 것은 가능합니다. 위에서 말씀드린 것처럼 크기는 **비례**로서―즉 길이, 폭, 면적의 상대적 관계로서―눈에 지각될 수 있습니다. 다시 말해 이 크기들 사이에 상이성이 있는 한에서만 눈으로 지각할 수 있는 것입니다. 1:2와 2:4는 상이한 관계가 아니라 유사성을 낳는 유사한 관계에 있습니다. 비례의 방법론에 의해 설계자가 예컨대 8:5의 분할을 적용해야 하는 경우라면, 이 5는 8의 절반도, 1/3이나 1/4도 아니므로 눈이 규정할 수 없는 관계를 유지한다는 점에서 비례 법칙을 충족시키는 데 필수적인 대비를 처음부터 확보하고 있는 것입니다. 비례 체계를 좋게 만들거나 나쁘게 만드는 요인에 대해 이해하려고 애써 본 적이 한번도 없는 사람들의 경우에조차도 눈은 매우 섬세한 도구입니다. 눈이 감각 기관들 중 가장 잘 훈련된 기관이며, 추론에 얽매이지 않고 작동한다는 단순한 이유 때문입니다. 그러면 눈이 한 건물에서 치수들 사이의 관계를 수립할 수 있을 때마다, 지적 능력에 반하여 보이드와 솔리드를 같은 것으로 관찰할 때마다, 눈은 비례의 관계가 아닌 유사성의 관계를 인식하는 것입니다. 즉 그럴 때 눈은 계산에 사로잡혀서 쉽게 피로해집니다. 예컨대 아미앵 대성당의 이 신랑에서, 신랑의 높이를 정확하게 이등분하는 거대한 장식 돌림띠가 위쪽 궁륭의 종석에서 아래쪽 삼각형의 밑변까지 떨어지는 선의 중앙에 위치한다는 사실을 확인하기는 매우 어렵지만, 그럼에도 저는 종종 미술에 식견이 없는 사람들이 이 수평의 띠가 신랑을 둘로 나눈다고 흠을 잡는 것을 들어 온 것이 사실입니다. 이 건축물, 다른 점에서는 놀라운 설계로 지어진 이 건물에 비례상의 이러한 결점이 있는 까닭이지요.

건축가는 두 개의 서로 다른 연산을 해서 하나를 다른 하나에 중첩시켜 적용했습니다. 그러면서 그는 결과적으로 등변 삼각형으로부터 주어진 교차점들에 의해 연결되는 이러한 이중의 과정이 어떠한 흔적도 남기지 않을 것이라고 생각하지는 않았습니다. 그러나 가장 무지한 사람의 눈에도 그것은 두드러져 보이고, 상이점들로 얻은 멋진 관계들을 드러내는 건물의 모든 부분으로 인해 더욱 분명해집니다. 그러나 이 상이성들에는 어떤 질서, 통일성이 있게 마련입니다. 높이와 폭에 준해 크기를 서로 다르게 조정하면서 단순한 변덕에 따라 나열하는 것으로는 충분하지 않습니다. 이 상이성들이 하나의 일반 원리로부터 전개될 필요가 있습니다. 삼각형에 의한 비례의 결정이 이점을 갖는 것은 이런 관점에서입니다. 왜냐하면 그것은 설계에 적용된 방법을 이해하지 못하더라도 눈이 이러한 일반 체계를 본능적으로 따르도록 이끄는 분절점들을 제공하기 때문입니다. 통일성이 없는 비례란 있을 수 없으며, 복수성 없는 통일성도 없습니다. 복수성은 유사성들이 아니라 **차이**들을 말합니다.

그리스 인들(미술에 관한 질문들을 조명하기 위해서 우리는 언제나 그들에게 돌아갈 수밖에 없으니까요)에게는 미술의 유파에서와 마찬가지로 두 개의 철학적 유파들이 있었습니다. 도리스 혹은 피타고라스학파와 이오니아학파가 그 두 가지입니다. 이들 중 전자는 어떠한 차이도 배제하는 절대적 통일성을 주장합니다. **모든 것은 하나**인 것이죠. 순수하게 경험적인 두 번째 학파는 반대로 무한한 다양성, 동일성이 없는 차이, 지배적 원리 없는 현상적 존재, 유일무이한 동력 없는 운동을 인정합니다. 한쪽은 일신론, 다른 쪽은 범신론을 원리로 하는 이 두 학파로부터 아테네 인들이 미술에 적용할 수 있는 하나의 체계를 연역해 냈다고 저는 주장합니다. 도리스 인들의 통일성 원리와 이오니아 인들의 경험주의를 취하여 건축을 절대적 표준, 유일무이한 기본형에 종속시키면서도—예술가에게, 즉 개인주의에—차이로, 다양성으로 나아가는 자유를 남겨 주었던 것입니다. 이러한 경탄할 만한 조합은 그들 사이에서 걸작들을 낳았고, 중세의 한 시기에도 그러했습니다. 후자에 대해서 우리는 거의 아는 바가 없고, 마치 우리가 궁극적으로 그와 같은 밀접한 친연성을 발견해 낸 다른 그리스 시기로부터 그것을 분리하려는 듯이 두꺼운 모호함의 베일이 씌워져 있었습니다.

사실 중세의 진정한 건축 유파에는 경험론이 없었습니다. 어떤 외적 형태도 원리에 입각하지 않은 것은 없었죠. 그러나 비례의 체계에서뿐 아니라 가장 미미한 세부에서도 통일성과 복수성을 동시에 발견할 수 있습니다. 그리스의 건축에서와 같이 창조의 원리는 하나이지만 예술가는 창조자로서 원리의 한계 안에서 자유롭게 움직입니다. 여기 자연법칙이 있습니다. 그리스 인들은 그들의 미미한 지력으로 그것을 진리라 인식했고, 근대의 과학적 탐구는 그것을 말하자면 수학적으로 설명했습니다.

실제로 이를테면 유기적 자연에서 우리는 **하나**라는 원리를 발견합니다. 구렁이에서 인간에 이르기까지 그 원리가 엄격하게 지켜집니다. 그 통일성이 인식되도록 하는 원인은 바로 원리의 적용에서의 다양성에 있습니다.

그래서 우리가 각각의 개체에서 이것을 고려해 보면, 전체의 한 부분이 늘어날 때는 항상 다른 부분이 희생되는 것임을, 이 개별자들 각각은 오직 제 몫의 기관들만을 가지고 그것들은 오직 상대적 비례에 따라 발전될 수 있기 때문에, 예컨대 발이 없는 동물은 고도로 발전된 척추 체계를 갖게 되는 반면 하지가 거대하게 발전한 경우에는 팔이 미미한 것입니다. 이를테면 말의 경우 네 다리 모두에서 단 한 개의 발가락만이 크고 나머지는 축소되거나 퇴화해 버렸습니다. 이러한 창조의 원리의 엄격한 통일성을 고려할 때 우리는 이런 질문을 하고 싶어집니다. 즉 인간도 이러한 창조의 과업을 떠맡게 되었을 때 동일한 방식으로 진행해야 하는 것이 아닌지, 또한 그가 영원한 가치를 가진 작품들을 산출해 낸 시기들에 동일한 방식으로 [창조의 작업을] 진행하지 않았는지 하는 것이죠. 그렇다면 한편으로 기하학이 건축의 출발점, 기초 작업이라는 것은 부인될 수 없습니다. 또한 기하학적 형태 가운데 삼각형이 가장 완벽한 것이고, 모든 삼각형 가운데서도 정역학과 균형 잡힌 분할에 가장 적합한 것은 등변 삼각형과, 세 변이 4, 3, 5 비의 길이를 갖는 다른 직각 삼각형에 의해 만들어지는, 밑변과 높이가 4:2의 비례를 이루는 삼각형이라는 점도 분명합니다. 결국에는 이 삼각형들과, 그 빗변들과 수직선들의 교차를 통해 우리가 단일한 원리에 종속된 분할을 도입함으로써 단일한 원리에 입각한 분할들을 얻을 수 있고, 빗각들의 기울기를 환기시키는 점들, 반드시 이 기본 형태들로부터 도출된 비례들을 얻게 됩니다. 다른 한편으로 우리는 이러한 삼각형들을 건축 설계에 적용함으로써 설계자가 자신의 도면에서 높이와 폭의 특정한 비례를 강요당하게 된다는 것을 이해합니다. 또한 결국 그렇기 때문에 이 높이나 폭의 한 부분이 더 넓은 자리를 차지할수록 다른 부분에 주어지는 공간은 줄어듭니다. 이 부분들이 서로 아무리 다르다고 해도, 이들 사이에

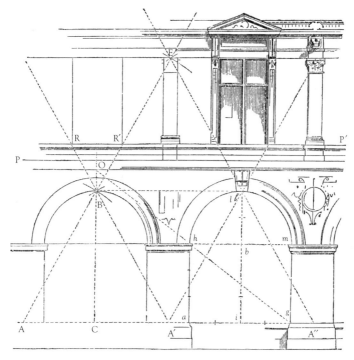

그림 11 비례를 구하는 방법

는 언제나 하나의 관계가 존재합니다.

예를 하나 들어 봅시다. 그림 11은 포르티코로 이루어진 1층과 그 위의 한 층으로 이루어진 파사드를 재현하고 있습니다. A A′ A″를 포르티코의 피어들의 축으로 두고, 등변 삼각형 AA′B를 그립니다. 점 B는 포르티코 아치들의 내륜 종석 위치를 지시합니다. 높이 CB 혹은 il을 5등분하고, 점 i를 중심으로 5등분한 길이의 두 칸씩 좌우로 이동하면 피어가 시작되는 점 a와 g를 얻습니다. 점 b를 중심으로 놓고 bl, 즉 두 칸을 반지름으로 하는 아치 hlm을 그립니다. 나머지 a에서 h까지가 세 칸이므로, g와 h를 연결하면 밑변 ag는 4, 수직선 ah가 3, 빗변 gh는 5, 즉 il과 같은 길이가 됩니다. 그러므로 이 아케이드에는 치수의 통일성과 부분들의 복수성, 즉 관계들과 상이성들이 있는 것입니다. 건축에서 3:5의 비율은 음악에서와 마찬가지로 하나의 조화[화성]를 이룹니다. ah가 3이고 gh와 il은 5입니다. 선분 AB와 A′l을 연장하면 E에서 만나게 됩니다. 또한 삼각형 BIE는 삼각형 AA′B와 합동입니다. 상층의 코니스를 E 높이에 둡시다. 선분 gh를 CB에서 연장된 선분과 만날 때까지 연장하면 점 O에서 두 선이 교차하고, 이것이 2층의 바닥 높이에서 지나가는 돌림띠의 아래쪽 선을 결정합니다. 우리는 또 ag:gh=Cg:gO=ah:CO라는 것을 관찰하게 됩니다. 그렇게 폭들과 높이들 사이의 비례 관계들을 얻게 되는 것입니다. 수평선 PP′와 큰 삼각형 AA″E의 빗변 AE의 교차점에서 그려진 RR′의 선상에서 창틀의 높이를 P에 고정시키고 우리는 두 개의 수직선들을 세워 창문의 틀받이들을 마련합니다. 따라서 점 A, B, R′, E는 정삼각형의 빗변 AE를 눈에 들어오게 만드는 분절점들이 됩니다. 우리는 두 층들 사이에 비례 관계와 접속을 수립하게 될 것입니다. 두 층은 확실히 하나의 전체의 부분들을 형성할 것이고, 우리는 전체의 통일성과 크기들의 상이성, 부분들 간의 비례 관계들을 얻게 될 것입니다.

전체의 통일성이 불리한 조건 속에서 실현된 예를 하나 더 제시하겠습니다. 성의 파사드는 1층과 오직 한 층의 상층, 돌출 창들과 높은 지붕, 중앙 동보다 낮은 익부들로 구성되어 세워져야 합니다(그림 12). 파사드의 길이를 스물두 부분으로 나누어 중앙 동에 네 칸, 두 개의 익부에 각각 세 칸씩을 부여합니다. A에서 우리는 어떻게 진행할지 볼 수 있습니다. 거대한 정삼각형의 꼭짓점 B에 분절점을 줄 수 없는 것이 확실한 만큼 우리는 a를 중심으로 하고 ab를 반지름으로 하는 반원을 그리는 데 만족합니다. 점 c

를 점함으로써 다시 한 번 전체 폭과 높이 사이의 관계를 결정하게 됩니다.

우리는 여기서 본보기들을 제시하려는 것이 아니라, 그저 건축의 방법이 전적으로 망실된 시대에 한 가지 방법을 설명하려는 것입니다. 어떤 방법이든 방법을 적용하는 것만으로 관찰의 결여나 지식이나 취미의 결핍들을 보상할 수는 없음이 분명합니다. 이러한 수학적 수단을 도입하면서 예술가는 언제나 자신의 자유와 개별성을 보존하려 합니다. 나아가 시공에서는 실제 사례마다 서로 다른 적용이 이루어지게 될 것입니다. 이런 점을 고려할 때 **주범의 고전주의적** 정의가 얼마나 위험한지가 드러납니다. 그것

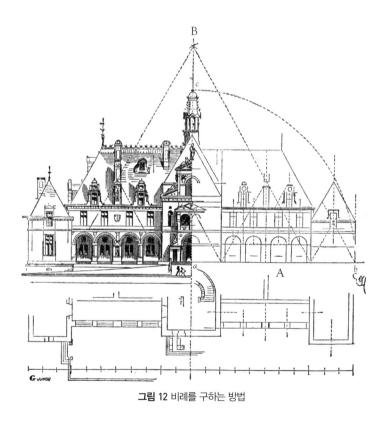

그림 12 비례를 구하는 방법

은 추론의 **모듈**을 대체하는 불변의 **방식**, 완벽한 공식을 부여하겠다고 천명합니다. **절대적인** 것으로 **상대적인** 것을 대체하겠다는 것이지요. 그러나 건축에서 모든 부분은 전체의 배열에 상대적입니다. 그리스 인들이 따랐던 이 원리는 중세의 예술가들에게서도 발견됩니다. 중세의 건물에서 모든 부분은 상호 의존적이며, 각 부분은 전체에 의해서, 전체와의 관계에 의해 결정된 위치를 차지합니다. 그리고 이것이 당시의 종교 건물과 민간 건물이 실제보다 크게 보이는 이유입니다.

비례의 방법에 각별한 영향을 끼친 건축의 평면 배치들을 검토해 볼 필요가 있을 것입니다. 그리스 인들은 (적어도 현존하는 건물들에서는) 일반적으로 단일한 배열을 가집니다. 즉 그들의 건물 앞쪽은 단일한 면 위에 세워집니다. 그들은 여러 층으로 되어 있거나 층층이 쌓아 올린 배열이나, 안쪽으로 후퇴해 들어가는 파사드 등으로 이루어진 건물들을 전혀 남기지 않았습니다. 단일한 수직면에서 모습을 드러내는 파사드에 비례의 방법을

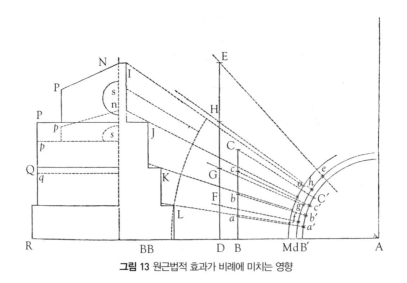

그림 13 원근법적 효과가 비례에 미치는 영향

도입하는 것이 쉽다면, 그러한 방법을 여러 층으로 되어 있을 뿐 아니라 일부가 나머지 부분보다 튀어나와 여러 개의 면들로 이루어진 파사드에 적용하는 것은 그렇게 쉽지가 않다는 것은 잘 이해할 수 있습니다. 이런 경우에 기하학적 소묘에서 수행된 비례의 방법은 시공 과정에서 원근법적 효과들로 인해 왜곡됩니다. 눈은 구체(球體)의 일부로서, 그 중심은 모든 사물이 곡면 위에 재현되는 시점(視點)―조준의(照準儀; la pinnule)―입니다. 그것은 마치 깃털처럼 생겼죠. 그러므로 (그림 13) A를 시점으로 놓고, BC를 Ba, ab, bc, cC로 4등분된 장대라고 합시다. 이 부분들은 눈에 네 개의 서로 다른 길이를 가진 B′a′, a′b′, b′c′, c′C′로 재현됩니다. 그러므로 우리가 이 장대를 4등분된 것으로 보이게 하려면 (시점은 A에 있고 장대는 DE에 있다고 할 때) 점 E와 D가 두 개의 선에 의해 A로 수렴하게 하고 원의 호 de를 df, fg, gh, he로 나누어야 합니다. 이 점 f와 g를 통해 시점으로부터 선들을 연장하고, 그것들이 장대 DE와 만나게 해야 하는 것이죠. 그렇게 해서 우리는 이 장대에 네 개의 서로 길이가 다른 DF, FG, GH, HE를 표시했습니다. DF가 가장 짧고 HE가 가장 길겠죠. 그러나 이 네 부분들 사이에는 반드시 비례 관계가 있을 것입니다. 하지만 우리가 수직 절단면 BB에서 보듯 들쑥날쑥하게 몇 개의 수직면들로 이루어진 파사드를 설계해야 한다면, 그러면서 네 개 층이 A의 시점에서 모두 같은 높이로 보이게 만들려면 선분 AI, AJ, AK, AL이 호 MO를 사등분할 수 있도록 이 층들을 그려야 할 것입니다. 그러면 기하학적 입면도에서 NPQR로 그려지는 이 파사드는 점선 npqR이 될 것이고, 원형 창 S는 s로 보일 것입니다. 그러므로 건물의 부분들에 비례를 적용해야 할 때 가장 중요한 것은 그것을 조망하게 될 지점 또는 지점들을 고려하고 높이와 요철의 감축 효과들을 계산에 넣는 일입니다. 그러나 건축가는 프로그램과 처음부터 주어진 요구들에 따라야 하는 탓에 종종 높이들을 조정하거나 후퇴하는 면들을 배치할 수 없는 만큼, 세부를 솜씨 좋게 배치함으로써 보이지 않지만 있어야만 하는 것을 보는 이가 추측할 수 있도록 하여 바람직한 비례의 효과를 복원하고자 노력해야 합니다. 그리하여 너무 작은 듯한 것을 키우고, 상대적으로 너무 커 보이는 것을 줄이는 것이죠. 바로 이러한 상황에서 능력 있는 예술가는 건축 예술, 한낱 공식이 아니라 예술이 그에게 제공한 풍부한 방편들을 사용합니다.

우리가 그리스 건물들의 내부에 관하여 가지고 있는 정보는 너무 불완전합니다. 폼페이의 주거지들과 공공건물들은 대부분 보다 후대의 마그나 그레키아 건축에 속하는 것들로서, 크게 중요하지 않은 도시의 것들일 뿐입니다. 아테네의 공공건물과 주거지들의 실내에 대한 관념은 추측할 수만 있을 뿐이죠. 그러나 우리는 그리스 인들이 건물의 외부에 적당한 건축 형태들을 그들의 건물 내부에 적용했으리라고는 추정할 수 없습니다. 내부 공간은 제한된 장(場)이므로 **뒤로 물러설** [조망을 위한] **공간** 따위는 없습니다. 돌출 형태들은 크게 발전하고, **전체를** 시야에 품기에는 거치적거리는 것들이 너무 많아집니다. 로마 인들이 대욕장의 홀들과 같이 거대한 실내에 완전한 주범을 놓았지만, 보통 크기의 공간에서 그렇게 한 예는 볼 수 없습니다. 티투스 욕장, 폼페이의 팔라티누스, 하드리아누스 빌라의 내부는 돌출 코니스라든지 앞을 가로막는 벽기둥이나 원주 등이 가로지르지 않습니다. 장식이라고는 단지 저부조와 회화로 장식된 섬세한 스투코뿐입니다. 우리는 아티카의 그리스 인들도 비슷한 방법을 적용했으리라고 추정할 수 있으며, 그들이 예컨대 파르테논의 경우처럼 신전의 내부에 주범을 놓았을 때는 외부에 놓인 것들에 비하면 매우 작은 크기를 적용했습니다.

먼 고대의 전통이 너무도 오랫동안 보존된 페르시아에서는 실내를 회화나 파양스, 모자이크 혹은 매우 섬세하게 주조된 부조만으로 장식한 것을 관찰하게 됩니다. 그것은 어떠한 경우에도 홀들의 형태에 변형을 주거나 주의를 끌지 않습니다. 비례의 체계는 멀리서 조망하게 되고 또 직사광선을 받는 파사드에 적용하면 좋겠지만, 내부 장식에서는 찾아볼 수 없습니다. 그리고 위에서 살펴본 것처럼 거대한 실내의 절단면은 그것이 처음으로 눈에 들어오는 것인 만큼 기념비적 비례 체계에 따라 설계될 수 있겠지만, 세부의 정교함으로 따지면 건축물 외부에 적용해서 좋은 방법이 내부에서는 좋지 않습니다. 나아가 이탈리아와 프랑스에서 건축가들이 외부 설계에만 쓰였던 건축적 특징들을 그들 건물의 내부에 쓰겠다는 생각을 한 경우는 16세기 이전에는 거의 찾아볼 수 없습니다.

인위적인 대비로 충격적인 효과를 산출하기를 기대하면서 건축가들은 실제 크기의 효과를 감소시켰을 뿐입니다. 그렇게 해서 로마의 산피에트로 대성당 내부는 일견 작아 보이고, 원주와 엔타블라처로 장식된 근대의 홀들 일부는 우리로 하여금 이 모든 불필요한 지주를 깨끗이 치워 내부의 실제 형태와 크기를 복원하고 싶은 마음을 갖게 합니다. 빛은 건축에서 매우 중요한 역할을 하므로 빛이 위로부터 비치는 외부에서 특정한 효과를 산출하도록 훌륭하게 설계된 엔타블라처를 반사된 빛만 들어오는 곳에 둔다면 매우 다른 효과를 내게 될 것입니다. 40~50° 각도에서 직사광선을 받은 상태에서 멀리 떨어져 보면 매우 우아한 모습을 드러내는 윤곽이 뚜렷한 코린토스식 주두를 아래쪽으로부터 비춰지는 반사광 속에 놓게 되면 그 모든 효과는 사라질 것입니다. 그리스 인들은 이러한 자연법칙들을 모르지 않았습니다. 일례로 파르테논 신전 내부에 장식된 저부조의 경우는 반사광 아래서 효과적으로 나타나도록 만들어진 것을 발견할 수 있으니까요. 그리스의 도리스식 주두는 위로부터 조명되든, 반사광을 받든 효과를 보존하도록 디자인되어 있었습니다. 게다가 매우 섬세한 선으로 이루어진 평평한 코벨은 종종 채색된 장식들로 치장되어 있었고, 기울기 때문에 실내에서 그 표면이 뚜렷하게 잘 보였습니다. 그러나 로마의 지배 이전에 그리스 인들이 코린토스식 주두와 엔타블라처를 홀 내부에 들여놓은 일이 있었으리라고는 거의 생각할 수 없습니다. (공식을 유지한다는 관점에서) 그들이 건축의 어떤 부분들을 그것들이 오직 상충하고 혼돈만을 낳는, 혹은 어쨌든 서로 시야를 훼방하는 결과를 초래하는 장소에 놓았을 리는 없는 것입니다.

건축가가 어떤 홀의 건축적 배열을 설계할 때 그 홀을 실제보다 작거나 덜 높아 보이게 만드는 것이 목적이라면 저는 그러한 목적이 오늘날에 완벽하게 수행되고 있다고 생각합니다. 그러나 그 반대를 목적으로 한다면 눈으로 보기에 더 작게가 아니라 더 커 보이게 만들기 위해 우리의 미술이 제공한 수단을 검토해 볼 필요가 있습니다.

라울 로셰트는 1846년에 고딕 건축에 대해 이렇게 말했습니다.* "[고딕 건축가는] 취미의 법칙으로 정당화될 수 없는 혹은 현대 문명의 조건들과 화해할 수 없는 약점들을 드러낸다. 건축적 부분들의 분배에 있어, 오로지 경험의 소산이기 때문에 미술의 규칙이 된 원리들이 전혀 지배하고 있지 않다. **우리는 거기서 어떠한 비례 체계도 볼 수 없다.** 세부는 매스와 전혀 무관하고, 모든 것이 변덕스럽고 임의적이다. 장식의 발명과 도입을 보아도 마찬가지이다. 또한 이러한 장식이 교회의 내부에는 전적으로 결여되어 있는 데 반해 전면부에 집중되어 있는 것은 충격적인 결함이며 진정한 부조리이다." 취

---

* *Considération sur la question de savoir s'il est convenable au XIXe siècle de bâtir des églises en style gothique.* 1846년에 아카데미 데 보자르에서 낭독되고 내무부에 전달된 보고서.

미의 법칙으로 정당화할 수 없는 건축의 결점이라는 것이 무엇인지를 묻지 않아도, 그리고 1846년에 아카데미 데 보자르가 **진정한 부조리**라는 표현에 부여한 의미가 무엇인지 고민할 필요도 없이, 이 대목을 그대로 받아들이면 우리는 그것을 고딕 건축에 대한 찬사로 이해할 수 있습니다. 저명하신 [보자르] 종신 서기께서는 중세 건물들의 실내에 적용된 건축이 그 외부에 적용된 것과 같지 않다는 사실을 깨달았습니다. 그리고 여기서 우리는 실로 **오로지 경험의 소산이기 때문에 미술의 규칙이 된 원리**, 양식과 좋은 취미의 원리를 봅니다. 사실 매우 넓고 높은 파사드는 멀리서나 가까이서나, 정면에서나 비스듬하게나, 즉 여러 시점에서 볼 수 있는 부분으로 돌출부와 음영 효과를 복수화할 필요가 있습니다. 그렇게 해서 눈을 사로잡고, 솜씨 좋게 자리를 정한 분절점들의 연속으로 전체를 그려 낼 수 있도록 말이죠. [외부로 드러나는 파사드의 경우] 다양한 시점을 고려해 정면과 측면, 근거리와 원거리에서 모두 쾌적하고 다양한 효과들을 얻을 수 있는 방식으로 부분들을 결합할 필요가 있지만 내부에 관해서는 이야기가 다릅니다. 홀의 내부 건축은 오직 내부에서만 조망될 수 있고, 따라서 그 표면은 상대적으로 높이가 제한되어 있으며, 보는 이는 수평선상에서 이동하게 마련입니다. 그러므로 건축가는 보는 이의 시선이 펼쳐지는 제한된 표면을 계산에 넣어야 합니다.

저는 그리스 인들이 이러한 원리를 관찰했다고 확고하게 믿고 있습니다. 로마 인들은 반면 너무 자주 이를 무시했지요. 그러나 중세의 건축가들은 이 원리를 인식하고 있었다는 증거가 있습니다. 따라서 내부 공간의 규모가 어떠하든 저는, 예컨대 단일한 배열이 받침으로부터 궁륭의 도약점들에 이르기까지 적용되는 것을 관찰합니다. 파리의 노트르담이나 노용 대성당, 상스, 상리스, 그 밖에 12세기 말 이후의 특정한 교회 등 과도기 건물들에서 건축가들은 낮은 기둥 열 위로 궁륭을 받치는 주신들을 올렸고, 이 아래쪽 기둥 열에 주초 또는 받침돌로서의 목적에 부합하는 상대적으로 작은 규모를 부여할 만큼 훌륭한 취미를 가지고 있었던 것입니다. 그러나 이 건축이 발전하여 랭스, 아미앵, 부르주, 샤르트르 등에서와 같이 완벽한 일관성을 획득하게 되면, (직사광선의 효과 덕분에) 장식되고 강조된 돌출부들로 외부가 보다 대담한 윤곽선을 갖추게 될수록 내부는 모든 돌출부를 줄이고 전체적으로 장식적인 부분들을 단순화시킴으로써 조화로운 통일성을 얻어 가게 됩니다. 이런 건물들에서 외부는 보는 이의 시선을 한 지점에서 또 다른 지점으로 이끌고, 한 장소에서 다른 장소로 움직이게 하면서 다양하고 다층적인 효과들을 향유할 수 있게 합니다. 반면 내부에서 모든 것은 고요함과 장엄함의 단일한 인상을 산출하는 데 기여합니다. 조각은 드물게 놓이고, 높이를 더 늘어나 보이게 해 주는 수직선들이 늘어납니다. 세부 장식은 등신대 안쪽으로 유지되고, 모든 것이 효과의 통일성을 연출하는 방향으로 마련되죠. 이 세부들을 분석해 보면 우리는 모든 부분, 모든 몰딩이 그것들이 각기 자리한 위치들을 위해, 그 위치에서 얻게 되는 효과를 보여 주도록 디자인되었음을 알게 됩니다. 아미앵 대성당이 무너져서 돌더미로 내려앉는다고 해도, 그 파편들 하나하나를 그림 13에 그려진 기하학적 공식에 맞추어 제자리에 돌려놓을 수 있을 것입니다.

라울 로셰트는 우리 교회들의 내부가 파사드에 비해 빈곤하다고 불평했습니다. 그러나 이 교회들의 실내는 다만 회화, 역시 회화의 일종인 스테인드글라스, 통상 매우 화려한 가구들로 장식되어 있을 뿐입니다. 그리스 건물들의 내부도 복잡한 건축적 형태들이나 여러 돌출부들보다는 회화와 이동 가능한 사물들로 장식되어 있었다는 데는 이론의 여지가 없습니다. 이 원리는 헬라스 민족의 예술가들에게 너무도 진실하고 너무도 당연한 것이어서 그것을 간과할 수는 없었습니다. 그러나 아미앵 대성당의 내부 공간에 비하여 그리스 신전의 감실은 어떠합니까? 후자의 면적이 100m²라면 전자는 7000m²입니다. 확실히 저는 이 크기 차이로 우월성을 거론하려는 것이 아닙니다. 예술은 건물의 크기와는 무관한 것이고, 아무도 마들렌 교회가 작은 테세우스 신전에 필적한다고 주장할 수는 없을 테니까요. 그러나 크기가 커질수록 건축가에게 풀기 어려운 문제들이 제기된다는 것 역시 논쟁의 여지없는 사실입니다. 길이 10m에 폭 6m짜리 홀에 쾌적한 비례와 적절한 장식을 부여하는 데 상당한 숙고가 필요하다면 40m 길이에 폭 50m 크기의 실내가 통일성, 조화, 위엄을 두루 갖추도록 하는 데는 보다 많은 연구가 필요합니다. 중세의 건축가들은 그와 같은 난제들을 그들의 민간 및 종교 건축물들에서 해결했습니다. 교회는 말할 것도 없고 상스나 푸아티에, 몽타르지의 거대한 홀들, 파리의 궁들, 쿠시의 성, 또한 퐁텐블로 성의 큰 홀은 상당히 후대의 것이긴 하지만 중세의 시공자들이 그들의 실내 공간 건축에 완벽한 통일성을 부여하는 방법을 알고 있었으며, 이러한 통일성은 외부 설계에 도입된 것과는 다른 수단을 통해 얻어진 것임을 충분히 입증합니다.

로마 인들은 행복한 영감의 순간들에, (또는 차라리 제가 그렇게 생각하는 경향이 있는 것이겠지만) 그들이 그리스의 예술가들에게 완전한 자유를 주고 그들 특유의 화려한 과시에 대한 애호에 빠져 예술가와 작품 사이에 끼어들지 않을 때, 그들 또한 이러한 원리를 받아들였습니다. 로마의 대욕장 중 일부, 특별히 소박한 규모의 실내 공간들은 그들이 때때로 실내 공간에 특별히 적용된 건축적 속성들을 사용할 수 있었다는 것을 보여 줍니다.

로마 인들이 고용한 그리스의 예술가들은 로마의 건축에 해로운 영향을 끼쳤습니다. 더 나아질 수 없이 훌륭했던 그리스 인들은 그들의 정복자 혹은 '수호자'들을 '다루었습니다'—로마의 정책은 승자보다는 수호자의 입장에서 그리스 인들에게 영향을 미치는 것을 좋은 취미로 여겼으니까요. 그럴 때 그리스 인들은 그들 미술의 세련된 규칙들을 요란한 과시와 거대한 규모에 대한 로마 인들의 취미에 대립시키기보다는 사치스러운 재료들과 솜씨에 대한 이 야만족들의 욕망을 최대한 충족시키는 방식으로 자신들의 수호자들을 다루었던 것입니다.

그러나 로마 인들은 그들이 이해하지 못한 그리스 미술의 이상적 섬세함을 자신들의 것으로 만들거나 후대에 전하는 것에는 거의 관심이 없었습니다. 대신 그들은 지상에서 가장 막강한 국가로 모습을 드러내는 데, 작업하기 어려운 재료들을 선택하고 장식을 풍성하게 하는 것으로 인상을 각인하는 데 관심을 기울였죠. 로마의 야만주의가 필요로 하는 이런 것을 받아들이면서 그리스 인들은 곧 스스로 온순한 제작자를 자처했던 미술을 타락시킬 정도로 장식의 과잉을 밀어붙였습니다. 로마 미술이 그처럼 저속하고, 그처럼 상스럽고, 그토록 요란하게 무의미해졌을 때, 그것이 더 이상 회복될 수 없는 지경에 처했을 때 그리스 인들은 그것을 스스로 손질했습니다. 하지만 그렇게 하면서 과거로 되돌아가지는 않았죠. 그들은 5세기에 비잔티움에 파르테논을 복제해 세우지 않았습니다. 그들은 로마 인들이 발견해 낸 것을 값진 소득으로 보존하면서 그것에 전적으로 로마적인 형태를 다시 입혔습니다. 그것은 아우구스투스로부터 콘스탄티누스의 치세까지 제정기에 도입되었던 것보다 훨씬 적절한 구조를 취한, 영원한 인정을 보장하는 형태였습니다. 모든 분야에서 진보의 개척자들이었던 그리스 인들은 막강한 주인들을 위해 일을 할 때조차도 앞서 나갔습니다. 정복당한 그들은 이오니아와 도리스의 전통을 버렸습니다. 그들은 과거의 로마 건축을 받아들여 그것을 제대로 배치했고, 그냥 구축물에 불과했던 것을 미술로 만드는 데 성공했습니다. 솔로몬 신전 벽 앞의 유대 인들처럼 파르테논의 계단에서 끊임없이 우는 대신에 그들은 3세기의 타락한 로마 미술을 비잔틴 미술로 진화시켰습니다. 아테네 인들을 발명가라고 하기는 어렵지만 그들은 규명하고, 결합하고, 다듬는 재능을 가지고 있었습니다. 그들은 자신들의 세련되면서도 논리적인 지성의 도가니에 들어온 모든 것을 소화했다는 점에서 최고의 제작자였습니다. 페리클레스 시대에 그들은 미술과 철학에서 이러한 능력을 입증했습니다. 이오니아 인들과 도리스 인들의 제법 완벽한 실험들로부터 그들은 파르테논으로 진화했습니다. 피타고라스학파, 파르메니데스, 제논, 이오니아의 경험론 체계로부터 플라톤과 아리스토텔레스가 탄생했죠. 후대에 이 그리스 민족은 그 혈통이 기진해진 때에조차 노쇠한 로마의 무미건조한 미술로부터 비잔틴 건축이라 불리는 강인한 새싹을 틔워 냈습니다. 그것은 콘스탄티누스 시대 이래로 이름값을 하는 건축 스타일들의 모태가 되었습니다.

서방에서 중세에 그리스 인들의 계승자들이었고, 또한 그들과 마찬가지로 진보의 애호가들로서, 우리 민족은 전진했고 흩어진 잔해들로부터 온전한 전체를 형성해 냈습니다. 그리스 인들처럼 우리도 어디서 멈추어야 할지 몰랐죠. 그래서 예술을 재구축하고, 그 고유의 원리들을 남용함으로써 그것을 죽음으로 내몬 후에, 우리의 소피스트들이 나타난 후에, 우리는 로마 인들의 보호령 아래로, 아마도 그들의 건축의 수준을 더욱 떨어뜨리기 위해 다시 들어갔습니다. 우리가 창백한 마지막 반영을 관조하는 데 지칠 때쯤, 우리는 아마도 그리스 인들이 그랬던 것처럼 우리의 고유한 본성을 들여다보고 우리가 마지막 잔해까지 고갈시켜 버린 예술을 새롭게 적용할 방법을 찾게 되겠지요. 근대 사회가 빠져 있는 수없는 모순 가운데 우리가 건축의 영역에서 목격하는 것도 평범하지는 않습니다. 그것은 고대의 수호자들 혹은 스스로 그러한 위치를 자처하는 이들을 고대 그리스 인들이 따랐던 것과 정반대되는 길로 빠뜨립니다. 우리가 그리스 인들이 미술에 있어 기이하고, 로마 인들은 진정한 예술가들이라고 여긴다면 중세의 건축물들을 무시하는 것이 일관된 태도일 것입니다. 그러나 그리스 인들이 진정한 예술가들이라면 로마 인들이 그들의 **피보호자들**과 접촉함으로써 세련되어지고자 하는 야만인들임이 분명합니다. 또 그런 경우 예술의 영역에서 생존하는 것은 그리스의 재능이지만, 그리스의 재능은 부동성과는 반대되는 것이고, 앞으로 나아가지 않으니 그들은 하강하는 것을 원합니다. 물론 다시 한 번 더 멀리 비상할 것을, 새로운 지평을 발견할 것을 확신하면서 말입니다. 그리스 인들은 로마의 건축을 무시하지 않았습니다. 약화된 제국이 그들에게 의탁했을 때, 그들은 그것을 재생시키고 회춘시켰습니다. 또한 그것이 성공함에 따라 소생한 이 미술은 살아 있을 수 있었을 뿐 아니라 서방 전체와 동방의 일부 지역에까지 기본 원리를 제공할 수 있었습니다. 여기서 미술에 관한 문제만을 제기하는 가운데 그리스 인들과 로마 인들이 절대적으로 대립되는 원리들을 도입하고 있음을 발견하게 된다는 것을 잊지 맙시다. 저는 그들의 정치적 삶이나 그들의 정부, 문명의 수준 등에서 로마 인들이 그리스 인들보다 우월한지 열등한지라든가, 로마의 통일이 인류에게 엄청난 득이었는지 아닌지에 대해서는 논하지 않을 것입니다. 그러나 이 통일이, 예술적 민족이라면 어떤 민족이든 그랬겠지만 그리스 인들에게 불쾌한 것이었으리라는 것은 확실합니다. 종속되어 있었지만 그리스 인들은 늘 자신들이 로마 인들보다 우월하다고 여겼습니다. 그 격차라는 것은 소포클레스의 비극과 자치 규정 사이의 거리에 비할 만한 것이라고 말이죠. 예술적 민족들은 고립된 집단을 형성하는 배타적 민족들로 존재해 왔습니다. 고대 세계의 예술적 민족들인 그리스 인들과 이집트 인들은 끝까지 이방인들과 야만족들을 혐오하고 싫어할 뿐이었습니다. 범세계주의자였던 로마 인들은 예술적이지 않았고, 그렇게 될 수 없었죠. 우리 프랑스에는 봉건 시대에 예술이 있었습니다. 고립은 세계사에서 오늘날까지도 어떤 경우에나 예술의 발전에 이로운 조건이 되어 왔으니까요.

로마 인이 문명사에서 수행했던 역할은 충분히 크고 찬란하기 때문에, 우리가 정당한 그의 업적 이상으로 그에게 찬사를 보낸다고 해도 양해가 될 것입니다. 예술의 문제들에서 로마 인들은 다른 모든 것에 대하여, 특히 법의 영역에서 그들이 하던 것과 같은 방식으로 문제들을 풀어 갔습니다. 12표법에서 보듯 역사의 시초에 절대적 원리들에 입각해 법제를 수립한 그들은 제정 초기에 말 그대로 엄격하게 적용된 이 법제가 제국을 구성하는 민족들의 풍속과 정신에 대립된다는 것을 알게 되었습니다. 그리하여 그들은 문자 자체보다는 공평성에 입각해 법을 해석하는 **법무관들**을 지명했습니다. 철학의 영역에서도 유사하게 고정된 체계, 성문법의 관점에서가 아니라 인간 정신, 정황, 전통, 풍속, 시대의 관념들에 비추어 모든 주제를 고찰하는 그들 고유의 스토아주의자들이 있었습니다. 따라서 우리는 그들이 어떻게 그들의 건물들의 구조, 즉 성문법, 문자 그 자체와 마찬가지이지만 매우 다양하게 적용하는 것이 허용되는 구조에 그리스 인들을 위한 자리를 내줄 수 있었는지 이해할 수 있습니다. 로마 인들이 이렇게 해야만 했다는 것은 위대한 문명 개척자들, 평등론자들의 정신에 완벽하게 일치합니다. 그러나 그리스 인들이 논리적이고, 세련되고, 그 원리에서 절대적인 그들 예술에 주어진 역할을 받아들여야 했다는 것은 인정될 수 없는 일입니다. 그리스 인들은 그들의 주인들을 위해서 **일했습니다.** 그러나 그들은 결코 자신들의 배타적인 예술의 원리들을 드러내지 않았습니다. 왜냐하면 그들은 바로 그 원리들이 배타적이라는 이유에서 자신들의 지배자들이 그것을 허용하지 않으리라는 것을 확실히 느꼈기 때문입니다. 양편 모두, 그러니까 두 민족 모두 외견상 그들의 구조와 예술을 혼합한 것 같지만 근본적으로는 콘스탄티누스 시대까지도 아이밀리우스 파울루스(Lucius Aemilius Paullus Macedonicus, c. 229 BC–160 BC) 이전 시기의 상태에 머물러 있었습니다.[9] 즉 상반되는 성격을 가지고 있었던 것입니다. 그리고 이러한 양립 불가능성은 비잔티움에 로마 제국이 자리 잡을 때 새롭게 모습을 드러냈습니다. 하드리아누스의 온화함도, 안토니누스 왕조의 현명하고 온건한 정신도 로마 인들을 야만족으로 여기는 그리스 인들의 생각을 바꾸어 놓지 못했습니다. 그리스 인들은 로마 인들을 위해 일하면서 그 막강한 주인을 위해 자신이 하는 일에 어떠한 신념도 없었습니다. 그는 솜씨를 팔았거나 빌려주었을지언정 마음 깊은 곳에 자신의 원리와 예술에 대한 헌신을 간직한 채 언젠가는 그것들을 기꺼이 꺼내 보일 날이 오리라는 희망을 가지고 있었습니다. 이것은 성찰해 볼 만한 문제입니다. 왜냐하면 우리 예술의 공화국에서 우리는 아직도 그리스 정신을 내면에 가지고 있으며, 따라서 적대감도 여전히 있기 때문입니다.

　　로마 인들은 비례의 조화에 민감했던 것으로 보이지 않습니다. 그들은 과시적인 민족으로 대리석이나 화강암, 반암으로 된 몇 개의 원주들을 딱

---

9) 아이밀리우스 파울루스는 집정관을 두 차례나 지낸 고대 로마의 명장으로, 플루타르코스 등이 전하는 바에 의하면 그의 가장 큰 업적은 당시 그리스 지역을 지배하고 있던 마케도니아의 안티고노스 왕족을 절멸시킨 일이다. 따라서 '아이밀리우스 파울루스 이전 시기'라는 본문의 기술은 그리스 세계가 최종적으로 멸망하여 로마 제국에 복속되기 이전, 즉 로마와 별개의 정치적 주체로서 존재하던 시기를 가리킨다. 다시 말해 그리스와 로마가 정치적으로 첨예하게 대립하고 있던 시기인 것이다. 뒤이어 기술되는 바와 같이 저자는 안토니누스 왕조, 즉 이른바 다섯 현제 시기를 거치면서도 해소되지 않은 그리스적인 것과 로마적인 것의 양립 불가능성이 콘스탄티누스가 제국의 유일 권력으로 등극하고 비잔티움에 새로운 수도를 건설하면서 오히려 더욱 분명하게 나타났다고 보고 있다.

히 이유도 없이 세우는 만족감을 위해 가장 적절한 비례도 희생시킬 사람들이었습니다. 로마의 구조가 언제나 거대한 효과를 연출한다면 이는 그것이 진실하고 잘 고려된 것이며, 바로 이런 이유에서 눈을 만족시키기 때문입니다. 그러나 그 구조를 뒤덮고 있는 장식적 외관은 종종 당당함과 위엄을 빼앗아 갑니다. 완전히, 남김없이 말입니다. 이러한 사실을 확인시켜 줄 고대 로마의 유적들을 상상 속에서 복원할 수 없는 이들이라고 해도 로마의 프랑스 아카데미 학생들의 일반적으로 매우 성실한 작품을 통해 그 증거를 확인할 수 있습니다. 로마 유적의 소묘들은 언제나 복원보다 만족스럽습니다. 그리고 우리의 시선을 끄는 엄청난 흥미로움은 빼 버리고 재료의 화려함과 물량을 제쳐 둔 채 온전히 보전된 고대 기념비들을 볼 수 있었다면, 대개는 산피에트로 대성당이나 천사의 성모 마리아 교회 내부를 보았을 때와 같은 실망감을 경험하게 될 것이라는 것이 제 생각입니다. 이처럼 거대한 구조를 씌우고 있는 건축적 배열에서 보이는 비례의 결점 때문에 생겨나는 실망감 말입니다. 산피에트로 대성당의 내부에서 그 거대한 스투코 벽기둥들과 말을 타고도 지나갈 수 있을 만큼 돌출한 엔타블라처, 기괴한 조각들, 패널 방식의 상감들, 모든 선을 깨뜨리는 몰취미한 장식들을 다 걷어 낸다면 우리는 이 실내 공간의 진가를, 즉 그 거대함을 비로소 보게 될 것입니다. 산피에트로 대성당 실내 공간의 거대한 크기는 오로지 매스만을 볼 수 있는 황혼 때에만 드러납니다. 대낮에는 손을 눈 위로 올려 포석만을 바라보지 않는 이상 그 크기를 볼 수 없습니다. 포석만은 대리석과 반암의 격자무늬로 약간 장식되어 있지만 먼지층으로 그나마 흐릿하게 보여서 밋밋하고 깨지지 않은 면을 가지고 있습니다.

비잔틴 제국의 예술가들은 여전히 그리스 인답게 매스의 지배라는 법칙을 엄격하게 따랐습니다. 또한 이러한 점은 중세의 초기에 칼리프들, 무어

인들, 페르시아 인들, 서방 로마네스크의 건축가들에게서도 볼 수 있습니다. 저는 결코 이런 전수된 예술이 그리스의 예술에 비견될 만하다든지 알렉산드리아학파의 소피스트들이 플라톤에 대등하다든지, 『롤랑의 노래』가 모든 점에서 『일리아스』와 겨룰 수 있다는 이야기를 하려는 것이 아닙니다. 다만 제가 다시 한 번 말하고자 하는 것은 우리는 앞으로 나아가야 하며, 후회로 인생을 보낼 수는 없다는 점입니다.

비잔틴 건축가들이 로마의 건축에 적용했던 변형을 설명하기 위해서 앞에서와 마찬가지로 그림을 하나 예로 들어 봅시다(그림 14). A에는 베이들로 배치된 로마식 홀의 입면도가 그려져 있습니다. 그 구축은 훌륭하고 단순하며 당당한 효과를 연출합니다. 그러나 잘 관찰해 보면 원주 B의 크기가 이 홀의 규모에 비추어 적당하지 않습니다. 전체 엔타블라처는 시야를 방해하고, 횡단 아치 C나 스팬드럴 D의 상당 부분이 가려집니다. H에 서서 이 홀을 바라보는 사람에게 이 원주는 현 ab의 길이로 보이고, 엔타블라처는 호 bc의 길이, 궁륭의 절반은 호 cd의 길이로 나타납니다. 이 길이 cd는 지지점들인 a, b, c의 크기 때문에 줄어들었으며, 결과적으로 강조되어야 할, 사실 기하학적 소묘상으로는 강조되어 있기도 한 궁륭의 전개가 부분적으로 손실된 것입니다. 또한 궁륭을 올린 홀의 비례에 있어 받쳐진 부분과 받치고 있는 부분의 관계에서 후자는 필요 이상으로 강하게 표현되어서는 안 된다는 점에 주목하십시오. 이제 여기 제시된 사례에서 지지하는 부분, 즉 엔타블라처가 딸린 원주는 그 기능에 비해 중요성이 과장되어 있는 것이 분명합니다. 이 지지부가 공간 ac를 차지하는 데 반해 아치의 절반에 해당하는 공간은 cd에 불과하니까요. 더구나 주범의 코니스 E와 같이 돌출된 부분은 상당히 **물러서서** 바라보지 않는 한 상대적으로 실제보다 큰 면적을 차지하는 것처럼 보입니다. 눈은 이 돌출 각들과 몰딩들에 사로

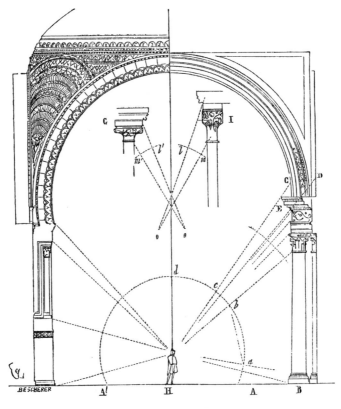

그림 14 비잔틴과 로마 건축 비교

잡히고, 약간 돌출되었을 뿐 그림에서와 같이 충분히 멀리 떨어져서 보았다면 그렇게까지 눈에 띄지 않았을 그 코니스에 큰 중요성을 부여하기에 이릅니다.

물리적으로 구조를, 즉 홀의 틀을 변화시키지 않으면서도 로마 인들이 선호했던 형태의 전통에서 해방된 비잔틴 건축가들이었다면 소묘 A′와 같은 방식으로 이 홀의 비례를 수정하였을 것입니다. 거대한 원주 대신에 그들은—훨씬 적절하게도—피어를 세웠을 것이고, 그 피어를 부착 기둥이나 엔타블라처 없는 모서리 기둥으로 가볍게 만들었을 것입니다. 사실 엔타블라처는 실내 공간에 불필요한 것이니까요. 횡단 아치를 좀 더 잘 전개하기 위해서 그들은 반원을 넘어서까지 이를 연장했을 것이고, 교차 궁륭 대신 겹친 호들을 이용해 사각형 단면에서 원형 단면으로 이행하는 펜던티브들을 구축했을 것입니다. 내부 공간의 크기를 더 커 보이도록 하기 위해서 그들은 특정한 부분들을 저부조의, 구조와 조화를 이루는 장식들로 뒤덮었을 것입니다. 그들은 그렇게 로마식 구조의 전체 형태는 보존하면서 언제나 장식을 중심선들에 종속시키고 그 효과를 손상하기보다는 강화하도록 하는 그리스의 원리로 복귀했을 것입니다. 따라서 건물을 조망하는 사람 H는 전체적으로 만족스러운 비례들을 관조하게 될 것입니다. 지지되는 부분인 궁륭은 지지하는 부분과의 관계에서 그 중요성을 회복하게 됩니다. 더 이상 원하지 않으면서도 돌출 엔타블라처에 시선을 빼앗기는 일 없이 바닥에서 궁륭의 정점에 이르기까지 중단 없이 전체를 포괄하고, 장식은 매스를 가리지 않을 뿐 아니라 오히려 그것을 설명하게 됩니다.

이러한 실내 공간 건축에서 우리가 거대한 조각들, 도자기들, 위협적으로 튀어나온 코니스에 주조된 화관 장식 등을 포함하고 있는 17세기의 홀들로부터 멀어지고 있는 것은 분명합니다.

그러나 이처럼 세련된 비례 감각으로의 비잔틴 건축의 회귀는 여기에 그치지 않습니다. 주범들이 로마 건축의 경우처럼* 장식을 위한 부속에 그치게 되자마자, 즉 주범들만으로는 건물을 구축할 수 없게 되고 그 비례가

---

* 우리가 로마 건축이라고 말할 때 그것은 순수하게 로마적인 건물들만을 가리키는 것이며, 상당 부분 그리스 건축에서 유래한 신전 등을 배제하는 것임을 늘 간과하지 말아야 할 것입니다.

더 이상 절대적이지 않고 상대적인 것이 되었을 때, 필연적으로 그 비례는 가변적인 것이 되었습니다. 로마 인들은 진정한 야만족답게 자신들이 식견을 갖추고 있다고 자부했습니다—그들은 배의 선장에게 그의 배가 좌초될 경우 **목숨을 걸고** 코린토스에서 로마로 수입해 가던 그리스 미술의 걸작들을 구할 것을 강요했습니다. 의심의 여지없이 그들은 주범들의 스타일에 대해 친숙하지 못하면서도 그들의 건축에서 주범들을 유지하려는 바람을 가지고 있었습니다. 그것들을 유지함으로써 그들이 취미를 갖추고 있음을 입증할 수 있다고 믿었으니까요. 그들은 흡사 오늘날의 **고전주의자들**이 고대인들보다 **고대적인** 태도를 취하는 것처럼 그리스 인들보다 더 그리스적인 태도를 보였습니다.

로마 인들은 근대적 의미에서 필연적으로 **고전적**이었습니다. 우리가 오늘날 인정하는 바와 같이, 행정 지도만큼 고전주의적인 것에 잘 맞는 것은 없으며, 토론만큼 행정적 정신에 대립하는 것도 없기 때문입니다. 그리스 인들이 무관심한 행정관들이었으리라고 추정하는 이유가 있는 것입니다. 따라서 주범들—특히 가장 화려하게 장식된 코린토스식 주범들—을 엄격한 규범에 따라 동로마 제국 시기까지 보존한 것은 로마 인들이었습니다. 그러나 로마의 건축이 그리스 인들의 손에 넘어가자 그들은 자신들에게서 비롯한 비례를 가진 주범들을 버렸습니다. 로마의 건축에서 주범이 장식적인 부분에 지나지 않게 되자 그들은 그것을 받아들여 다양하게 변화시켰습니다. 좀 더 정확히 말하자면 그들은 주범들을 완전히 없애 버리고 원주와 그 주두, 드물게는 (주범이 더 이상 구조를 구성하지 않고 코니스가 지붕의 빗물받이가 아니게 된 상황에서 더 이상 목적이 없어진) 엔타블라처를 보존했으며 원주와 그 주두의 비례와 형태를 그것들이 놓이는 위치에 종속시켰습니다. 예를 들어 원주가 내부 공간에서 상대적으로 얇고 높은 곳에 위치할 경우 그들은 G(그림 14)에서 보듯 주두의 꽃 장식을 넓게 만들어 지상에서 보아도 잘 보이도록 하거나, 아니면 I에서와 같이 그것이 높여진 만큼 꽃장식을 길게 늘려 역시 아래편에서 볼 때도 원래의 적절한 비례로 나타나도록 했습니다. 사실 O 지점에 자리한 사람에게 호 lm은 l'm'과 같아 보입니다. 여기서 우리는 다시 한 번 그리스 인들의 자유와 논리적 정신을 발견합니다. 그런데 중세의 로마네스크 건축가들은 이 새로운 비례 원리들을 거의 무시한 반면, 12, 13세기 프랑스의 세속 건축가들은 기하학적 엄격성을 가지고 이 원리들을 적용했다는 점이 흥미롭습니다. 비례 체계는 그러므로 그리스 인들 자신의 손으로, 그들 자신의 판단을 행사할 자유가 주어지는 즉시 폐기되었습니다. 그들은 로마의 건축을 그들의 해방된 본능에 따라 다룰 수 있었죠. 가장 큰 건물들의 크기가 500m²를 넘어서지 않던 시기가 지나가고, 광대한 지역을 감당할 것이 요구되는 문명의 새로운 단계로 접어들었습니다. 그들은 로마 건축에서 좋고 실용적이었던 것을 이용하도록 강요받았습니다. 최후의 그리스 인들은 이 조건들을 받아들였고, 그것들을 받아들이면서도 너무도 아름답고 너무도 지속적으로 숭배되어 온 그들의 예술을 왜곡하려 하지 않았습니다. 그들은 솔직하게 다른 예술을 받아들였고, 그들의 지성과 논리적 정신이 시대의 요구에 도움이 되도록 했습니다. 이것을 잘 활용할 수만 있다면 여기서 큰 교훈을 얻게 됩니다. 그러나 르네상스의 라틴 민족은 어떻게 했습니까? 그들은 비잔티움의 그리스 인들이 개혁한 이 로마 미술이 아니라, 고국을 떠난 그리스 인들이 꾸미고 일종의 정부 규제에 종속되어 있었던 동로마 제국의 로마 미술로 되돌아갔습니다. 이탈리아 인들에게 4세기부터 14세기에 이르기까지 건축이라 할 만한 것이 없었다는 말은 사실일 것입니다. 그들은 때로 비잔틴에, 때로는 독일의 영향에 종속되고, 기원도 원리도 이해하지 못하는 형태들 사이에서 오락가락하느라 예술을 만들어 낼 수 없었습니다. 제국의 옛 공식 미술로 그럭저럭 되돌아갈 수 있었으므로 적어도 손해 보는 장사를 했다고 그들을 비난할 수는 없습니다. 그러나 서방의 우리 사정은 달랐습니다. 통상 라틴 종족으로 분류되지만 라틴 정신의 경향에 거의 일치하지 않는 우리는 고유한 규칙을 따르는 예술을 가지고 있으며, 그것은 어떠한 이방의 원천으로부터도 유래하지 않았습니다. 그런데도 우리는 우리가 진심으로 숭배하는 그리스 인들이 정당하게도 경멸했던 미술의 이탈리아 복제들을 수입하려고 해 왔습니다! 이 모순을 설명할 수 있다면 해보라고 하십시오. 그러는 사이 잘 뒷받침된 비호와 완강하고 판에 박힌 절차가 설명을 대신합니다.

그러나 그리스의 재능은 오래도록 야만족들의 지배를 받을 운명이었습니다(그런 상태가 아직까지도 계속되고 있으니까요). 논리적 연역에 합치되는, 논리적이고 진보에 열정적인 지성은 다시 한 번 조직화된 세력의 통제 아래로 환원되었습니다. 공식들이 지성에 우선하고, 외견상 서방 세계에서 그 영감이 완전히 소멸하지는 않고 있던 그리스의 재능이 축복한 형식 중 하나로 보이는 것으로 되돌아감으로써 심지어 공식이 숨통을 조이기에 이르렀습니다.

그리스 인들은 건축의 자유로운 발전을 훼방하고, 자신들이 전파하던 진보를 부정하며, 예술을 다시 한 번 로마 독재의 무력화시키는 영향에 종속시키는 도구가 되었습니다. 비잔티움에서조차도, 구조와의 조화에 형태를 부여하려는 노력이 이루어지자마자 진보의 행진을 멈추게 하려는 노력이 있었고, 가장 계몽된 정신들, 보다 나은 것을 추구하던 네스토리우스 교도들이 추방되었습니다. 그들은 동로마의 수도로부터 멀리 떠나 비잔티움의 미술보다 더 합리적인 미술의 초석을 놓았죠. 그러나 그들은 이미 이루어진 발전을 빠짐없이 고려했고, 결코 이미 세워진 지표 중 어떤 것도 빼버리지 않았습니다.

고전 고대의 그리스 인들(즉 아티카의 그리스 인들)은 그들 건물에 궁륭이 딸린 구축을 도입하지 않았습니다. 그러나 여러 세기에 걸쳐 로마 인들의 솜씨 좋은 장인으로 지내면서 그들은 그러한 구조에 친숙해졌고, 그렇지만 그 원리들이나 형태를 눈에 띄게 변화시키지는 않았습니다. 이 부분에 대해 로마 인들은 어떠한 간섭도 허용하지 않았습니다. 로마의 구조는 통제의 문제였으며, 로마 인들은 그리스 인들을 좋은 취미를 가진 장식가들로 여겼을 뿐입니다. 비잔티움에서, 그리고 동방 제국 치하에 세워진 건물들에서 궁륭 체계에서 일어난 유일한 혁신은 펜던티브였습니다. 이것은 주목할 만한 혁신으로, 원통형 궁륭과 반구형 궁륭의 결합에 따르는 매우 논리적 연역이었습니다—그리스 인들의 재능에서 비롯한, 로마보다는 비잔티움에서 더 자유롭게 나타난 연역이었죠.* 반원에 관해서는 누구도 그것을 버릴 생각을 하지 않았습니다. 그것은 여전히 일반적으로 아치를 그리기 위한 기초이고, 원통형 궁륭, 교차 궁륭, 원개의 기초였습니다. 그러나 위에서 기술한 세 가지 삼각형, 즉 등변 삼각형, 사각형 밑면을 가진—그 정점에서 밑면 사각형의 측변 중 하나에 평행하게 잘라 낸 수직 단면이 등변 삼각형인—피라미드를 대각선으로 잘라 얻은 삼각형, 우리가 **이집트식** 삼각형이라 부른 것 등의 셋 중 하나를 비례의 기초로서 고려할 때, 우리는 아치에 바로 반원의 형태를 부여하게 되고, 이 세 개의 삼각형은 모두

---

* 사실 원통형 궁륭과 반구형 궁륭의 결합에서 얻어지는 너무도 당연한 결론인 펜던티브가 콘스탄티노플의 아야소피아 성당 이전에는 어떤 로마 건물에서도 사용되지 않았다는 것은 이상한 일입니다. 그렇기 때문에 매우 논리적인 이 결과를 비잔티움의 그리스 예술가들의 공로로 돌리는 것이 타당한 것입니다.

꼭짓점이 90°미만의 예각이 됩니다.

예를 들어 **이집트식** 삼각형을 비례의 기초로 잡았다고 하고(그림 15), 그 밑변 AB를 아치의 직경, 이 양 끝점을 도약점으로 삼는다고 합시다. 이 아치의 축이 꼭짓점 C에 닿도록 하려면 우리는 반드시 컴퍼스를 이용해 선분 AB에 하나가 아닌 두 개

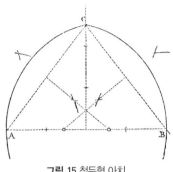

그림 15 첨두형 아치

의 중심점을 잡고 둥근 아치를 그려야 합니다. 그것은 선분 AC와 BC의 중점들로부터 내린 수직선들이 도약선 AB와 교차하는 점들입니다. 우리는 그렇게 삼각형 ABC가 부과한 비례 체계를 따르게 될 원들의 호들로 구성된 두 부분의 곡선을 그렸습니다. 이것이 오늘날, 매우 적절치 못한 명칭이지만 첨두아치라 불리는 것입니다.* 비잔티움 유파 이후에 나타난 유파들이 이어서 6세기까지 이러한 아치를 도입한 것은 확실합니다. 12세기의 프랑스에서 서방 건축가들은 이 첨두아치를 훌륭하게 이용하여, 바로 그것을 새로운 구조 체계의 출발점으로 만들었던 것입니다. 그러나 고전기에 그리스의 재능은 늘 동일한 목적을 향하는 일련의 시도들만으로 상대적 완벽성을 획득했다는 점에 주목해야 합니다. 도리스식 주범을 얼마나 여러 번 계속해서 수정한 후에 파르테논에서 선보인 완벽성을 얻었을까요! 다 알 수는 없지만 매우 여러 번이었으리라는 것은 알 수 있습니다.

셀리눈툼의 대신전에서 파르테논에 이르기까지 이루어진 점진적 변화는 지각할 수 없는 것입니다. 그것은 늘 동일한 주범으로, 일단 창안된 주범

---

* *Dictionnaire*에서 OGIVE 항목 참조.

에는 아무것도 덧붙이거나 덜어 낼 것이 없었습니다. 그러나 완벽한 비례는 정도를 벗어나지 않는 확고한 논리적 방법의 관찰에 의해 마련된 일련의 개선 후에 얻어졌습니다. 유사하게, 로마의 전통과 뒤섞이고 아시아의 영향을 받은 채 흩어져 있는 그리스 유파의 잔해는 동로마 제국이 수립된 이후에, 그리고 제국의 내적 분열 이후에도 그들이 참여해야 하는 건축 작업들에 비례에 대한 그 섬세하고 합리적인 감각을 부여할 수 있을 만큼 충분히 완전했습니다. 또한 동방과 이집트에서 발생한 예술, 우리가 소중한 그리스의 원천을 발견하는 예술은 일단 도입된 것은 아무것도 잃지 않았으며, 과거로 되돌아가지 않았다는 것을 조심스럽게 강조해야 합니다. 그 예술은 존재하는 것을 취하여 그것을 개선합니다.

로마 제국 말기 이래로 아치와 인방을 동일한 건축 구성에서 불합리하게 뒤섞는 것은 종종 폐기되었습니다. 여전히 제국에 종속되어 있던 그리스 예술가들은 아치를 원주에서 직접 올렸습니다.[*] 그러나 그것은 로마식 아치로, 동심원의 몰딩이 있는 반원형 아치였습니다. 원주의 직경보다 이 아치들의 기공석들이 넓다는 사실은 이미 그것을 이용함으로써 주두의 형태가 벌어지게 된 과정을 설명해 줍니다. 그러나 이 반원형 아치는 코린토스식 원주의 가는 비례 때문에 평평하고, 이지러지고, 무거워 보일 것입니다. 그럼에도 불구하고 이것은 당시로서는 올바른 추론에 근거한 새로운 관념이었습니다. 게다가 그리스 예술가들은 웅장한 만큼 야만적인 주인들 아래서 비례의 정수를 추구할 여유가 없었습니다. 그렇게 연구된 세련됨이 하드리아누스 치세였다면 성공했을지 몰라도 디오클레티아누스 치하에서는 헛짓이었을 것입니다. 이슬람교의 출현 이후로 그리스 유파의 이런 잔

---

[*] 6강의 그림 9 참조.

재들은 그들에게 보다 큰 자유를 준 다른 야만족들 앞에 모습을 드러냈습니다. 그들은 예술의 문제에서 어떤 취미나 선호를 나타내지 않았으니까요. 그리스의 감정이 형태의 정교함과 비례의 섬세한 관찰에 대한 애호를 회복했습니다. 그것은 아치와 원주를 결합시키고자 했고, 반원이 아닌 곡선들을 추구했습니다. 우리는 이러한 실험들이 종종 그 선과 비례에서 특이하게 아름다운 건축적 배열을 산출해낸 것을 봅니다.

카이로에는 헤지라 21년(기원후 641년)에 아므르('Amr ibn al-'As, 573-664)의 모스크가 세워지고 있었습니다. 이 아므르는 문법학자 필로포누스(Johannes Philophonos, 490-570)의 요청으로, 알렉산드리아를 점령한 우마르(Umar bin al-Khattab, 586-644)에게 값진 도서관을 보존해 달라고 빌었던 사람입니다. 칼리프는 이렇게 답했습니다. "그대가 말하는 책들은 신의 책에 쓰인 것에 일치하거나 그렇지 않을 것이다. 일치한다면 쿠란으로 충분하므로 이 책들은 필요 없다. 일치하지 않는다면 이 책들은 파괴되어야 한다." 책들은 태워졌지만 카이로에 있는 아므르의 모스크는 다름 아닌 이집트로 달아났던 그리스 예술가들에 의해 지어진 것이 확실합니다. 그것은 위대한 로마 건물들에서 취한 대리석 원주들로 지어졌습니다. 이 모스크는 뜰을 둘러싼 거대한 포르티코들만으로 이루어져 있습니다.

여기(그림 16) 포르티코의 두 개의 베이들이 있습니다. 우리는 그리스의 건축가들이(우마르가 건축가들을 거느리고 있었다고 가정할 사람은 없을 테니까요) 제정기에 약탈당한 건물들의 원주들을 사용하면서, 새롭고 세련되었지만 그 곡선은 비례에 대한 섬세한 감정을 드러내는 형태의 이 주두들 위로 아치들을 올린 것을 봅니다. 아므르의 모스크를 방문한 여행자들은 모두 이 베이들의 효과가 무엇보다 인상적이라는 데 동의합니다. 이 고귀한 비례와 우아한 외관을 다른 어느 곳에서도 본 적이 없다는 것이죠. 이

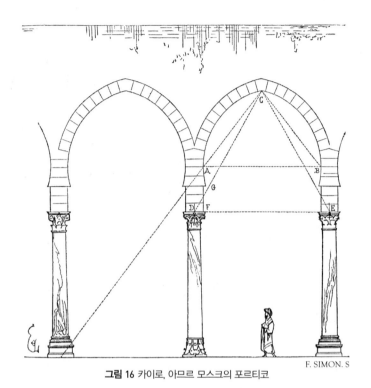

그림 16 카이로, 아므르 모스크의 포르티코

F. SIMON. S

아치들을 설계한 과정은 다음과 같습니다. AB는 중심점들[10]의 높이이며, ABC는 이집트식 삼각형입니다. 아치는 그림 15에서 살펴본 것과 같은 방식으로 그려졌습니다. 점 C를 정삼각형 DCE의 꼭짓점으로 두었을 때, 이 삼각형의 밑변은 주두의 아바쿠스 위쪽 높이를 결정합니다. **이집트식 삼각형**은 아치의 중심과, 그 높이와의 관계에서 아치의 직경을 결정합니다. 정삼각형은 주두 위 아치의 전체 비례를 결정하는 것입니다.

10) 그림 15에서 설명한, 첨두아치의 양쪽 곡선을 그리기 위한 원의 중심점 높이를 말한다.

곡선의 시작점 A에서 떨어지는 수직선 FA가 만들어 내는 선이 약해 보이는 것을 막기 위해서 건축가는 아치의 곡선을 점 A 아래로 계속해서 점 G까지 이었습니다. 그는 그렇게 주두 위에 얹히는 평행 육면체 위로 멈춤점을 하나 만듭니다. 이 멈춤점은 시공했을 때 이 아치들에 독특한, 견고한 외관을 부여하게 됩니다. 여기서 우리는 자신의 동포들이 과거의 주인들[로마 인들]을 위해 지었던 건물의 잔해로 정복자들을 위한 건물을 짓는 그리스 인 건축가들을 봅니다. 그들은 그토록 자주 압제받고 굴욕당하면서도 자신들이 맡았던 예술을 다시 한 번 개선하는 작업에 공급할 충분한 생명력을 그들의 재능에서 발견했습니다.

5세기에 비잔티움에서 쫓겨난 네스토리우스 교도들은 대부분 페르시아로 이주했습니다. 그리고 그곳에서, 그 땅 위에서 시들어 가고 있던, 로마구조의 전통에 고착되어 있던 예술을 독점하면서 그들은 새로운 스타일의 건물들을 세웠습니다. 그러면서도 그들은 기존의 배치들, 매우 조심스럽게 연구한 비례를 적용한 지극히 아름다운 건물들을 보존했습니다. 무함마드가 전 동방을 정복하기 시작했을 때 그를 따랐던 부족들이 획득한 예술의 색채는 오로지 이 네스토리우스 교도들에 의한 것으로 추정할 수 있을 뿐입니다. 셈 족, 즉 아랍 인들은 예술에 대한 소질이 없습니다. 그리고 통상 아랍 건축이라 불리는 것은 그리스 인들, 다시 말해 네스토리우스 교도들이 수정한 페르시아 건축의 파생물일 뿐입니다. 다시 한 번 강조하지만, 그리스의 재능은 발명하는 것이 아닙니다. 지적 질서에서 그것은 조직하고, 관계들을 수립하고, 결론을 연역하며, 추론을 그 극한까지 밀어붙이는 것입니다. 물질적 질서에서는 그들이 다루는 형태에 가장 참되고 아름다운 표현을 투여하고, 그 원리를 변화시키지 않으면서 수정하는 것입니다. 그리스 미술은 결코 괴물들을 창조하지 않습니다. 자연의 질서로부터 가장 멀리 이탈한 상상력의 소산이라고 해도 그것은 너무나 정확하고 잘 계산된 질서에 종속되어 있어서 이 산물들은 실제와 같은 외관을 가지게 됩니다. 동로마 제국의 그리스 인들은 수학적 지식을 부지런히 발전시켰습니다. 이 부분에서 그들은 선조들이 이미 광범위하게 발견한 것들을 쫓아가기만 하면 되었죠. 동방의 새로운 주인들이 네스토리우스 교도들에게 기꺼이 맡겨 두었던 미술에서 유기적 자연에 대한 모방을 전적으로 배제함에 따라, 선조들과 마찬가지로 야만족 통치자들 아래 일할 운명에 처한 이들은 그들에게 열린 유일한 길로 활기차게 들어섰습니다. 그리하여 기하학이 모든 형태, 심지어 모든 장식이 시작되는 원리가 되었습니다. 건축은 가장 풍성한 고대의 장식들을 빼앗겼습니다. 형상들, 조각들, 시골의 꽃에서 얻는 영감 등은 더 이상 허용되지 않았습니다. 정사각형과 컴퍼스가 지배하게 되었죠. 그리고 너무 제한적인 것으로 보이는 이 수단들을 가지고, 너무나 건조한 주제를 통해 우리가 **아랍 인들**이라 부르는 예술가들은 기적을 만들어 내는 데 성공합니다. 그러나 그때 비례에 대한 연구가 건물들에 쾌적한 외관을 부여하는 가장 효과적인 수단 중 하나가 되게 된 것은 자연스러운 일입니다. 사실 칼리프들의 이 건축에서 비례는 곧 전부입니다. 아무것도 그 결함을 가려 주지 않으니까요. 장식은 그 비례의 조화를 두드러지게 만드는 데 기여하지만, 그것은 오직 매스에서만 효과적입니다. 장식은 그저 얇은 종이 위에 새겨진 자수로서만 주의를 끌 뿐이죠. 그것은 시선을 분산시키지 않으면서 눈을 즐겁게 해 줍니다. 그리스 미술의 운명은 독특한 것입니다. 그토록 생생하고, 그토록 찬란하지만 거의 언제나 종속되어 있었던, 그러면서도 결코 한번도 지극히 대조적인 취미들을 만족시키는 수단을 발견하는 데 실패한 적이 없는 미술이죠. 지적 진보를 위해 이 불굴의 일꾼들이 해결하지 못할 문제는 없어 보입니다. 언제나 지배당하고 있었지만 그들의 지성은 결코 그들의 주인들에게 영향을 미치지 않은 적이 없으며, 그들의 사후의 명성에 기여했습니다. 그리스 인들은 로마 인들의 스승이었고, 아라비아의 야만족 무리들의 스승이 되었습니다. 그리고 그들의 재능의 이 마지막 노력은 또한 15세기까지도 영향을 미쳐 서방의 경계에서 그것을 느낄 수 있습니다.

지금까지 우리는 비례를 절대적으로, 즉 구축 체계와 건물의 목적과는 별개로만 다루어 왔습니다. 우리는 건축적 효과에 적용된 조화의 원리들의 일반적 측면만을 제시했고, 심지어 의도적으로 매우 오랜 시차를 두고 떨어진 시대나 상이한 문명에 속하는 매우 다양한 특징의 건물들을 선별해 왔습니다. 그렇게 해서 우리는 건축 예술에는 그것이 전개되는 요소가 무엇이든 인간의 천성에 의존하는 법칙들이 있다는 것을 보여 왔죠. 그러나 명백히 물질적 사실들에 근거한 추론에 해당하는 다른 것들도 있습니다. 예를 들면 재료들의 본성, 그것을 이용하는 방식, 기후나 특수한 종족의 재능 또는 문제의 민족을 특징짓는 세련됨의 정도 등에서 기인하는 특수한 관습 등이 그러한 것들입니다. 고대 그리스 인들과 중세의 예술가들에게서 동일한 비례의 원리들을 발견한다고 해도 그리스의 신전들이 적어도 외견상으로는 고딕 성당들과 어떤 유사점도 갖지 않는다는 것 또한 분명합니다. 그러나 합리적인 방법은, 그것이 하나의 방법이기 때문에, 그리고 그것이 합리적이기 때문에, 서로 대립되는 성격을 갖는 요소들에 적용되는 순간 대립되는 결과들을 산출하게 되어 있습니다. 우리는 어떤 사람이 7월에 더위를 탓하고, 1월에 추위를 탓한다고 해서 모순을 지적할 수 없습니다. 그가 상이한 환경 속에서 상이하게 느끼는 것이기 때문에, 그의 유기적 신체는 누구 못지않게 동일합니다. 여름에 모피를 입고 돌아다니고, 겨울에 리넨 옷을 입는 사람, 체력 단련장에서는 긴 옷을 입고 장례식에서는 짧은 옷을 입는 사람에게는 모순되었다고 나무랄 수 있겠지요. 일반 법칙들이 있다면 누군가가 처한 특수한 시간, 장소, 방법에 따라 특수한 법칙들도 있는 것입니다. 오랜 시간 동안 건축의 문제들에 대해 서로를 이해하지 못한 것은 이러한 일반 법칙과 특수 법칙을 혼동했기 때문입니다. 누군가는 우리에게 모피만을 입히려고 들고, 누군가는 리넨만을 고집하면서 상황에 따라 옷을 갈아입는 것이 적절하다는 것을 인정하려 들지 않습니다.

그리스 인들은 원주, 인양된 석재, 가로대나 인방을 떠받치는 스틸루스를 도입하는 데, 그리고 이 원주에 자체적인, 즉 그 기능에 대한 비례를 부여하는 데 올바른 추론을 했습니다. 로마 인들은 원주의 상대적 비례들을 유지하는 데에는 매우 무관심하게 추론했습니다. 그 원주는 궁륭을 올린 건물들에 적용되었으며, 이 건물들에서 **주범**이라는 것은 다만 부차적 목적을 위한 것일 뿐이었습니다. 비잔티움의 그리스 인들은 로마식 구조의 원리들을 인정하고, 현명하게도 고정된 비례를 갖는 유형의 **주범**을 더 이상 고려하지 않았습니다.

중세의 서방 국가들에서 원주는 **주범**과 별개의 것이 되었습니다. 건축의 전체 체계 안에서 그것이 맡은 역할에 따라 길이가 늘어나거나 줄어들고, 사용된 재료에 따라서도 가늘어지거나 굵어졌습니다. 화강암 원주를 베르젤레* 원주에 필요한 것과 같은 굵기로 만들 이유는 없으니까요. 노트르담 대성당 신랑의 원주들이 그리스나 로마의 주범에 적용된 비례와 무관하다는 이유로 전자의 비례가 좋지 않다고 말하는 것은 비례를 평가하는 데 단 한 가지 방법만을 주장하는 것입니다. 비례란 부분들과 전체 사

---

* 파리 근교 생루에서 생산되는 연석.

이의 관계들에 다름 아니며, 이 관계들은 전체로부터 부분에 주어져야지 부분이 전체에 부여하는 것은 아님이 분명하니까요. 그리스 건축에서 혹은 차라리 그리스 신전에서 부분(즉 **주범**)은 전체였고, **주범**의 비례는 필연적으로 건물의 비례를 결정했습니다 그러나 **주범**이 전체를 이루는 부분 중 하나에 그치게 되면서 그것은 **주범**으로서의 성격을 잃고 종속적인 부분이 되었습니다. 그 증거로 엔타블라처가 사라지고 **주범**이 하나의 원주, 즉 지주로 축소되었다는 사실을 들 수 있습니다. 원주 자체는 그것이 차지하고 있는 자리 또는 그것이 맡은 기능과의 관계 또는 그것이 만들어진 재료와의 관계를 반영하여 비례를 변화시켰습니다. 주두와 받침은 높이, 폭, 강도의 관점에서 그것들을 포함하는 부분의 전체 배열에 따라 동일한 변화를 겪었습니다. 이것은 완전히 논리적인 과정입니다. 그러나 미술에서는 올바르게 추론했다고 해도 엄격한 추론 과정의 필연적 결과로 형태가 선별되지 않으면 불쾌한 작품들을 만들어 내게 됩니다. 15세기의 프랑스 건축은 참된 원리를 그 극한까지 밀어붙인 결과일 뿐입니다. 그 건축은 원리의 절대적 적용에서 결과한 형태를 가지고 있기 때문에 따분합니다. 그것은 그저 하나의 증명, 기하학적 다이어그램이 되었습니다. 그것은 하나의 문제로서 제기되고 풀렸을 뿐, 예술의 개념화는 아닙니다.

주범이 전체, 즉 건물의 전체 배열을 구성하지 않게 되자 그 합리적 목적이 사라져 버렸기 때문에 결국 **주범** 자체도 더는 존재하지 않게 되었습니다. **주범**은 그리스 인들이 새로운 원리들에 따라 재구성한 로마 건축의 결과물들에서 나타나지 않습니다. 아랍 인들의 건축에는 중세의 서방 건축에서와 마찬가지로 주범의 흔적이 없습니다. 그런데 앞서 증명한 것처럼 고대와 중세 건축에 공통되게 나타나는 특정한 비례의 일반 법칙들이 있긴 하지만, 이 미술들은 매우 다른 관점에서 고려되어야 합니다. 기하학은 중세 미술의 군주가 되었습니다. 또한 12세기부터 15세기까지 우리 서방 건물의 건축가들이 건축 예술과 기하학을 단일한 의인화로 표현한 것은 우연이 아닙니다. 그럼에도 불구하고 기하학이 전체와 세부에 관한 모든 건축적 개념에 개입하도록 하면서도, 위대한 동방의 예술가들, 즉 알렉산드리아 유파에서 남은 사람들은 프랑스의 우리 서방 예술가들만큼이나 여전히 형태에 대한 너무도 참된 감정을 보존하고 있어서, 형태는 적어도 세속인들에게는 여전히 초기 건축들의 절대적 법칙으로 나타났습니다. 오직 타락한 시기들에만 이 작품들은 그 설계의 근거인 기하학적 방법들을 벗어납니다. 그러나 여기서 두 민족의 특수한 재능이 완전히 나타나며, 우리는 서방의 건축가들과 동방의 건축가들이 동일한 원천을 갖기는 하지만 결코 전자가 후자를 모방한 것은 아니라는 명료한 증거를 얻게 됩니다.

그리스 인들은 발명가들이 아니었지만 서방 사람들은 뛰어난 발명가들이었습니다. 아랍 인들이나 그들의 교사였던 네스토리우스 교도들은 로마의 구조 체계를 바꾸지 않았습니다. 그들은 다만 그 겉모습을 수정했을 뿐입니다. 그들의 원천이었던 기하학은 그들이 새로운 구축 체계를 발견하게 하지는 않았지요. 기하학의 기능은 아치에 새로운 곡선을 주고 모든 장식적 설계를 통제하는 데 그쳤습니다. 그것은 지적 취미를 제공하고 훌륭한 조합으로 눈을 사로잡았습니다. 반면 서방에서 기하학은 더 이상 과학적 관점에서 만족스럽게 여겨지지 않았던 로마식 구조를 전복시키기 시작했습니다. 그것은 나날이 새로운 문제들을 제기하면서 건축이 그때까지 알려지지 않았던 평형의 법칙을 인식하도록 했습니다. 그것은 전체와 세부의 경직된 논리와 더불어 진행했고, 재료를 통제하려 했으며, 가장 작은 프로필을 추적해 내도록 했습니다. 그것은 대담한 기세로 너무 빨리, 너무 멀리까지 가서 불과 두 세기 사이에 예술가에게서 모든 개별성을 빼앗는 데 성공했습니다. 그것은 준엄한 결정화 법칙과 같이 진행되었습니다. 양쪽 모두 기하학의 노예가 된 두 예술의 차이를 평가하기 위해서, 예컨대 알함브라로 들어가 봅시다. 아랍 인들의 것으로 간주되는 문명의 최후의 건물 중 하나인 이 궁에서 우리는 무엇을 봅니까? 로마 인들의 것과 같은 구체적 구조, 고전적 평면도, 벽돌을 쌓아 만든 벽들, 즉 모르타르만으로 유지되고 있는 매스들, 섬세한 대리석 원주들과 흙과 갈대로 된 스팬드럴이 징두리판을 댄 천장을 떠받치고 있는 얕은 포르티코를 보겠죠. 이 모든 것에는 로마에 존재했던, 그리고 어쩌면 여전히 폼페이에서 볼 수 있는 것과 다른 구조를 발명하려는 어떤 시도도 없습니다. 그러나 진흙과 벽돌, 벽토로 이루어진 이 매스는 스투코로 뒤덮인 채 놀란 시선 앞에 상상할 수 있는 가장 능란한 기하학적 조합을 드러내고 있습니다. 이 궁에 살았던 이들은 명상을 사랑하고 이 목적 없는 조합들 속에 몽상에 빠진, [문양들이 만들어 내는] 물결 속에 무한한 기쁨을 찾는 데 취한 관조적 정신들로, 확실히 서방의 능동적이고 논리적이며 실용적인 일파에는 속하지 않았습니다. 아미앵 대성당 혹은 우리의 가장 완벽한 중세 건물 중 어느 것에든 들어섰을 때 우리가 경험하게 되는 첫인상은 통일감입니다. 우리는 먼저 전체 효과를 감상하게 될 뿐, 어떤 세부도 눈을 잡아끌지 않습니다. 그것은 명료하고 거대합니다. 그러나 시공의 방법을 연구하면 우리는 곧 그 건물을 틀 짓는 개념화에 기여했음에 분명한 기하학적 조합의 숫자가 얼마나 많은지를 알고 놀라게 됩니다.

아랍의 건물에서 기하학은 외피를 장식하지만 서방 중세 건물에서 그것은 본체를 지지합니다. 아랍 건물에서 기하학은 장식이 문제가 될 때 비로소 그 과업을 시작합니다. 그것은 모든 장식이 꽃에서 영감을 얻은 중세 건축에 기하학 장식이 더 이상 개입되지 않는 순간, 적어도 13세기 이후의 일입니다. 프랑스에서 우리는 12세기 말까지 특정한 장식 부분의 경우에 한해 기하학이 개입한 흔적을 겨우 찾아볼 수 있습니다. 이 흔적들은 상당히 고대의 전통에 속하는 것으로, 사실상 로마 시기 이전의 것들입니다. 그런 예로 12세기 후반의 일부 거대한 주두들의 모서리 부분에서 나타나는 독특한 성격의 특정한 소용돌이 장식을 살펴봅시다. 그것들은 마치 커다란 나뭇잎들처럼 끝 부분이 안쪽으로 말리며 힘찬 곡선을 이룹니다.* 이제 이 소용돌이 장식에 나타나는 곡선을 연구해 보면 그것들이 기하학적 도구의 도움으로 그려진 것을 알게 됩니다. 그림 17(의 A)에서 소용돌이의

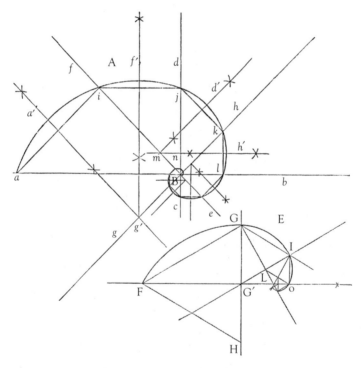

그림 17 12세기 프랑스식 주두의 소용돌이 선들

눈을 B라 하고, 이를 지나는 수평선 ab를 그립니다. 그리고 점 B로부터 수직선 cd를 긋죠. 네 개의 직각을 이등분하면서 선분 ef와 gh를 그을 수 있습니다. 곡선이 시작되는 점 a로부터, 선분 Bf에 수직으로 ai를 긋습니다. 점 i로부터 선분 Bd에 수직으로 선 ij를 긋습니다. 점 j로부터는 선분 Bh에 수직인 jk를, 점 k에서는 선분 Bb에 수직인 kl을 긋는 식으로 계속해 갈 수 있습니다. 선분 ai의 중심에서 수직선을 그으면 선분 gh와 교차하는 점 g′를 얻을 수 있습니다. 선분 ij의 중심에서 두 번째 수직선을 그으면 역시 g′에서 만나며, 점 g′는 호 aij의 중점입니다. 선분 jk의 중심에서 수직선을 그으면 점 m에서 선분 Bf와 만납니다. 호 jk의 중점이지요. 선분 kl의 중심에 수직선을 그으면 선분 Bd와 점 n에서 만나고, 이것이 호 kl의 중점이되는 식입니다. 그렇게 해서 얻어진 형태의 활발한 곡선은 초기 이오니아 미술의 특정한 소용돌이 장식들을 떠올리게 합니다. 다른 소용돌이 장식들은 등변 삼각형에서 얻어졌습니다(그림 17의 소묘 E). 등변 삼각형 FGH에서 점 H를 중점으로 하는 호 FG를 그립니다. 빗변 GH를 이등분하면, 그 절반인 G′G를 한 변으로 하는 두 번째 등변 삼각형 GG′I가 그려집니다. 그리고 점 G′를 중점으로 해서 호 GI를 그립니다. 마찬가지 방법으로 삼각형 G′GI의 빗변 G′I를 이등분하는 점 L을 중점으로 하는 호 IO를 그리는 식으로 계속합니다. 이러한 디자인 방법을 12세기의 예술가들에게 전한 것은 로마 인들이 아니었습니다. 이 방법들은 다른, 훨씬 더 먼 기원에서 도출되었습니다.

우리는 위와 같은 디자인을 그리스 고대 초기, 특히 이오니아 고대 초기까지 거슬러 올라가야 찾아볼 수 있습니다. 마치 우리가 소아시아의 특정

---

* 파리 노트르담 대성당의 내진, 생 빌리엥르포브르, 노용 대성당.

한 그리스식 장식들과 12세기 말 프랑스의 특정한 장식들 사이에서 충격적인 관계를 인정하지 않을 수 없는 것처럼 말입니다. 몰딩을 살펴보면 우리는 시공간적으로 너무도 멀리 떨어진 이 두 미술의 특이한 친연성을 발견하게 됩니다. 소묘의 원리들이 동일하고, 선은 종종 동일합니다. 그리스 거주민들의 건축에서 몰딩을 디자인하는 것이 미술의 가장 본질적인 부분으로 여겨졌다는 것, 또한 그 디자인들은 우연찮게 만들어진 것이 아니라 추론과 섬세한 형태 감각의 소산이라는 점을 깨닫기 위해서는 이오니아와 도리스식의 그리스 건물들을 많이 볼 것도 없습니다. 아름다운 그리스 건축의 모든 몰딩은, 말하자면 애정을 가득 담아 매만진 것들입니다. 그렇다면 몰딩의 디자인에서는 두 가지 조건을 관찰해야 합니다. 그것이 수행한 기능과 그것이 놓인 위치에서 산출된 효과가 그것들입니다. 몰딩은 이러한 조건들을 정확하게 충족시키는 한에서만 좋은 것입니다. 사용된 재료는 원리를 변화시키지 않으면서 디자인에 변형을 줄 수 있습니다. 잘 부스러지는 석재보다는 대리석으로 깎을 때 훨씬 섬세하고 더 얇은 몰딩을 만들게 되는 것은 당연합니다. 그러나 이것은 모서리를 얼마만큼 날카롭게 만드는가, 깊이를 얼마나 줄 것인가 하는 문제입니다. 원리는 두 경우에서 마찬가지입니다. 하지만 예컨대 소목장이 만든 몰딩에 석재나 대리석에 어울리는 단면을 적용한다든지, 홀 내부의 몰딩에 외부에서 사용하는 단면을 적용한다면 그것은 심각한 야만의 상태를 나타냅니다. 중세의 예술가들은 그리스 예술가들만큼이나 매우 당연한 이 법칙들을 잊지 않았습니다. 다시 한 번 말하지만 남아 있는 몇 안 되는 그리스 건물들로 미루어 판단하건대 중세 예술가들은 그들의 선배[그리스] 예술가들에 비해 원리들의 엄격한 관찰을 더 밀어붙였습니다. 우리의 12세기 건축가들의 경우와 마찬가지로 그리스 인들에게 몰딩은 세 가지 목적을 가집니다. 돌출부를 지지하거나, 받침을 형성하거나, 높이를 강조하거나 개구부를 규정하지요. 첫 번째 경우에 몰딩은 코니스입니다. 두 번째 경우에는 주초, 베이스먼트, 플린스이고, 세 번째 경우에는 돌림띠, 틀받이, 테두리입니다. 이 세 가지 기능 이외에 몰딩은 어떤 합리적 목적도 갖지 않습니다. 따라서 좋은 그리스 건축에서 그것은 프랑스 중세 건축에서와 마찬가지로 위의 세 가지 경우가 아니면 나타나지 않습니다. 이런 기능들이 정해져 있으므로 몰딩들은 세 개의 다이어그램 A, B, C(그림 18)에 표시된 세 가지 기본적 배치들로 요약할 수 있습니다. 이것은 요컨대 구조의 필요성에 따라 유도된 진정한 형태들입니다. 그것들은 용도가

있고, 그 용도에 일치하는 특정한 효과를 산출해야 합니다. 코니스는 외부에 있다면 외벽을 보호하고 빗물이 외벽에서 멀리 떨어지도록 해야 합니다. 아랫부분은 전부 그림자 속에 있으므로 돌출부를 지지하기에 충분히 강해 보이도록 작업되어야 합니다. 돌림띠는 한 개 층의 수평석이나 외장면 구축의 변화를 나타내는 띠 모양 장식입니다. 그것은 압력을 지탱할 수 있어 보여야 하고, 명료하게 분리된 부분을 나타내야 하는 돌출된 띠입니다. 틀, 문설주는 외장면을 고정시키고 빈 공간

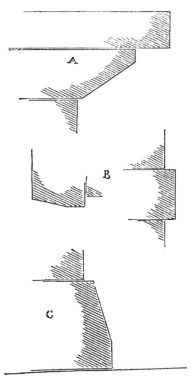

그림 18 기본적인 코니스, 띠, 받침 몰딩들

의 칸막이벽을 강화합니다. 주초, 플린스, 받침돌은 모든 하중을 지탱하고 지면 위에서 받쳐 주며, 수평면과 수직면 사이의 이행부 역할을 합니다.

그리스 건축가들이 디자인한 이 몰딩 중 일부를 검토해 봅시다. 그림 19는 주두, 안타, 코니스의 몰딩들입니다. A는 아그리겐툼의 카스토르와 폴리데우케스 신전 코니스 몰딩입니다. 옥외 몰딩으로서 물받이(gutter) b 아래쪽으로 c가 패어 있는데, 이것은 빗물이 물끊기를 따라 번지는 것을 막기 위해서입니다. 그 아래로 물끊기 d가 있어 빛을 받고 빗물은 떨구는 역할을 합니다. 장식물들은 물끊기로 인해 생긴 그림자 아래 짙은 선을 만들기 위해 날카롭게 강조되어 있습니다. 이 몰딩들은 그러므로 목적을 수행하며 또한 시각적으로 잘 드러납니다. 큰 물받이 몰딩은 g에 밝은 빛을 잡고, 또한 그 빛의 선 위쪽으로 두 줄의 어두운 선이 들어가 밝은 부분을 두드러져 보이게 합니다. 유사하게 이 물받이 몰딩의 그림자 속에 묻힌 두 번째 검은 선 c는 그 그림자의 투명함을 드러낼 것입니다. 이 몰딩에 45°각도로 밝은 광선을 비춘다면, 우리는 예술가가 두 줄의 섬세한 밝은 선을, 어두운 선에 의해 구별되는 g와 h에 만든 것을 알아볼 것입니다. 세 번째 검은 선은 c에 위치하며, 마찬가지로 물받이가 드리운 그림자의 경계를 이룹니다. 물끊기로 인해 생긴 큰 그림자 아래에는 또 다른 강조된 선들이 지나가는데, 그 선들은 반사광들을 끌어들이거나 피하면서 어느 부분은 강조하고 어느 부분은 약화시키도록 놀랄 만큼 잘 계산된 요철로 그림자의 넓은 띠에 변화를 줍니다.

여기에 효과에 대한 연구가 있으며, 동시에 필요에 주어진 만족이 있습니다. 프로나오스의 그림자에 완전히 잠겨 있는 파에스툼의 넵투누스 신전 안타의 몰딩(B)은 반대로, 넓은 S자형 몰딩 b′가 보여 주듯 반사광을 받도록 디자인되었습니다. 여기서도 우리는 위쪽 장식에 의해 생겨난 반사광

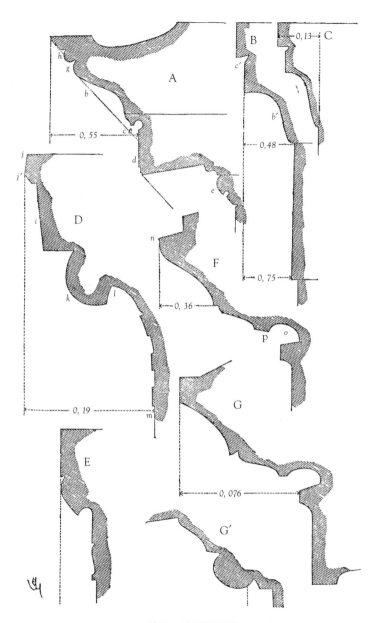

그림 19 그리스식 몰딩들

아래로 검게 파인 선 c′를 알아봅니다. 실내 주범의 평방 위쪽을 장식하는 몰딩 C에 대해서도 같은 이야기를 할 수 있습니다. 엘레우시스의 프로필라이아의 몰딩 D도 마찬가지로 반사광과의 관계를 고려해 디자인되었습니다. 작은 몰딩 j는 비스듬한 모서리 j′의 반사광을 드러나 보이게 하기 위해 약간 뒤로 기울어 있습니다. 면 i는 빛을 받도록 약간 기울어 있고, 토루스 k는 아바쿠스의 수평 부분 근처에서 뒤로 꺾여 그림자를 드리우고 아바쿠스가 돌출하도록 합니다. 이 토루스는 l 부분에 날카로운 그림자를 만들도록 거칠게 깎여 있고, 끝으로 수직면 m과 그림자 l 사이에는 토루스에 다가갈수록 밝아지는 반사광을 강조하는 중간 지대가 있습니다. 이 반사광 안으로 그림자와 밝은 선들이 지나감으로써 곡면을 채우고 거기에 명암을 줍니다. 엘레우시스의 케레스 신전 프리즈의 일부 단면인 E는 그리스 인들이 오직 반사광만을 받도록 의도한 몰딩 디자인의 또 다른 예를 보여 줍니다.

폼페이의 코니스 몰딩을 끝으로 이 검토를 마무리 지읍시다. F는 옥외 몰딩으로서, 거의 전체가 그림자 속으로 들어가되 위쪽의 S자형 곡선 n만은 예외입니다. 밝은 반사광을 받는 작은 몰딩 p 뒤쪽으로 짙은 검은 선 o가 이 그림자를 차지하고 있습니다. 삼각 포럼에서 가져온 몰딩 G와 G′는 A와 동일한 원리에 따라 디자인되었지만 보다 두드러지게 강조된 형태입니다.*

로마의 코니스 몰딩들이 매스에서 위의 예들을 떠올리게 한다면, 세부에서는 방금 관찰한 섬세함도 그 효과에 대한 평가도 보이지 않는다는 것을 인정할 수밖에 없습니다. 거기서 우리는 빛을 부각시키는 파인 선들,

---

* 달리(César Daly, 1811~1893)가 출간한 *Revue d'architecture*, vol. xviii. pl. 49, 50에 발표된 우샤르(Joseph Uchard, 1809~1891)의 연구 결과 참조.

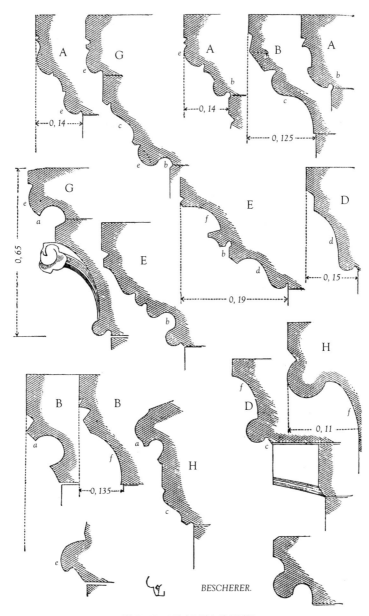

그림 20 12, 13세기 프랑스식 몰딩들

특히 반사광의 투명성을 볼 수 없습니다. 윤곽선들은 약하고 불명확하며, 곡선은 무심하게 연구되고 통상적입니다. 또 이 몰딩들이 건물 외부에 놓일 것인지 내부에 놓일 것인지는 관심 밖의 일이죠. 12세기와 13세기 우리 프랑스 세속 건축가들의 몰딩에서는 그리스 건축가들을 이끌었던 원리들의 영향을 알아보지 않을 수 없습니다. 그림 20은 그 증거를 보여 줍니다. 여기서 우리는 [그리스의 것과] 같은 곡선에 대한 섬세한 연구, 대비의 정교화, 빛과 그림자, 반사광, 그림자의 강화 등에서 특정한 효과를 얻기에 적합한 수단의 사용 등을 봅니다. 또한 몰딩이 사용되는 목적에 대한 고려도 마찬가지입니다. 이것은 로마 예술로부터 유래한 것이 아닙니다. 특히 건축적 세부의 시공에 속하는 모든 부분에서 그토록 저열하게 타락했던 갈로로마의 것에서 유래한 것은 더더욱 아니죠.*

물끊기 a, 검은 그림자로 나타나는 b, S자형 곡선 c, S자형 몰딩 d, 토루스 e, 오목몰딩 f 등은 그리스식 몰딩들을 떠올리게 합니다. 이 몰딩들은 그것들이 차지한 자리와 그것들이 수행할 기능을 고려해서 디자인되었습니다. 그러나 프랑스의 기후에서 광선이 그리스나 이탈리아의 경우만큼 밝지 않기 때문에 이 몰딩들은 좀 더 많이 파이고, 그림자의 명료함에는 덜 의지하면서 돌출부를 강조하는 검은 선들을 좀 더 빈번히 반복합니다. 중세의 건물들은 규모가 더 크고, 몰딩들은 더 높은 곳에 위치하게 되므로 시선 거리를 고려할 필요도 있었습니다. 받침을 위한 몰딩들의 유사성은

---

* 몰딩 A들은 12세기 전반기의 것으로, 베즐레 교회의 신랑 내부 장식들(코니스들 혹은 차라리 실내 주두의 돌출 아바쿠스들)에서 딴 것들입니다. 몰딩 B들은 샤르트르의 노트르담 대성당 옛 탑(외부, 1140년경)에서 딴 것들입니다. 몰딩 C들은 파리 대성당의 내진 측랑 외부에(1165년경) 얹힌 것들입니다. 외부 몰딩들인 D는 몽레알 교회(1180년경)에서, 몰딩 E는 베즐레 교회 내부의 난간에서(1190년경), 몰딩 F는 베즐레 현관(1135년경)에서 따왔습니다. 외부 몰딩 G(1235)와 외부 몰딩 H(비슷한 시기)도 같은 교회에서 따온 것들입니다.

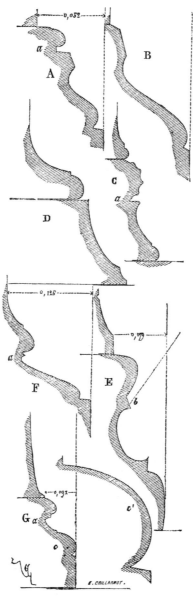

그림 21 그리스식 주초 몰딩들

좀 더 강력합니다.

여기(그림 21) 몇 개의 그리스식 주초 몰딩들이 있습니다.* 이 몰딩들은 명백히 위쪽에서 내려다보는 것을 고려해 디자인되었습니다. 그것들은 지면에서 퍼지고 시선을 수직선에서 수평선으로 이끌며, 섬세한 스코티아들 a에 의해서 혹은 토루스들의 경계에 날카로운 그림자를 만드는 파인 선들에 의해서만 강조됩니다. 몰딩 E를 보면 작은 몰딩 b를 빼내기 위해서 그 위쪽 토루스의 아랫부분이 납작하게 처리된 것을 관찰할 수 있습니다. 몰딩 G의 아래쪽 토루스 c의 형태 또한 눈여겨 보아야 할 것입니다. 이 부분을 확대한 것이 c′입니다.

이제 12세기와 13세기 프랑스에서 만들어진 원주들의 주초 몰딩들을 몇 개 살펴봅시다(그림 22). 하지만 우선 도리스식 주두의 토루스를 위아래가 뒤집힌 단면으로 보아야 합니다. A는 메타폰툼 신전의 주두들에서 토루스 부분을 뒤집은 단면입니다. B에서 보듯 파리 대성당 내진을 둘러싼 원주들의 아래쪽 토루스는 메타폰툼의 도리스식 주두 단면을 정확하게 재현하고 있습니다. 그것은 세 개의 호들로 얻어 낸 단면입니다. 심지어 주두의 작은 몰딩 a까지도 주초의 a′에서 나타납니다. a′가 한 겹이라는 것만 다를 뿐이죠. 이 주초 B의 위쪽 토루스는 대부분의 그리스 몰딩들이 그런 것처럼(그림 21) 윗부분이 약간 납작하게 눌렸습니다. 몰딩 C와 C′는 샤르트르 노트르담 대성당의 옛 탑 원주에서 따온 것들로 그림 21의 그리스 몰딩 B와 E를 몹시 닮았습니다. 몰딩 G는 베즐레의 수도원 교회 내진의 원주 받침 중 하나에서 따온 것입니다.**

---

* A는 엘레우시스의 프로필라이움인 디아나 신전 안타에서, B는 엘레우시스 프로필라이움 안타에서, C는 아테네의 날개 없는 승리의 여신 신전에서, D는 피갈레이아 바사이의 아폴론 신전에서, E는 폼페이 삼각 포럼에서, G도 같은 곳에서, F는 폼페이에서 따온 것입니다.

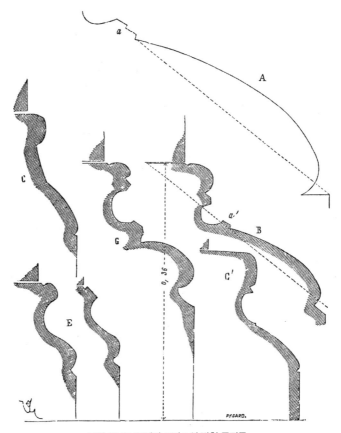

그림 22 12, 13세기 프랑스식 받침 몰딩들

받침돌 몰딩들인 E도 마찬가지로 그림 21의 단면 B를 재현합니다. 그리스 인들이 그랬던 것처럼, 12세기의 이 세속 예술가들은 주초의 토루스들을 컴퍼스를 한 번 돌리는 걸로 그려서는 안 된다고 생각했습니다. 지면에 기초를 놓고 잘 강조된 스코티아의 날카로운 그림자로 윤곽선을 마무리

** *Dictionnaire*, 항목 BASE와 GRIFFE 참조.

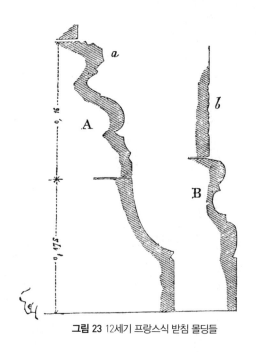

그림 23 12세기 프랑스식 받침 몰딩들

해야 했죠. 그림 21의 C에서 날개 없는 승리의 여신 신전의 이오니아식 주초 몰딩을 봅시다. 이 주초의 거대한 토루스에는 수평으로 홈이 나 있습니다. 이러한 유형은 아테네의 판드로시움과 페리클레스 시대의 다른 이오니아식 건물들에서 되풀이됩니다. 그런데 이와 같이 홈 파인 토루스를 12세기 프랑스, 특히 남부 지역의 건물 몇 군데서 볼 수 있습니다. 그림 23의 A는 생앙토냉(타른에가론)의 시청에 있는 원주의 받침 절단면입니다. 이 주초의 위쪽 토루스 a에는 수평으로 홈이 패어 있습니다. 또 이 주초의 모든 몰딩이 강하게 그리스적 성격을 나타낸다는 것을 쉽게 알 수 있습니다. 데올(샤토루) 교회의 주초 몰딩 B 또한 12세기에 만들어진 이 지역의 많은 몰딩들이 그렇듯 그리스식 주초 몰딩을 보여 줍니다. 베리(Berry)의 원주 주신에서는 b에서 보듯 이 시기에 종종 수평의 줄무늬가 나타납니다. 이 줄무늬들은 사산 왕조 시기의 주신들에서도 발견되며, 훨씬 후대에, 예를 들면 그라나다의 알함브라에서도 볼 수 있습니다. 원주 주초에 관한 이야기를 마무리하면서 12세기의 예술가들이 사각형의 플린스 위에 원형의 토루스를 놓을 때 **발톱**(claws)을 써서 돌출하는 모서리들을 조심스럽게 강조했으며, 그것은 모서리들에 인접하여 몰딩들을 완벽하게 고정시켰다는 점을 덧붙이고자 합니다. 이와 같은 조심성은 로마 인들에게서는 결코 나타나지 않았던 것이며, 우리 민족에게서와 같이 그리스 인들의 논리적 재능에 속한 것이 확실합니다. 저는 아테네와 생앙토냉, 폼페이와 델로스를 각각 짝짓는 것이 낯설게 들리리라는 점을 인정합니다. 하지만 어떻게 그러지 않을 수 있겠습니까? 건물들이 있습니다. 제가 그것들을 바라본 것이 잘못인지도 모르지요. 하지만 누구라도 그렇게 할 것입니다. 몇 가지 더 짚고 넘어갑시다. 그리스 미술과 12세기 프랑스 미술의 관계는 몰딩에 한한 것이 아니라, 조각에서도 드러납니다. 예컨대 여기(그림 24) 베즐레 수도원 교회의 참사 회의실(1160년경) 주두 부분이 있습니다. 이것은 로마 스타일, 특히 갈리아 지역을 지배했던 스타일보다는 그리스 스타일과 유사합니다.*
에콜 데 보자르의 학생이 마케도니아나 보스포루스 해안에서 이러한 주두를 발견한다면 아카데미는 분명 그것이 매우 훌륭한 것이라고 발표하겠지요. 그러나 불행히도 그것은 파리에서 반경 180km 내에서 온전하게 궁륭을 떠받치고 있는 것입니다. 그것은 불행히도 12세기의 것이고, 우리 나라

---

* 독자께서 6강의 그림 16을 본다면 여기 제시된 베즐레 주두 조각과 예루살렘 황금문의 주두 조각 사이의 놀라운 유사성을 확신하게 될 것입니다. 이 프리즈가 헤로데스 대왕 시대의 혹은 심지어 하드리아누스 시대의 것임을 인정할 때, 어느 쪽이든 이것이 그리스 인 예술가에 의해 만들어졌으리라는 것은 확실합니다.

그림 24 베즐레, 참사 회의실 주두

의 예술가가 깎은 것입니다.

　12, 13세기 프랑스에서 이 몰딩들을 디자인하고 주두들을 깎아 낸 예술가들은 아티카나 이오니아, 마그나 그레키아, 소아시아의 건축물들에 대해 알고 있었다 해도 아주 조금 아는 정도였을 것이 분명합니다. 그들은 고고학자들이 아니었으니까요. 그러나 그들은 추론했고, 동방 세계의 서쪽 편에 존재했던 오랜 문명들과 인종적 유사성을 가졌습니다. 그들은 아름다운 것을 사랑했고, 전통의 수혜를 받았으며, 끈기 있게 앞으로 나아갔습니다. 그들은 당대의 풍속에 어울리지 않게 된 로마식 구조를 버렸습니다. 그들은 자신들의 욕구, 자신들의 재료, 자신들의 사회적 조건과 조화를 이루는 구조를 추구했죠. 그리고 그리스 인들이 한 것처럼 추론하면서 (추론의 방법은 한 가지뿐이니까요) 그들은 세부를 시공하는 가운데 고대 그리스 인들이 얻었던 것과 유사한 결과들을 성취했습니다. 이 조각[11]이 동쪽에서 기원한 영향을 간직하고 있음을 인정한다고 해도 서방에 온갖 종류의 조각이 있고, 특히 동로마 제국 시기의 매우 열등한 로마 조각이 있었다는 것은 부정할 수 없습니다. 프랑스의 예술가들은 어쨌든 그들의 본보기를 선별했고, 그리스의 감정을 반영한 본보기들을 골라냈습니다. 그러나 앞서 말씀드린 것처럼 13세기 초를 지나면서 프랑스 건축은 전통적 조각을 버리고 지역의 식물군을 솔직히 받아들였습니다. 이것 역시 그리스적 방법을 반영하고 있습니다. 프랑스 건축은 본보기, 사례를 모방하지 않았습니다. 그것은 끊임없이 새로운 요소들을 도입한다고 하는 [그리스 미술과] 동일한 원리에서 출발했던 것입니다.

---

11) 이 대목에서 조각은 철저하게 건축의 일부로서 건축물을 장식하는 조각들을 가리키는 것이다. 독립된 조상보다는 장식 문양이나 부조들을 염두에 두어야 한다.

우리 시대의 건축이 빠져 있는 회의와 불확실성의 상태 속에서, 그토록 많은 하나같이 비논리적인 교의들 속에서, 주제에 대한 조심스러운 비판을 제기하고 예술이 앞선 시대의 문명들 속에 발전할 수 있게 해 준 원리들이 무엇인지를 배울 필요가 있습니다. 방금 이야기한 것들로부터 우리는 그리스 미술과 로마 미술은 본질적으로 서로 무관하다는 결론을 내릴 수 있을 것입니다. 로마 건축이 로마 인들과 같은 위대한 세계주의적 민족들에게 어울리는, 그 거대한 문명을 참되게 표현하는 것이었던 반면, 그것은 **예술가들의 건축**은 아니었으며 다만 보편적 **제국**의 건축이었습니다. 그리스의 건축이 찬란했고, 우리가 그것을 존경하고 스스로 그것을 이해한다고 여긴다면, 동시에 로마 건축을 찬미할 수는 없습니다. 양쪽 모두를 받아들이고 싶어 하는 것은 엄격한 원리들과 원리에 대한 무관심을 동시에 인정하기를 바라는 것이나 같습니다. 즉 믿으면서 믿지 않는 것과 같은 것이죠. 로마 미술은 구조와 원리들의 조화를 찾지 않은 채 각지에서 온갖 형태를 빌려다 쓴 결과 필연적으로 노후해질 수밖에 없었습니다. 그리스의 미술은 새로운 요소들을 제공했고, 인간 종이 지상에 존재하는 한 앞으로도 계속 그러할 것입니다. 그것은 바로 형태를 수단과 욕구에 진실하게 적용하는 것이니까요. 우리 서방의 건축가들은 우리 정신의 논리적 경향에 따라 로마 인들보다는 그리스 인들처럼 일을 진행하려는 경향이 있습니다. 또한 역사에서 종종 나타나는 반동 중 하나를 통해 우리는 로마 인들의 지배 아래로 되돌아갔습니다. 예술에 관한 한 우리는 그리스 인들이 그랬던 것처럼 우리의 정신에 깊이 자리 잡은 예술에서의 진실에 대한 감각을 되찾고, 최근의 **야만족들**이 진실과 만나 시들어 가는 순간 새롭게 비상할 준비가 되어 있습니다.

찾아보기

지은이

∷ 외젠 에마뉘엘 비올레르뒤크 Eugène Emmanuel Viollet-le-Duc, 1814-1879

1814년 파리에서 태어났다. 상류 부르주아 가정의 부유한 환경과 예술을 애호하는 분위기 속에 자라난 그는 아카데미 체제에 반발하여 에콜 데 보자르 진학을 포기한 특이한 이력을 가지고 있다. 대신에 르클레르, 뒤베 등 유명 건축가들의 개인 아틀리에에서 수학하고, 메리메 등과의 사적인 인맥을 통해 성장해 당대 건축계의 중추로 진입했다. 19세기 프랑스에서 일어난 고딕 복고주의를 주도한 대표적인 인물 중 한 명으로서 파리의 노트르담 대성당, 아미앵 대성당, 랭스 대성당 등을 비롯하여 당대에 이루어진 대규모 복원 사업에서 중심적인 역할을 했다. 1863년에는 그가 평생에 걸쳐 비판한 대상이던 에콜 데 보자르의 혁신이라는 과업을 맡아 교수로 위임되기도 했으나, 학생들의 반발에 부딪혀 이듬해에 사임하고 만다. 프러시아-프랑스 전쟁이 발발하자 장교로 참전했으며, 나폴레옹 3세의 실각 이후에는 코뮌에 의해 사형 선고를 받기도 했으나, 지방으로 도피해 있다가 코뮌이 붕괴한 후 파리로 복귀했다. 만년을 보내던 스위스의 로잔에서 1897년에 사망했다.

건축이론 및 건축사 관련 저작들을 다수 남기고 있으며, 대표작으로는 『11~16세기 프랑스 건축 이론 사전(*Dictionnaire raisonné de l'architecture française de XIe au XVIe siècle*)』(Paris: 1854-68)과 『건축 강의(*Entretiens sur l'architecture tombe 1·2*)』(Paris: 1863-72)를 꼽는다.

옮긴이

∷ 정유경

성신여자대학교 미술사학과에서 서양미술사 전공으로 석·박사 학위를 받았다. 가천대학교, 성신여자대학교에 출강했으며, 저서로 『문명이 낳은 철학 철학이 바꾼 역사 2』(2015, 공저), 역서로 질 들뢰즈, 『경험주의와 주체성』(2012, 공역), 브라이언 마수미, 『가상과 사건』(근간) 등이 있다.

한국연구재단총서 학술명저번역 서양편 **580**

건축 강의 ❷

1판 1쇄 찍음 | 2015년 9월 7일
1판 1쇄 펴냄 | 2015년 9월 18일

지은이 | 외젠 비올레르뒤크
옮긴이 | 정유경
펴낸이 | 김정호
펴낸곳 | 아카넷

출판등록 2000년 1월 24일(제406-2000-000012호)
10881 경기도 파주시 회동길 445-3
전화 | 031-955-9511(편집) · 031-955-9514(주문)
팩시밀리 | 031-955-9519
책임편집 | 이경열
www.acanet.co.kr

Printed in Seoul, Korea.

ISBN 978-89-5733-459-1 94920
ISBN 978-89-5733-214-6 (세트)

이 도서의 국립중앙도서관 출판시도서목록(CIP)은
서지정보유통지원시스템 홈페이지(http://seoji.nl.go.kr)와
국가자료공공목록시스템(http://www.nl.go.kr/kolisnet)에서 이용하실 수 있습니다.
(CIP 제어번호: CIP2015023966)